ORIGINES ET SOURCES

DU

ROMAN DE LA ROSE

THÈSE POUR LE DOCTORAT

PRÉSENTÉE

A LA FACULTÉ DES LETTRES DE PARIS

PAR

Ernest LANGLOIS

ARCHIVISTE-PALÉOGRAPHE,
ANCIEN ÉLÈVE DE L'ÉCOLE DES CHARTES ET DE L'ÉCOLE DES HAUTES-ÉTUDES,
ANCIEN MEMBRE DE L'ÉCOLE FRANÇAISE DE ROME,
CHARGÉ DE COURS A LA FACULTÉ DES LETTRES DE LILLE,
LAURÉAT DE L'INSTITUT.

PARIS

ERNEST THORIN, ÉDITEUR

LIBRAIRE DES ÉCOLES FRANÇAISES D'ATHÈNES ET DE ROME
DU COLLÈGE DE FRANCE ET DE L'ÉCOLE NORMALE SUPÉRIEURE
DE LA SOCIÉTÉ DES ÉTUDES HISTORIQUES

7, RUE DE MÉDICIS, 7

1890

BIBLIOTHÈQUE DES ÉCOLES FRANÇAISES D'ATHÈNES ET DE ROME

FASCICULE I. 1. Etude sur le Liber Pontificalis, par M. l'abbé Duchesne. 2. Recherches sur les manuscrits archéologiques de Jacques Grimaldi, par M. Eugène Muntz. 3. Etude sur le mystère de sainte Agnès, par M. Clédat. 10 fr.

II. Essai sur les monuments grecs et romains relatifs au mythe de Psyché, par M. Maxime Collignon. . . . . 5 fr. 50

III. Catalogue des vases peints du musée de la Société archéologique d'Athènes, par M. Maxime Collignon (avec sept planches gravées). . . . . 10 fr.

IV Les arts a la cour des papes pendant le XVe et le XVIe siècle, par M. Eugène Muntz. Première partie. (*Ouvrage couronné par l'Institut*). . . . . »
N. B Ce fascicule ne se vend qu'avec le IXe et le XXVIIIe contenant les 2e et 3e parties du travail de l'auteur. Le prix net des 3 vol. déjà publiés est de 45 fr pris ensemble.

V. Inscriptions inédites du pays des Marses, recueillies par M. E. Fernique, ancien membre de l'Ecole française de Rome. . . . . 1 fr. 50

VI. Notice sur divers manuscrits de la bibliothèque vaticane. Richard le Poitevin, par M. Elie Berger. 1 vol. (avec une planche en héliogravure). . . . . . 5 fr.

VII. Du rôle historique de Bertrand de Born, par M. Léon Clédat. . . . . 4 fr.

VIII. Recherches archéologiques sur les îles Ioniennes. I. **CORFOU**, par M. Othon Riemann (avec deux planches hors texte, et trois bois intercalés dans le texte). 3 fr.

IX. Les arts a la cour des papes pendant le XVe et le XVIe siècle, par M. Eugène Muntz. Deuxième partie. 1 vol. avec deux planches en héliogravure. . . . 12 fr.
N B — Ce fascicule ne se vend qu'avec le XXVIIIe contenant la 3e partie du travail de l'auteur (Voir également ci-dessus, fascicule IV ou 1re partie de cet ouvrage).

X. Recherches pour servir a l'histoire de la peinture et de la sculpture chrétiennes en Orient avant la querelle des iconoclastes, par M. Ch. Bayet 4 fr. 50

XI. Etudes sur la langue et la grammaire de Tite-Live, par M. Othon Riemann. 9 fr.

XII. Recherches archéologiques sur les îles Ioniennes. II. **CÉPHALONIE**, par M. Othon Riemann (*avec une carte*). . . . . 3 fr.

XIII. De codicibus mss. græcis Pii II, in Bibliotheca Alexandrino Vaticana schedas excussit L. Duchesne, gallicæ in Urbe scholæ olim socius. . . . . 1 fr. 50

XIV. Notice sur les manuscrits des poésies de saint Paulin de Nole, suivie d'observations sur le texte, par M. E. Chatelain. . . . . 4 fr.

XV. Inscriptions doliaires latines. Marques de briques relatives à une partie de la *gens Domitia*, recueillies et classées par M. Ch. Descemet (*avec figures*). 12 fr. 50

XVI. Catalogue des figurines en terre cuite du musée de la Société archéologique d'Athènes, par M. J. Martha (avec 8 belles planches en héliogravure hors texte, et un bois intercalé dans le texte). . . . . 12 fr. 50

XVII. Etude sur Préneste, ville du Latium, par M. Emmanuel Fernique, avec une grande carte et trois planches en héliogravure. . . . . 7 fr. 50

XVIII. Recherches archéologiques sur les îles Ioniennes III. **ZANTE**. IV. **CÉRIGO**. V. **APPENDICE**, par M. Othon Riemann (avec deux planches hors texte). 3 fr. 50

XIX Chartes de terre sainte provenant de l'abbaye de N.-D. de Josaphat, par H.-François Delaborde, avec deux planches en héliogravure. . . . . 5 fr.

XX. La Trière athénienne. Etude d'archéologie navale, par M. A. Cartault (avec 99 bois intercalés dans le texte et 5 planches hors texte). . . . . 12 fr.
Ouvrage couronné par l'Association pour l'encouragement des études grecques en France.

XXI. Etudes d'épigraphie juridique. De quelques inscriptions relatives à l'administration de Dioclétien. I. *L'Examinator per Italiam*. II. *Le Magister sacrarum cognitionum*, par M. Edouard Cuq. . . . . 5 fr.

XXII. Etude sur la chronique en prose de Guillaume le Breton, par H.-François Delaborde. . . . . 2 fr.

XXIII. L'Asclépiéion d'Athènes d'après de récentes découvertes, par M. Paul Girard (*avec une grande carte et 3 planches en héliogravure*). . . . . 5 fr. 50

XXIV. Le Manuscrit d'Isocrate Urbinas CXI de la Vaticane. Description et histoire. Recension du panégyrique, par M. Albert Martin. . . . . 1 fr. 50

XXV. Nouvelles recherches sur l'Entrée de Spagne, chanson de geste franco-italienne, par M. Antoine Thomas. . . . . 2 fr.

XXVI. Les Sacerdoces athéniens, par M. Jules Martha. . . . . 5 fr.

XXVII. Les Scolies du manuscrit d'Aristophane a Ravenne. Etude et collation, par M. Albert Martin. . . . . 10 fr.

XXVIII Première section. Les arts a la cour des papes pendant le XVe et le XVIe siècle, par M. Eugène Muntz. Troisième partie. Première section (avec deux planches). . . . . 12 fr.

XXIX. Les origines du Sénat romain. Recherches sur la formation et la dissolution du Sénat patricien, par M. G. Bloch. . . . . 9 fr.

XXX. Etude sur les lécythes blancs attiques a représentations funéraires, par M. E. Pottier (avec quatre planches). . . . . 6 fr.

A suivre.

ORIGINES ET SOURCES

DU

ROMAN DE LA ROSE

TOULOUSE. — IMPRIMERIE A. CHAUVIN ET FILS, RUE DES SALENQUES, 28.

ORIGINES ET SOURCES

DU

ROMAN DE LA ROSE

THÈSE POUR LE DOCTORAT

PRÉSENTÉE

A LA FACULTÉ DES LETTRES DE PARIS

PAR

Ernest LANGLOIS

ARCHIVISTE-PALÉOGRAPHE,
ANCIEN ÉLÈVE DE L'ECOLE DES CHARTES ET DE L'ÉCOLE DES HAUTES-ÉTUDES,
ANCIEN MEMBRE DE L'ÉCOLE FRANÇAISE DE ROME,
CHARGÉ DE COURS A LA FACULTÉ DES LETTRES DE LILLE,
LAURÉAT DE L'INSTITUT.

PARIS
ERNEST THORIN, ÉDITEUR
LIBRAIRE DES ÉCOLES FRANÇAISES D'ATHÈNES ET DE ROME
DU COLLÈGE DE FRANCE ET DE L'ÉCOLE NORMALE SUPÉRIEURE
DE LA SOCIÉTÉ DES ÉTUDES HISTORIQUES
7, RUE DE MÉDICIS, 7

—

1890

A

LA MÉMOIRE

DE MON PERE

Alphonse LANGLOIS

APREMONT-LA-FORÊT

XXX JANVIER MDCCCLXXVIII

LISTE

DES

OUVRAGES PLUSIEURS FOIS CITÉS DANS CE VOLUME (1)

ALAIN DE LILLE. — *Anticlaudianus (Patrologie latine. de* Migne, t. CCX).
— *De Planctu Naturae (Patr. lat.,* t. CCX)
Aliscans, chanson de geste, p. p. A. Guessard et A. de Montaiglon. Paris, 1870 (*Anciens poètes de la France*).
Altercatio Phyllidis et Florae (Abhandlungen der Berliner Academie, 1843, p. 218-229, et *Carmina Burana,* p. 155-165).
ANDRÉ LE CHAPELAIN. — *Erotica seu Amatoria Andreae, capellani regii...* Dortmund, 1610. In-8º.
BARBAZAN et MÉON. — *Fabliaux et contes des poètes français des* XIe, XIIe, XIIIe, XIVe *et* XVe *siècles...* Nouv. édit. revue et augmentée par Méon. 1808, 4 vol. in-8º.
BARTSCH (K.) et A. HORNING. — *La langue et la littérature françaises depuis le neuvième siècle jusqu'au quatorzième siècle.* Paris, 1877. In-8º.
BAUDOUIN DE CONDÉ. — *Dits et contes de B. de C.,* p. p. A. Scheler. Bruxelles, 1886-1887. 3 vol. in-8º.
ADENÈS LI ROIS. — *Li Roumans de Berte aus grans piés,* p. p. A. Scheler. Bruxelles, 1874. In-8º.
BOÈCE. — *De Consolatione Philosophiae (Patr. lat.,* t. LXIII).
Carmen de Rosa (Carmina Burana, p. 141-145).
Carmina Burana (Bibliothek des Literarischen Vereins in Stuttgart, t. XVI). Stuttgart, 1847. In-8º.
CASIRI. — *Bibliotheca arabico-hispanica Escurialensis.* Madrid, 1760-1770 2 vol. in-fol.

---

(1) L'unique raison de cette liste étant d'éviter les répétitions dans les notes, je n'y ai fait entrer ni les ouvrages qui ne sont cités qu'une fois, ni les ouvrages classiques, pour lesquels on peut contrôler mes citations dans une édition quelconque.

CHRESTIEN DE TROYES. — *Christian von Troyes sämtliche erhaltene Werke*, p. p. W. Forster :
   1º *Cligés*. Halle, 1884. In-8º.
   2º *Der Löwenritter* (Yvain). Halle, 1887. In-8º.
— *Erec et Enide* (*Zeitschrift für deutsches Alterthum*, X (1856).
Clef d'Amour (La), p. p. E. Tross. Paris, 1866. In-16.
COMPARETTI (D.). — *Virgilio nel medio evo*. Livourne, 1872. 2 vol. in-8º.
Concilium Romaricimontis (*Zeitschrift für deutsches Alterthum*, VII, p. 160, et IX, p. 65).
DIEZ (F.). — *Essais sur les cours d'Amour*, trad. de l'allemand et annotés par F. de Roisin. Paris, 1842. In-8º.
Dit de la Rose (K. Bartsch et A. Horning. — *La langue et la littérature françaises*, p. 603 et suiv.).
EBERT (A.) — *Histoire générale de la littérature du moyen âge en Occident*, trad par J. Aymeric et J. Condamin. Paris, 1883-1890. 3 vol. in-8º.
Fablel dou dieu d'Amours, p. p. A. Jubinal. Paris, 1834. In-8º.
FAURIEL. — *Histoire de la poésie provençale*. Paris, 1834. In-8º.
Fierabras, chanson de geste, p. p. A. Kroeber et G. Servois. Paris, 1860 (*Anciens poètes de la France*).
Florence et Blanchefleur (*Debat de*) (Barbazan et Méon, *Fabliaux et contes*... IV, 354).
GRAFF (A.). — *Roma nelle imaginazioni del medio evo*. Turin, 1881-1883. 2 vol. in-8º.
GUILLAUME DE SAINT-AMOUR. — *Magistri Guillelmi de Sancto Amore opera omnia quae reperiri potuerunt. Constantiae, ad insigne Bonae Fidei, apud Alithophilos.*
GUILLAUME LE CLERC DE NORMANDIE. — *Le Besant de Dieu*, p. p. E. Martin. Halle, 1869. In-8º.
Histoire littéraire de la France, par des religieux bénédictins de la congrégation de Saint-Maur, continuée par des membres de l'Institut, I-XXX. Paris, 1733-1888.
Hueline et Eglantine (*Débat de*) (Méon, *Nouveau Recueil*... I, p. 353).
HUON DE MÉRI. — *Li Tornoiemenz Antecrit*, p. p. G. Wimmer. Marburg, 1888. In-8º. (Ausgaben und Abhandlungen, LXXVI.)
JACQUES D'AMIENS. — *L'Art d'Amors und li Remedes d'Amors...*, p. p. G. Körting. Leipzig, 1868. In-8º.
JEAN DE HAUTEVILLE. — *Archithrenius, summa diligentia recognitus*. Paris, xv kal. sept. 1517. In-4º.
JEAN DE SALISBURY. — *Polycraticus* (*Patr. lat.*, t. CXCIX).
MARLÈNE ET DURAND. — *Veterum scriptorum et monumentorum historicorum, dogmaticorum, moralium amplissima collectio*. Paris, 1724-1733. 9 vol. in-fº.

Méon. — *Nouveau Recueil de fabliaux et contes inédits.* Paris, 1823. 2 vol. in-8°.

Méril (E. du). — *Poésies populaires latines du moyen âge.* Paris, 1847. In-8°.

Meyer (P.). — *Alexandre le Grand dans la littérature du moyen âge.* Paris, 1886. 2 vol. in-12.

Milon. — *De Sobrietate* (*Mémoires de la Société des sciences de Lille*, an. 1871, p. 273 et suiv.).

Nisard (D.). — *Histoire de la littérature française.* Paris, 1844. 3 vol. in-8°.

Notices et Extraits des manuscrits de la bibliothèque du roi et des autres bibliothèques, p. p. l'Académie des Inscriptions, I-XXXIII. Paris, 1787-1888.

Ozanam (A. F.). — *OEuvres complètes* Paris. 2ᵉ édit. 10 vol. in-8°.

Patrologiae cursus completus..., p. p. Migne. Paris, 1844-1857. 221 vol. in-8°.

Pamphile ou l'Art d'être aimé, comédie latine du dixième siècle, p. p. A. Baudoin. Paris, 1874. In-12.

Paris (G.). — *La littérature française au moyen âge.* Paris, 1890. In-12 (2ᵉ édition).

Petit de Julleville. — *Mystères.* Paris, 1880. 2 vol. in-8°.

Puech (A.). — *Prudence, Étude sur la poésie latine chrétienne au IVᵉ siècle.* Paris, 1888. In-8°.

Raoul de Houdan. — *Le Songe d'Enfer; le Songe de Paradis; le Roman des Éles* (*Trouvères belges,* nouv. série, p. p. A. Scheler. Louvain, 1879. In-8°).

Raynouard. — *Lexique roman ou Dictionnaire de la langue des troubadours...* Paris, 1836-1844. 6 vol. in-8°.

Roman de la Rose (Le), par Guillaume de Lorris et Jean de Meung, p. p. F. Michel. Paris, 1864. 2 vol. in-12.

Romania, recueil trimestriel consacré à l'étude des langues et des littératures romanes, p. p. P. Meyer et G. Paris, I-XIX. Paris, 1872-1890.

Valerius. — (*Patr. lat.,* t. XXX, col. 254-261).

Vénus la déesse d'Amor (De), p. p. W. Forster. Bonn, 1880. In-12.

Vincent de Beauvais. — *Speculum Historiale.* Douai, 1624. In-f°.

AVANT-PROPOS

Le Roman de la Rose est, sans nul doute, un des monuments littéraires les plus importants du moyen âge ; neanmoins, il a peu occupé l'attention des savants qui, depuis quelques années, se sont consacrés à l'étude de notre vieille littérature ; ce n'est pas qu'on ait mis en doute son intérêt ; on a hésité plutôt à entreprendre un travail d'aussi vastes proportions. Trois parties de ce travail me paraissent devoir plus particulièrement profiter à l'histoire de la littérature, ce sont : une édition répondant aux exigences de la science actuelle, la recherche des sources du poème, l'étude de son influence sur la littérature des siècles suivants.

L'édition critique d'une composition de vingt-trois mille vers, dont il n'existe guère moins de deux cents manuscrits, disperses dans toutes les bibliothèques de l'Europe, est une œuvre immense, hérissée de difficultés de toutes sortes. Je l'ai entreprise, et j'espère, avec le temps, la mener à fin.

Théoriquement, cette édition devrait être le point de départ de toute autre étude sur le même poème ; en réalité, il n'en est pas ainsi. La classification des manuscrits est un travail très complexe, très délicat, pour lequel on doit s'aider de tous les moyens dont on peut disposer. Or, la connaissance des œuvres latines auxquelles Jean de Meun a fait des emprunts peut être d'un secours très précieux pour cette classification et pour l'établissement du texte du Roman de la Rose. Un exemple, pris au hasard entre beaucoup d'autres, montrera dans quelle mesure. Les vers 4910-4975 sont traduits littéralement des *Plaintes de la Nature* (1), d'Alain de Lille. Les manuscrits offrent pour ce passage, comme pour tout le poème, de nombreuses variantes. En comparant celles-ci au texte latin, il est facile de décider sûrement quelle est la bonne leçon, et en même temps de grouper en familles les copies qui ont des fautes communes.

De même, si F. Michel avait rapproché le vers

Cognoistre la vois de sa beste (v. 12124),

du verset 27 des Proverbes : *Diligenter agnosce vultum pecoris tui*, auquel Jean de Meun fait allusion, il aurait imprimé *le vis* au lieu de *la vois*.

Il importait donc d'étudier les sources du Roman de la Rose avant d'en faire une édition. Cette étude a d'ailleurs un autre intérêt. Jean de Meun était un savant ; il connaissait de la littérature ancienne tout ce qu'on pouvait en lire de son temps, c'est-à-dire à peu près tout ce qui nous reste encore aujourd'hui de la littérature latine et quelques traductions d'œuvres grecques. Il est curieux de voir quel parti un auteur du treizième siècle sait tirer de pareilles connaissances pour une œuvre en langue vulgaire destinée à des lecteurs qui ignorent le latin. Notre étude fournira donc des documents à l'histoire, malheureusement encore à faire, de la littérature classique au moyen âge.

Outre les sources proprement dites du roman, outre les ouvrages antérieurs que Guillaume de Lorris et Jean de Meun ont mis directement à contribution, j'en ai recherché aussi les « origines », j'ai essayé d'en faire la genèse, de montrer comment et dans quel état ses principaux éléments constitutifs se sont présentés à l'esprit des auteurs et ce que ceux-ci en ont fait, espérant déterminer ainsi la place que notre poème occupe dans le développement de certains thèmes chers à la poésie du moyen âge, tels que l'art

---

(1) *De Planctu Naturae*, éd. Migne, col. 455 A-456 B.

d'amour, le songe, l'allégorie, la personnification des êtres abstraits.

Ces essais permettront peut-être d'apprécier plus exactement qu'on ne l'a fait jusqu'ici l'originalité des deux poètes. Jean de Meun pourra y perdre, mais la vérité y gagnera.

Mon étude sera naturellement divisée, comme le Roman de la Rose, en deux parties. Mais il y aura entre ces deux parties une disparité qui pourrait surprendre le lecteur s'il n'était prévenu qu'elle est inévitable, parce qu'elle tient à la nature même du sujet.

Jean de Meun ayant repris l'œuvre interrompue de Guillaume de Lorris, avec son plan et son cadre, ce que je dirai, en étudiant cette œuvre, de la poésie érotique au moyen âge, du songe, des allégories, des personnifications, s'appliquera également à la continuation; de sorte que, en face des chapitres étendus que je consacrerai dans la première partie de ce livre aux origines du poème, je n'aurai, dans la seconde, qu'à montrer, en quelques pages, comment Jean de Meun s'est conformé aux éléments primitifs du roman.

D'autre part, les ouvrages antérieurs où Guillaume de Lorris a directement puisé sont bien moins nombreux que ceux dont Jean de Meun s'est servi; par conséquent l'étude des sources occupera nécessairement beaucoup plus de place dans la seconde partie de mon travail que dans la première.

Enfin, les deux poètes n'ont pas tiré le même parti de ces sources; Guillaume ne leur a fait, en général, que des emprunts très discrets, ou, du moins, il a transformé les matériaux qu'il leur a pris; il les a faits siens, et, pour montrer leur origine, une discussion est toujours nécessaire. Jean de Meun, au contraire, quand il ne se contente pas de traduire, imite en général fidèlement, et, pour que ses emprunts apparaissent évidents, il suffit souvent de les signaler. De là, obligation nouvelle de traiter différemment deux parties correspondantes de cette étude.

Il résulte donc des nécessités mêmes qui m'étaient imposées par mon sujet que, dans la première partie du volume, c'est l'étude des origines qui tiendra la plus grande place, tandis que, dans la seconde, c'est celle des sources. D'autre part, cette derniere étude dans la seconde partie ne sera pas toujours aussi longuement exposée que dans la première. De ces deux inégalités, l'une etait absolument inévitable ; je ne pouvais me garder de l'autre qu'en remplaçant les indications, un peu brèves, mais précises et suffisantes, des sources de Jean de Meun par des citations, des analyses, des appréciations, qui n'auraient eu d'autre fin que de démontrer ce qui était déjà évident. Ce défaut m'a paru plus grave que l'autre. J'ai préféré la logique à une symétrie tout artificielle.

J'ai suivi, dans cette étude, l'édition de F. Michel; j'aurais preféré me servir de celle de Meon, qui contient moins de fautes, mais, comme elle est devenue assez rare, j'ai craint qu'elle ne fût plus difficilement que l'autre à la disposition du lecteur.

ORIGINES ET SOURCES

DU

ROMAN DE LA ROSE

PREMIÈRE PARTIE

I

Le Roman de la Rose est un Art d'amour. — Il a été précédé de nombreux ouvrages sur le même sujet. — Cette littérature a dû naître avec le douzième siècle. — C'est l'époque où la femme prend rang dans la société du nord de la France. — La position faite à la femme par le régime féodal était favorable à la galanterie — La civilisation du Midi exerce une influence sur celle du Nord. — Un changement dans la littérature française répond au changement des mœurs. — Le Roman de la Rose est l'éclosion de cette nouvelle littérature.

Le sujet du Roman de la Rose est l'art d'aimer et d'être aimé. Guillaume de Lorris l'annonce, d'ailleurs, dès les premiers vers de son poème (1); mais il a tort d'affirmer, en même temps, que « la matière est neuve » (2); du moins, son affirmation, prise à la lettre, est inexacte. La manière de traiter le sujet pouvait être nouvelle, mais le sujet ne l'était pas. Il existait déjà toute une littérature dont l'objet était la théorie de l'amour, littérature qu'il est nécessaire de connaître, si l'on veut bien comprendre le Roman de la Rose, parce que ce poème a subi l'influence, tantôt indirecte,

---

(1)   Ce est li Rommanz de la Rose,
                   Ou l'art d'amors est toute enclose (v. 37, 38).
(2)   La matire en est bone et noeve (v. 39).

tantôt immédiate, des œuvres qui l'ont précédé dans le même genre.

Cette littérature dut naître avec le douzième siècle. A cette époque, la femme commence à prendre rang dans la société de la France du Nord. C'était une conséquence de l'évolution qui s'accomplissait alors dans la vie publique. Les éléments barbares, sans cesse renouvelés pendant cinq siècles par les invasions qui se sont succédé, depuis celles des Francs jusqu'à celles des Normands, commençaient enfin à s'épuiser, absorbés par la puissance vitale du sang indigène. Les violents barons, qui, pendant les deux siècles précédents, avaient accumulé tant de ruines et bouleversé si profondément le pays, s'étaient groupés autour de quelques puissants suzerains, qui se trouvèrent bientôt assez forts pour contenir leur turbulence et rétablir une tranquillité relative dans leurs domaines. En face de cette puissance, une autre, dont la principale mission était le maintien de la paix, grandissait lentement, mais sûrement. « Sans cesse, » dit Suger, en parlant de Louis VI, « on voyait le roi courir avec quelques chevaliers pour mettre l'ordre jusque sur les frontières du Berry, de l'Auvergne et de la Bourgogne, afin qu'il parût clairement que l'efficacité de la puissance royale n'est point renfermée dans la limite de certains lieux (1). » Par d'autres moyens, l'Église concourait au même résultat. Après bien des efforts, elle avait réussi à faire adopter des plus puissants seigneurs la *Trêve de Dieu*, qui interdisait « l'œuvre de guerre » pendant une partie de l'année. Enfin, ceux dont l'activité belliqueuse ne pouvait être calmée par tant de freins allaient dépenser leur vie et leur fortune hors du royaume, en Angleterre, en Portugal, en Italie, en Terre-Sainte.

Ainsi la civilisation, longtemps ensevelie sous l'ignorance et la rudesse des barbares, perçait peu à peu son enveloppe, comme le feu qui sort lentement de la cendre dont on l'a recouvert.

Dans les châteaux, le calme succédait à la fièvre des batailles ; les entretiens n'avaient plus pour sujet exclusif le récit des combats meurtriers qu'on avait livrés la veille, ou le projet des assauts qu'on méditait pour le lendemain ; la châtelaine pouvait y prendre part. Ce n'était plus pour aller en guerre que le seigneur convoquait ses vassaux, mais pour des fêtes brillantes, auxquelles les chevaliers amenaient leurs femmes et leurs filles.

Cette émancipation de la femme se manifeste dans les différents

---

(1) Suger, *Vie de Louis le Gros, suivie de l'Histoire du roi Louis VII*, I (Éd. A. Molinier. Paris, 1887, in-8°).

actes de la vie, jusque dans les pèlerinages les plus pénibles et dans des fonctions très délicates. « Ce qui ne s'était jamais vu, » dit Raoul Glaber, au onzième siècle, « beaucoup de femmes, nobles ou pauvres, entreprirent le voyage de Jérusalem (1). » On sait combien ces voyages, toute pieuse que pût en être l'inspiration, ont favorisé d'intrigues amoureuses, à une époque surtout où l'Église était pleine d'indulgence pour les faiblesses du cœur et de la chair.

L'abbaye de Fontevrault, qui fut fondée vers l'an 1100, et qui renfermait des religieux des deux sexes, fut placée sous la direction d'une abbesse, parce que Jésus-Christ, en mourant, avait confié à sa mère son disciple bien-aimé.

La femme sort donc de l'isolement où elle avait été longtemps délaissée; elle parle à d'autres hommes qu'au mari à qui on l'a donnée pour mettre fin à l'inimitié de deux maisons, ou pour consolider un fief, mais sans consulter les aspirations de son cœur. Elle trouve un entourage sur lequel elle peut exercer la puissance de ses charmes, auquel son esprit plus fin, plus délicat, inspire des sentiments nouveaux. Un commerce de courtoisie s'établit entre les personnes de différents sexes.

Le terrain, d'ailleurs, était admirablement préparé. Rien ne pouvait être plus favorable à la galanterie que la condition faite aux femmes des classes supérieures par le régime féodal. On les mariait, ou bien on les enfermait dans les monastères par raisons politiques, par intérêts de famille, sans tenir aucun compte de leurs préférences. « En général, tout baron qui recherchait une femme la recherchait par des motifs de pure convenance politique, et tout baron qui donnait une fille en mariage la donnait par des considérations équivalentes à celles qui la faisaient demander. Ainsi, dans la caste féodale, le mariage n'était d'ordinaire qu'un traité de paix, d'amitié ou d'alliance entre deux seigneurs, dont l'un prenait pour femme une fille de l'autre (2). » On comprend que, dans des mariages ainsi contractés, les relations conjugales étaient le plus souvent réduites au strict accomplissement d'une fonction physiologique, que le sentiment n'y avait aucune part, et devait chercher ailleurs une compensation.

---

(1) « Quod numquam contigerat, mulieres multe nobiles cum pauperioribus illuc perrexere » (Raoul Glaber, *Les cinq livres de ses Histoires*, IV, vi, 18. Ed. M. Prou. Paris, 1886, in-8°).

(2) Fauriel, *Histoire de la poésie provençale*, I, p. 497 (Paris, 1846, 3 vol. in-8°).

Cet état de choses devint si habituel qu'on en arriva, du moins dans la théorie, à considérer l'amour comme absolument incompatible avec le mariage. Une discussion s'étant élevée entre un chevalier et une dame qui refusait de recevoir son hommage, sous prétexte qu'elle avait un mari digne de toute son affection, le chevalier prit pour juge la comtesse de Champagne, qui répondit : « ... *Dicimus enim et stabilito tenore firmamus amorem non posse inter duos conjugales suas extendere vires...* (1). » On poussa même ce principe jusqu'à prétendre que l'amour devait cesser entre deux amants lorsqu'ils devenaient époux (2).

Les jeunes filles sacrifiées à la fortune de leurs sœurs, les cadets, privés de leur patrimoine par le droit d'aînesse, devaient renoncer au mariage. Eux aussi, dans quelque condition qu'ils fussent, attachés à la suite d'un puissant personnage ou pourvus d'un bénéfice ecclésiastique, ils étaient naturellement poussés à chercher dans la galanterie les satisfactions que l'injustice du sort ne leur permettait pas de trouver dans un amour légitime.

La civilisation beaucoup plus avancée du midi de la France activa cette transformation de la haute société dans le Nord, lorsque les deux régions furent mises en rapport par les croisades, par les trouvères, qui empruntèrent aux troubadours leurs chants d'amour, par le mariage de Louis VII avec Aliénor de Poitiers (3), qui apporta à la cour du roi le luxe et les mœurs peu sévères de son pays.

S'il est vrai que la vie d'un peuple se reflète dans sa littérature, une révolution dans la poésie française devait répondre à celle qui se produisait dans la société. C'est, en effet, ce qui arriva. La poésie déjà existante se modifia pour se conformer aux idées nouvelles. L'épopée, par exemple, à l'origine purement guerrière, presque sauvage, s'ouvrit à des sentiments qui lui avaient été jusque-là à peu près inconnus ; l'amour des combats ne fut plus le seul à inspirer les pairs de Charlemagne; la défaite des rois païens les préoccupa moins que la conquête de leurs femmes ou de leurs filles. La poésie lyrique provençale passa la Loire et vint raviver celle de la France du Nord (4).

---

(1) André le Chapelain, ch. x.
(2) La décision de la comtesse de Champagne repose évidemment sur une fausse interprétation de ces deux vers d'Ovide :
      Hoc est uxores quod non patiatur amari :
      Conveniunt illas cum voluere viri (*A. Am.*, III, 585-586).
(3) En 1137.
(4) Un long chapitre d'une thèse récemment soutenue en Sorbonne

En même temps naissaient et se multipliaient des poèmes nouveaux, qui, considérés au point de vue de la forme, peuvent se classer en différents genres, mais qui tous ont un même objet : la théorie de l'amour. Il y avait plus d'un siècle, presqu'un siècle et demi, que cette poésie avait pris naissance lorsque Guillaume de Lorris écrivit son roman. Il l'avait trouvée en pleine floraison ; il reçut d'elle son sujet, son inspiration, souvent même ses développements. C'est d'elle, plus peut être que de l'imagination du poète, que le Roman de la Rose est sorti. C'est donc en elle que nous retrouverons sa source originelle.

est intitulé : *Quae fuerit lyricis poetis de amore doctrina, eamque ab australibus ad septentrionales migravisse* (A. Jeanroy, *De nostratibus medii aevi poetis qui primum lyrica Aquitaniae carmina imitati sint.* Paris, 1889, in 8°). — Voir aussi un article de M. Paul Meyer, paru, dans la *Romania* (1889), en même temps que la thèse de M. Jeanroy, sur les rapports de la poésie des trouvères avec celle des troubadours.

II

Poésie érotique antérieure au Roman de la Rose. — Le Concile de Remiremont. — L'*Altercatio Phyllidis et Florae*. — Versions françaises de ce débat. — Fableau du Dieu d'Amours. — Ce poème doit beaucoup aux débats. — Fableau de Vénus, la déesse d'Amours. — Traductions et imitations de l'Art d'aimer d'Ovide. — Traductions de Chrestien de Troyes, d'Élie, de Jacques d'Amiens ; la Clef d'Amours. — Le *Pamphilus*. — Les romans de la Table Ronde. — Le livre d'André le Chapelain. — L'amour courtois tenait la même place dans la société que dans la littérature.

Le poème qu'on peut estimer le plus ancien parmi ceux que le temps a respectés de cette littérature est un poème latin, en vers syllabiques léonins, qui n'a pas de titre dans les manuscrits, et que l'éditeur, Waitz, a appelé le *Concile d'amour*, *Das Liebesconcil* (1). Le nom de *Concile de Remiremont*, *Romaricimontis concilium*, me paraît lui convenir davantage ; c'est celui que j'ai adopté.

Le Concile de Remiremont est « des premières années du douzième siècle au plus tard (2). » Il est vrai que M. Hauréau (3), l'un des maîtres les plus compétents dans la littérature latine du moyen âge, le considère comme une imitation, faite au quatorzième siècle, de l'*Altercatio Phyllidis et Florae*, dont je parlerai plus loin ; mais il a commis, dans son jugement, une méprise d'autant plus évidente que l'édition de Waitz, dont il s'est servi, a été faite d'après un manuscrit du onzième ou du douzième siècle.

C'est l'œuvre d'un clerc, mauvais latiniste, mais libertin spirituel, touchant de très près à la famille de ceux qui allaient prendre, quelques années plus tard, le nom de Goliard. Le sujet est

---

(1) Publié dans la *Zeitschrift für deutsches Alterthum*, VII, p. 160. — Conf. IX, p. 65.
(2) P. Meyer, *Romania*, XV (1886), p. 333.
(3) *Notices et extraits des manuscrits*, XXIX, II, p. 305 et suiv.

la question de savoir qui vaut mieux, en amour, d'un clerc ou d'un chevalier, discutée, en assemblée générale, par les nonnes réunies dans la salle capitulaire de l'abbaye de Remiremont.

Il semble que, dans le règlement de cette question, il n'y ait matière qu'à un chapitre du code d'amour. En réalité, la question est plus large : la discussion des titres des clercs et des chevaliers, l'examen de leurs aptitudes et de leurs empêchements dans le service d'Amour nécessitent l'exposition, au moins implicite, des ordonnances de ce dieu. D'ailleurs, l'arbitre du débat ne craint pas, à l'occasion, de sortir de la question pour donner des préceptes généraux de l'art d'aimer.

Le Concile de Remiremont est peu connu. Il a pourtant servi de point de départ à toute une série de poèmes, à travers lesquels son influence a pu s'exercer jusque sur le Roman de la Rose. Je crois donc à propos d'en donner ici une courte analyse.

Comme dans tous les poèmes consacrés à l'amour, l'action se passe au printemps :

> Veris in temporibus, sub aprilis idibus,
> Habuit concilium, Romaricimontium,
> Puellaris concio, montis in coenobio.

L'objet de ce concile est très singulier :

> In eo concilio de solo negotio
> Amoris tractactum est, quod in nullum factum est.

Les hommes sont exclus de l'assemblée ; toutefois, il est permis d'y assister, mais comme simples spectateurs, aux clercs du diocèse de Toul,

> Quorum ad solatium factum est concilium
> Puellis amantibus ; illis solis omnibus
> Janua dat aditum ceteris prohibitum.

Les portes sont également fermées aux femmes que l'âge a rendues insensibles aux douceurs de l'amour.

Pour une assemblée aussi folâtre, l'évangile du Christ serait trop sérieux ; on le remplace par celui d'Ovide, le docteur excellent.

> Intromissis omnibus virginum agminibus,
> Lecta sunt in medium, quasi evangelium,

> Praecepta Ovidii, doctoris egregii.
> Lectrix tam propitii fuit evangelii
> Eva de Danubrio, potens in officio
> Artis amatoriae, ut affirmant aliae.

L'invocation du Saint-Esprit se fait par de tendres couplets, que chantent Elisabeth des Granges et Elisabeth du Faucon, toutes deux également instruites dans l'art d'amour.

Enfin, la séance est ouverte par une dame, très richement vêtue. C'est une cardinale, *cardinalis domina*, envoyée par le dieu d'Amour pour visiter le monastère, avec tous les pouvoirs attachés à pareille délégation. Elle interroge donc les nonnes sur leur genre de vie :

> Vos, quarum est gloria amor et lascivia
> Atque delectatio aprilis cum ma[d]io,
> Notum vobis facimus ad vos quare venimus :
> Amor, deus omnium quotquot sunt amantium,
> Me misit vos visere et vitam inquirere. .
> Nulla vestrum sileat quae vos vita teneat.

Elisabeth des Granges répond qu'elle et ses compagnes mettent tous leurs soins à servir Amour :

> Sic, servando regulam, nullam viri copulam
> Habendam eligimus, sed neque cognovimus,
> Nisi talis hominis qui sit nostri ordinis.

Elisabeth du Faucon, à son tour, donne les raisons de cette préférence pour les clercs :

> Inest curialitas clericis et probitas :
> Non noverunt fallere neque maledicere,
> Amandi peritiam habent et industriam.
> Pulchra donant munera, bene servant foedera,
> Si quid amant dulciter, non relinquunt leviter...

Plusieurs nonnes approuvent cette déclaration ; mais d'autres avouent qu'elles préfèrent l'amour des chevaliers :

> Horum et militia placet et lascivia,
> Horum ad obsequium nostrum datur studium ;
> Audaces ad prelia sunt pro nostri gratia,
> Ut sibi nos habeant et ut nobis placeant
> Nulla timent aspera, nec mortem, nec vulnera...

Après plusieurs répliques de part et d'autre (1), la cardinale, suffisamment éclairée, décide que les clercs seuls sont dignes d'être aimés. Les nonnes qui ont accordé leurs faveurs à des chevaliers devront faire pénitence, si elles ne veulent pas être exclues du monastère. Elle ajoute à sa sentence quelques préceptes généraux :

> Nulla vestrum pluribus se det amatoribus...
> Ne vos detis vilibus nec unquam militibus
> Tactum vestri corporis, vel colli, vel femoris.

Le poème se termine par un anathème terrible lancé contre les femmes qui persisteront à aimer des chevaliers.

Le même débat fait le sujet d'un autre poème latin, en quatrains syllabiques monorimes, d'un peu postérieur au précédent, intitulé : *Altercatio Phyllidis et Florae* (2). Malgré l'inspiration commune des deux poèmes, il serait imprudent d'affirmer que l'un a été directement inspiré par l'autre. Dans la littérature moderne, si deux ouvrages présentaient autant de points de ressemblance qu'il est facile d'en trouver entre les deux poèmes latins, on n'hésiterait pas à voir dans l'un une contrefaçon de l'autre. La critique des œuvres du moyen âge doit être plus circonspecte ; le plus souvent, elle est arrêtée par l'hypothèse, soit de quelque composition plus ancienne, aujourd'hui perdue, qui aurait été la source commune de celles qui nous sont restées, de sorte que celles-ci, au lieu de descendre l'une de l'autre, n'auraient entre elles qu'un lien de parenté collatérale ; soit de compositions intermédiaires, qui en auraient imité de plus anciennes et auraient été elles-mêmes imitées par les auteurs des plus récents. Au moyen âge, la propriété littéraire n'existant pas et l'invention étant, en général, très pauvre, dès qu'un auteur avait mis au jour une pensée nouvelle, une foule de versificateurs, à l'affût d'une idée, la reproduisaient sans aucun scrupule et sans beaucoup de modifications. C'est ainsi que sur la même question, outre les deux poèmes latins dont j'ai déjà parlé, nous possédons quatre débats français, sans compter ceux qu'on pourra retrouver encore dans les biblio-

---

(1) Parmi les arguments donnés en faveur des clercs, il en est un particulièrement intéressant :

> Laudant nos in omnibus rythmis atque versibus,

dit une des jeunes filles.

(2) Publié par J. Grimm, dans les *Abhandlungen der Berliner Academie*, 1843, p. 218-229 ; et dans les *Carmina burana*, p. 155-165.

thèques. Il a donc pu exister un original commun au Concile de Remiremont et au Débat de Phyllis et de Flora, ou des imitations intermédiaires, qui ont reculé le degré de parenté existant entre les deux poèmes.

Si l'inspiration est la même dans les deux poèmes, le cadre du débat est tout différent. Dans le second, la discussion est circonscrite entre deux jeunes filles, et c'est le dieu d'Amour lui-même qui est pris pour juge.

Pour mon étude, ce poème est plus important que le premier, parce qu'il contient déjà beaucoup de développements que nous retrouverons dans le Roman de la Rose. Quelques-uns étaient ou allaient devenir des lieux communs, et leur présence dans plusieurs ouvrages n'implique pas nécessairement un lien de parenté entre ceux-ci, mais il en est d'autres qui établissent sûrement, entre l'*Altercatio Phyllidis et Florae* et le Roman de la Rose, une relation dont je déterminerai plus loin le degré.

L'action se passe par une belle matinée de printemps. A leur réveil, les deux jeunes filles, comme Guillaume de Lorris, rêveuses, absorbées par un trouble intérieur, vont se promener dans une verte prairie, au bord du cours d'eau limpide qui l'arrose. Assises près du ruisseau, à l'ombre d'un pin, elles se font de mutuelles confidences. Flora aime un clerc ; Phyllis a donné son cœur à un chevalier. Chacune vante la supériorité, en amour, de la profession de son amant. Une discussion s'élève entre elles à ce sujet. Ne pouvant se mettre d'accord, elles prennent la résolution d'aller soumettre leur différend au tribunal d'Amour.

Le poète fait alors du palais d'Amour une description, dont la plupart des traits se retrouveront dans la description du jardin d'Oiseuse, dans le Roman de la Rose, comme on peut en juger par les quelques extraits qui suivent (1) :

    Parvo tractu temporis nemus est inventum.
    Ad ingressum nemoris murmurat fluentum;

---

(1) C'est, sans doute, à Tibulle que le moyen âge doit l'idée première de ce paradis délicieux, rempli de fleurs et d'oiseaux, où les vrais serviteurs d'Amour reçoivent le prix de leur fidélité :

    Sed me, quod facilis tenero sum semper Amori,
      Ipsa Venus campos ducet in Elysios;
    Hic choreae cantusque vigent, passimque vagantes
      Dulce sonant tenui gutture carmen aves.
    Fert casiam non culta seges, totosque per agros
      Floret odoratis terra benigna rosis.

Ventus inde redolet myrrham et pigmentum :
Audiuntur tympana cytharaeque centum.

. . . .

Sonant omnes volucrum linguae voce plena ·
Vox auditur merulae dulcis et amoena,
Corydalus garrulus, turtur, philomena,
Quae non cessat conqueri de transacta poena.

Instrumento musico, vocibus canoris,
Tam diversi specie contemplata floris,
Tam odoris gratia redundante foris,
Conjectatur teneri thalamus Amoris.

Virgines introeunt modico timore
Et eundo propius crescunt in amore.
Sonant quaequae volucrum proprio rumore.
Accenduntur animi vario clamore.

Immortalis fieret ibi manens homo,
Arbor ibi quaelibet suo gaudet pomo ;
Viae myrrha, cinnamo flagrant et amomo.
Conjectari poterat dominus ex domo.

Vident choros juvenum et domicellarum ·
Singulorum corpora, corpora stellarum.
Capiuntur subito corda puellarum
In tanto miraculo rerum novellarum.

Les jeunes filles arrivent enfin près du dieu, qui fait rendre la sentence par ses juges :

Amor habet judices, Amor habet jura.
Sunt Amoris judices Usus et Natura
Istis tota data est curiae censura,
Quoniam praeterita sciunt et futura

L'auteur du poème étant un clerc, on devine quelle sera la décision des juges :

Ad amorem clericum dicunt aptiorem.

Il ne nous reste pas moins de quatre versions françaises du

Hic juvenum series teneris immixta puellis
Ludit et assidue praelia miscet Amor.
(Tibulle, I, III, 57-64).

même débat. Aucune d'elles n'étant datée, il est difficile de savoir d'une façon certaine si elles sont antérieures à la première partie du Roman de la Rose ; mais des traits communs, que n'a pas le texte latin, prouvent qu'elles dérivent d'un original plus ancien, autre que l'*Altercatio*.

Deux de ces débats, conservés dans deux manuscrits de Paris, ont été publiés par Méon. Dans l'un les jeunes filles s'appellent Hueline et Églantine (1); dans l'autre, Florence et Blanchefleur (2). Dans tous deux le plan est le même que dans le poème latin : les deux jeunes filles, qui aiment l'une un clerc, l'autre un chevalier, vont se promener, par une belle matinée de printemps, dans une verte prairie et s'asseoient au bord d'un ruisseau, à l'ombre d'un arbre ; une discussion s'élève entre elles au sujet des défauts et des qualités des clercs et des chevaliers en amour; elles se rendent à la cour du dieu d'Amour pour lui demander de trancher le différend. Les détails seuls varient.

Pour nous, la partie la plus intéressante de ces poèmes est la description du séjour d'Amour, parce qu'elle se trouve aussi dans le fableau du *Dieu d'Amours*, dont je parlerai plus tard, et dans le Roman de la Rose. Elle est à peu près la même dans les deux débats. Qu'on en juge d'après la comparaison des deux passages suivants :

Dans Hueline et Églantine :

> La cloture est de flor de lis,
> Soef en flaire li païs,
> Et tuit li tré sont de cristal,
> Li paleron de garingal,
> De gimbregien sont li chevron
> Et de ciprés lo freste en son ;
> De canele est l'entraveure
> Et de basme la coverture ;
> Moult par est biax, sans nul redout ;
> Li conpas est de reguelice,
> Qui aportez fu d'outre Grice ;
> Li pavement sont tint de flors ... (v. 295-306).

Dans Florence et Blanchefleur :

> Roses i out entremellees.
> Les lates i sont bien ovrees,

---

(1) Méon, *Nouveau recueil de fabliaux et contes inédits*, I, p. 353.
(2) Barbazan et Meon, *Fabliaux et contes....*, IV, 354.

> A clox de girofle atachiees,
> Molt mignotes et bien ploiees.
> De sicamor sont li chevron,
> Et li mur qui sont environ
> D'arcs sont dont li diex d'Amors trait.
> Si vos di bien tot entresait
> Que ja postiz n'i sera clos :
> Ja ne sera vilain si os
> Qu'il past le postis de la porte
> Se le seel d'Amors n'i porte... (v. 193-200).

Le débat d'Hueline et d'Églantine est incomplet dans l'unique manuscrit qui nous l'a conservé ; dans le débat de Florence et de Blanchefleur, le dieu convoque sa cour pour juger le procès ; mais cette cour, composée des oiseaux les plus babillards, n'est pas mieux d'accord que les deux jeunes filles sur la question soumise à son examen :

> Prime parla li esperviers :
> « Sire, fist il, ge vous dirai
> Que tote la verté en sai ;
> Ge sai d'Amors totes les lois :
> Si di qu'assez sont plus cortois
> Li chevalier que clerc ne sont. »
> La kalandre si li respont :
> « Vos i mentez, sire esperviers,
> Ja tant ne sara chevaliers
> De déduit ne de cortoisie
> Comme fait clerc qui a amie. »
> Li faucons s'est en piez levez :
> « Par mon chief, dit il, vous mentez,
> Dame kalandre, ne puet estre
> Que tant saiche ne clerc ne prestre
> Com chevaliers ne autre gent.
> — Vos mentez trop apertement,
> Fait l'aloe, sire faucons.
> Ge di devant toz les barons
> C'une haute amor seignorie
> Seroit en clerc mielz emploie
> Qu'en chevalier, n'en duc, n'en roi.
> — Vos mentez, a la moie foi,
> Dame aloe, li gais respont.
> Desor totes les genz qui sont
> Sont chevalier li plus cortois ;
> D'amer sevent totes les lois... (v. 240-260).

Le rossignol prend parti pour les clercs et défie quiconque osera le contredire. Le perroquet relève le gant, mais il est battu et la belle Florence en meurt de chagrin :

> La assanblent li oisel tuit,
> Si l'enfuient a grant déduit.
> En un riche serqueu l'ont mise,
> Par desus une pierre bise,
> Et sor lui des floretes mistrent,
> Et ces dui vers sor lui escristrent :
> « Ici est Florance enfoie,
> Qui au chevalier fu amie » (v. 341-348).

Les deux autres versions ont été écrites en Angleterre, et c'est là que M. Paul Meyer les a retrouvées, l'une à Cambridge, l'autre à Cheltenham. Elles sont inédites. Dans l'une, les jeunes filles s'appellent Melior et Idoine ; dans l'autre, Florence et Blancheflor. Le plan n'est plus exactement le même que celui de l'*Altercatio*. Les deux conteurs se mettent en scène, comme témoins du débat.

Par un beau matin de mai, l'auteur de *Melior et Idoine* chevauchait dans la direction de Lincoln. Rendu rêveur par le chant des oiseaux, il quitte la grande route et, suivant un étroit sentier, il arrive dans un verger magnifique. Il entend des femmes qui discutent sur le mérite en amour des clercs et des chevaliers. Deux jeunes filles, Melior et Idoine, prennent parti, l'une pour les hommes d'église, l'autre pour les hommes d'armes. Ne pouvant pas se mettre d'accord sur cette question, elles s'en rapportent à l'arbitrage des oiseaux. La tourterelle, chargée de rendre le jugement, se prononce en faveur des clercs, mais Idoine récuse cette décision ; son avoué, le mauvis, provoque l'avoué de Melior, le rossignol. Un duel terrible s'engage. Le mauvis, transpercé d'un coup de lance, reconnaît que les clercs « doivent d'amour avoir le prix. » Idoine s'évanouit, ses compagnes l'emportent, et le trouvère, sans s'occuper d'elle davantage, s'éloigne en répétant :

> Mieuz est li clers a amer
> Qe li orgoillouse chivaler.

Il n'est pas question, dans ce récit, du dieu d'Amour, ni de son palais, ni de la sépulture de la jeune fille vaincue.

Je ne connais du quatrième débat que les quarante-deux premiers vers et les soixante-six derniers (1). L'auteur raconte qu'il s'en allait, songeant à ses amours, le long des prés fleuris et parfumés de fraîches senteurs. Il entre dans un jardin où il entend un merveilleux concert; au milieu du jardin jaillit une fontaine, dont les eaux s'épandent en quatre ruisseaux sur un lit de pierres précieuses.

Ici s'arrête la copie que j'ai eue à ma disposition; elle recommence au moment où l'alouette, qui a pris parti pour les clercs, jette un défi à qui osera soutenir la supériorité en amour des chevaliers. Le perroquet relève le « gant, » et, en présence du « roi, » un duel s'engage à coups de pattes et de becs. Cette fois, c'est le champion des chevaliers qui l'emporte; l'alouette crie merci, Blancheflor, l'amie des clercs, en meurt de douleur,

> E Florence a taunt s'en parte;
> Droiturele est la sue parte,
> Si come est e serra
> Honours d'amurs of chevaliers
> Qe sievent d'amurs les chemins pleners.

La dernière strophe nous apprend que le poème a été écrit en anglais (évidemment d'après un texte français), par Wanastre, puis traduit en français par Brykholle.

D'autres questions relatives à la théorie de l'amour étaient traitées, sous des formes différentes, dans une quantité de poèmes du douzième et du treizième siècle, dont quelques-uns seulement nous sont parvenus, comme le fableau du *Dieu d'Amours* (2), celui de *Vénus, la déesse d'Amours* (3).

Le fableau du Dieu d'Amours est le récit, en cent quarante-deux quatrains décasyllabiques monorimes, d'une vision que le poète dit avoir eue un jour qu'il songeait d'amour. Par une belle matinée de printemps, il se promenait dans une verte prairie tout émaillée de fleurs; il suit les bords d'une rivière aux ondes limpides, et arrive dans un jardin merveilleux : c'est le jardin du dieu d'Amour. L'entrée en est interdite aux vilains; mais pour les gens courtois la porte est toujours ouverte. Le poète entre et

---

(1) C'est M. Paul Meyer qui me les a communiqués, ainsi que la copie entière du débat de Melior et Idoine. Je suis heureux de lui en témoigner ici toute ma reconnaissance.

(2) *Li Fablel dou Dieu d'Amours*, p. p. A. Jubinal. Paris, 1834, in-8°.

(3) *De Vénus la déesse d'Amor*, p. p. W. Foerster. Bonn, 1880, in-12.

assiste au concert des milliers d'oiseaux qui volent de branche en branche. Le thème de leurs chants est l'amour. Le rossignol, qui préside, se plaint « c'amors est empirés ». C'est la faute aux vilains, dit l'épervier, aux gens sans courtoisie :

> Ne se deussent entremetre d'amer
> Se clerc ne fussent, qui bien sevent parler,
> A leur amies acointier et juer,
> U chevaliers ki por li va jouster (p. 18).

Le mauvis est d'un avis tout différent. Le geai, à son tour, prétend

> Que, s'uns hom aime et il est bien amés,
> Preus est et sages, comme clers escolés,
> Et chevaliers d'Amors est adoubés (p. 18).

Le rossignol pense comme le geai, émet la même opinion, puis clôt la discussion, de peur qu'elle ne s'aigrisse, et congédie l'assemblée.

Après ce songe, le dormeur, au lieu de s'éveiller, en a un autre. Toujours dans le même verger, assis au pied d'un arbre, il voit venir « une pucele gente. » Bientôt il reconnaît son amie. Pendant qu'il échange avec elle de tendres aveux, entremêlés de chastes baisers, un immense dragon s'élance sur la jeune fille, la saisit et l'emporte dans les airs. Impuissant contre un tel ennemi, l'amant se livre au désespoir et reproche au dieu d'Amour d'abandonner ses plus fidèles serviteurs. Le dieu apparaît, console le jeune homme, lui promet de secourir son amie, et l'emmène au *Champ fleuri*, son palais, où il le laissera pendant que lui-même poursuivra le dragon.

Dans le palais, l'amant trouve une nombreuse réunion de damoiseaux et de damoiselles qui mènent joyeuse vie :

> Chascuns dansiaus a sa mie juoit,
> D'esquiés, de tables ; ki son par sormontoit,
> Autre loier n'autre argent n'en avoit,
> Fors seulement .j. baisier em prendoit (p. 28).

Dès qu'il entre, tous quittent leurs jeux pour lui faire le plus gracieux accueil. Il paye sa bienvenue d'une chanson d'amour.

Quand il a cessé de chanter, une jeune fille le prend par la main et lui fait visiter les appartements du dieu. Dans le jardin, elle lui montre, sous un arbre, la tombe d'un fils de roi, mort en combattant pour elle. Amour l'a honoré de cette sépulture :

> Oysiaus i ot ; por l'ame del signor
> Qui la gisoit, cantent de vrai amor.
> Qant il ont fain, cascuns baise une flor :
> Ja puis n'aront ne fain ne soif le jor (p. 31).

Mais ce spectacle ravive de cruels souvenirs dans le cœur de la demoiselle ; elle verse d'abondantes larmes et rentre précipitamment dans le palais.

En même temps, le dieu arrive, ramenant la jeune fille qu'il a délivrée des griffes du dragon, et qu'il rend à son ami. Le poète, à la vue de celle qu'il aime, éprouve une si grande joie qu'il se réveille : son bonheur s'évanouit, car le songe mentait.

En rapprochant cette courte analyse de celle que j'ai donnée plus haut du débat de Florence et de Blanchefleur, publié par Barbazan et Méon, on constate entre les deux poèmes une dépendance très étroite.

Je laisse de côté, dans cette comparaison, la description de la belle matinée de printemps ; celles de la verte prairie émaillée de fleurs, du ruisseau limpide qui l'arrose, et sur les bords duquel se promènent les amoureux ; on pourrait considérer cette mise en scène comme un lieu commun de la poésie galante. Mais il y a entre les deux poèmes d'autres ressemblances, auxquelles il n'est pas possible d'attribuer le même caractère, par exemple, la description allégorique du palais d'Amour. J'ai donné (1) un échantillon de celle du débat ; dans le fableau, elle commence ainsi :

> De rotruenges estoit tos fais li pons,
> Toutes les plankes de dis et de canchons,
> De sons de harpes les estaces del fons,
> Et les salijes de dous lais de Bretons... (p. 24).

Dans le débat, il faut, pour être admis dans le palais, présenter le sceau d'Amour ; dans le fableau, il faut résoudre une énigme, proposée par le sphinx qui garde l'entrée.

Non moins curieuse est l'idée commune aux deux poèmes de placer dans le jardin du palais la sépulture d'une victime de l'amour, sur la tombe de qui les oiseaux chantent nuit et jour.

---

(1) Page 12.

Mais ce qui est plus décisif, c'est la singulière querelle des oiseaux, qui, certainement, ne peut être considérée ni comme une invention personnelle de deux auteurs indépendants l'un de l'autre, ni comme un lieu commun.

Il est donc bien certain que l'un des deux poèmes a été imité par l'auteur de l'autre. Le cas ne devient embarrassant que lorsqu'il s'agit de déterminer à qui appartient le mérite de l'originalité. Aucun indice positif ne permet de donner une date précise à ces poèmes. Les idées, la langue, indiquent pour tous deux la fin du douzième siècle ou le commencement du treizième. La versification n'offre rien qui soit en contradiction avec cette date, qu'il est impossible de préciser davantage. Mais il a sûrement existé une version du débat, latine ou française, autre que l'*Altercatio Phyllidis et Florae*, et plus ancienne que les versions françaises que nous possédons. Les développements communs à plusieurs de celles-ci remontent nécessairement à un original commun, qui contenait déjà, par conséquent, la description du séjour d'Amour, et racontait le singulier combat des oiseaux, la mort de la jeune fille vaincue, et, selon toute probabilité, son ensevelissement dans le champ fleuri. D'ailleurs, les développements dont l'identité dans le fableau et dans le debat nous prouve leur dépendance sont naturels dans celui-ci ; on en trouve déjà le germe dans l'*Altercatio Phyllidis et Florae*, où sont décrits et le séjour d'Amour et le concert des oiseaux. La strophe *Amor habet judices*...(1) suffisait pour suggérer au trouvère l'idée de convertir ce concert en une discussion juridique.

L'ensevelissement, dans le jardin du dieu, de la jeune fille morte dans le palais même, en entendant la sentence des juges qui condamnaient ses amours, est encore très naturel et n'est que le développement du jugement rendu dans le poème latin.

Au contraire, dans le fableau, tous ces épisodes sont mal rattachés les uns aux autres. Le poème est divisé en deux parties dont la liaison est toute factice. La discussion des oiseaux fait l'objet de la première partie ; la description du palais d'Amour celui de la seconde, et l'unité de celle-ci est encore détruite par l'épisode dans lequel est racontée la mort du chevalier enseveli dans le jardin du palais.

Il n'est donc pas douteux que l'auteur du fableau ait imité le débat. Je montrerai plus loin que Guillaume de Lorris, à son tour, a imité le Dieu d'Amours, et que, par conséquent, certains déve-

---

(1) Voyez page 11.

loppements du Roman de la Rose ont leur source dans l'original des débats, soit l'*Altercatio Phyllidis et Florae*, soit un poème plus ancien.

Le Dieu d'Amours a été remanié par un auteur du treizième siècle, qui s'en est servi comme d'un cadre pour exposer ses idées sur l'amour. En faisant intervenir Vénus à côté de son fils, il a pu changer le titre du poème, qui est appelé, dans le seul manuscrit qui nous l'a conservé, *De Vénus, la déesse d'Amours*.

Le nouveau poème est encore en quatrains monorimes, mais le nombre des vers a plus que doublé et ils ont dix, douze, quatorze, même seize syllabes. Une centaine de vers de l'original ont été conservés dans le remaniement.

L'auteur du Dieu d'Amours, après le récit de la première vision, que le poète du treizième siècle n'a guère modifié, avait dit de lui-même à peu près ce que La Fontaine dira plus tard du lièvre qui songeait en son gîte (1) :

> Je me seoie, trestous seus, sous cele ente ;
> Ki seus se siet volentiers se demente (p. 19).

Mais, en homme de goût, il se garde bien de se *démenter* à haute voix. L'auteur de Vénus, moins discret, remplit plus de quatre-vingts strophes des plaintes de l'amant.

Personne ne peut se figurer quels tourments endure celui qui aime sans être aimé. Bien plus poignante encore est la douleur de celui qui voit l'amour s'éloigner de lui. Dans les douleurs de l'enfantement, la femme est soutenue par l'espoir d'une prompte délivrance, et bientôt la vue de son enfant et la joie d'être mère lui font oublier tout ce qu'elle a souffert,

> Mais quant anme travaille d'amor qu'ele a portee (str. 68),

elle n'a rien pour la consoler, pas même l'espoir d'être un jour délivrée ; car deux cœurs qui ont été fortement unis ne peuvent se séparer sans de profondes meurtrissures. D'ailleurs, l'amant vraiment digne de ce nom ne voudrait pour rien être guéri du mal d'amour. Et puis Amour est si puissant, il « sait tant de douces trahisons, » qu'il dompte les plus forts. Le seul espoir qui reste à l'amant d'être délivré de ses maux, c'est de mourir ; et, en mourant, de bénir encore la main qui le tue.

Pendant que le jeune homme est plongé dans ces tristes pen-

---

(1) *Fables*, II, xiv, 1-2.

sées, quatre dames, d'une beauté ravissante, s'approchent de lui, montées sur des mules richement caparaçonnées. C'est Vénus avec ses suivantes. La déesse l'interroge sur les causes de sa tristesse, et, pour éprouver la force de son amour, lui conseille d'y renoncer. Mais il s'y refuse, dût son âme en être damnée pour l'éternité, car celle qu'il aime n'a pas son égale en beauté ; et les charmes de son esprit surpassent encore ceux de son corps :

> Ele est gentil et humle et de tos sens garnis,
> Et sage et debonaire et mout très bien apris (str. 188).

Puisqu'elle est gentille et humble, lui répond Vénus, elle aura pitié de toi :

> Humilté, gentillece, pitié sont compaignon (str. 183).

Après lui avoir expliqué quels sont les caractères de l'amour vrai et de l'amour faux, elle l'emmène à la cour du dieu d'Amour, pour le présenter à son fils.

Ici le poète revient à son modèle pour la description du palais et du jardin, montrés à l'amant par une jeune fille, qui lui fait voir ensuite le tombeau de celui qui est mort en combattant pour elle.

Enfin, le dieu donne une charte, scellée de son propre sceau, à l'amant, qui la porte à sa dame ; celle-ci la lit et lui promet de l'aimer loyalement.

La connaissance psychologique de l'amour, des angoisses qu'il fait endurer, des jouissances qu'il peut procurer, des qualités qu'il exige de la part de ceux qui veulent servir sous sa bannière, peut paraître utile aux amoureux, mais elle ne leur suffit pas. A quoi sert d'aimer selon les règles, si l'on n'est pas aimé ? L'auteur de Vénus la déesse d'Amours dit bien à l'amant que si la dame qu'il aime a le cœur gentil, elle aura pitié de lui. Mais encore est-il nécessaire que cette pitié soit éveillée et sache à qui accorder ses faveurs. Pour faire agréer ses hommages, il faut savoir les offrir. Et puis, la dame qu'on aime peut n'avoir pas le « cuer rempli de gentillece ». Il faut donc, avec l'art d'aimer, connaître celui d'être aimé. C'est là ce qui faisait la force des clercs, qui n'avaient pas seulement l'avantage sur les chevaliers d'être beaux parleurs, mais à qui leur poète favori enseignait, dans une langue qu'eux seuls comprenaient, le moyen de conquérir les cœurs les plus inaccessibles. Cet avantage, ils ne veulent pas en abuser, et, de bonne heure, ils abdiquent charitablement leur privilège.

Dans un manuscrit français, conservé à la bibliothèque de Dresde (sous la cote O, 64), une miniature, placée en tête d'un poème que l'éditeur a intitulé l'*Art d'Amors* (1), représente un moine assis sur un escabeau, expliquant un livre à un jeune damoiseau et à une demoiselle, qui l'écoutent avec beaucoup d'attention.

Ce livre, c'est l'*Art d'aimer* d'Ovide.

Chrestien de Troyes, le poète favori de Marie de Champagne et des grandes dames qui se réunissaient autour d'elle à la cour du comte Thibaut, est le premier, semble-t-il, qui ait mis en français, vers 1160, le *De arte amandi*. Sa traduction étant perdue, il est impossible de dire ce qu'elle était exactement et si le poète champenois avait suivi fidèlement le texte latin, ou s'il ne l'avait pas plutôt fait plier aux exigences de la vie du moyen âge.

Elle fut bientôt suivie de plusieurs autres. Il ne nous en reste pas moins de trois du treizième siècle : celle d'Élie, celle de Jacques d'Amiens et la *Clef d'Amours*. A dire vrai, ce sont des imitations plutôt que des traductions. En général, leurs auteurs ont traduit en abrégeant, en supprimant la plupart des épisodes, des allusions, des agréments de style, tout ce qui leur paraissait inutile à l'enseignement proprement dit. Çà et là, au contraire, ils ont insisté sur certains détails ; ils ont fait des changements, ils ont amplifié, ajouté de leur cru, « et ce sont les passages de ce genre qui offrent surtout de l'intérêt, » comme l'a très bien montré M. G. Paris, dans son mémoire sur *Chrétien Legouais et autres traducteurs ou imitateurs d'Ovide au moyen âge* (2).

On peut aussi considérer comme un imitateur d'Ovide, bien qu'il ait donné à son poème une autre forme que celle de l'Art d'aimer, en tous cas comme son disciple fidèle, l'auteur anonyme d'un poème latin du douzième siècle, connu sous le titre de *Pamphilus, de Amore* (3).

Le *Pamphilus* est un dialogue, une sorte de drame dont les personnages mettent en pratique les conseils donnés par Ovide dans

---

(1) *L'Art d'Amors und Li Remedes d'Amors*, von Jacques d'Amiens, p. p. Gustave Korting. Leipzig, 1868, in 8°.

(2) *Histoire littéraire*, XXIX, p. 455 et suiv.

(3) Je ferai mes citations d'après l'édition de M. Baudoin, toute mauvaise qu'elle est, parce que c'est celle qu'il est le plus facile de se procurer (*Pamphile, ou l'Art d'être aimé, comédie latine du X° siècle*, p. p. A. Baudoin. Paris, 1874, in-12.

ses poèmes sur l'amour, notamment dans l'Art d'aimer. L'action se passe entre quatre personnages : une jeune fille, Galatée; un jeune homme, Pamphile; Vénus et une vieille proxénète. Pamphile a reçu une flèche dans le cœur, et son invisible blessure devient de jour en jour plus douloureuse. Celle qui l'a frappé, et dont il doit taire le nom, peut seule le guérir; mais il n'ose pas lui demander cette grâce, car elle est plus riche que lui. Que faire, alors? Il va prier Vénus de venir à son secours (v. 1-70). Celle-ci, résumant le premier livre du *De arte amandi*, lui indique par quels moyens il pourra séduire sa belle voisine (v. 71-142).

En quittant la déesse, Pamphile rencontre Galatée. A la vue de celle qu'il aime, il est saisi d'émotion ; son cœur palpite, ses forces l'abandonnent, ses jambes chancellent, la voix lui manque; pour un peu, il s'évanouirait. Cependant, il fait un violent effort sur lui-même ; il aborde la jeune fille, et, grâce aux préceptes d'Ovide, est assez habile pour obtenir d'elle un baiser et la permission de la revoir (v. 143-244).

Galatée partie, Pamphile se livre d'abord à la joie que lui cause son premier succès; mais il lui reste encore beaucoup à faire pour arriver à ses fins. Il se rappelle quelques-unes des instructions de Vénus, et va trouver, pour lui demander son aide, une vieille très experte dans les choses de l'amour (v. 245-284).

Avec la vieille, comme avec Galatée, Pamphile se conforme aux conseils d'Ovide; il obtient d'elle, à force de promesses, qu'elle favorisera son entreprise (v. 285-338).

La vieille voit Galatée et s'insinue avec tant d'adresse dans son esprit, qu'elle lui fait avouer son inclination pour Pamphile (v. 339-440). Elle revient alors vers celui-ci, et, afin de stimuler son courage pour l'acte de violence qu'elle va lui conseiller, et d'exciter sa reconnaissance pour le service qu'elle va lui rendre, elle le réduit au désespoir, en lui faisant croire que Galatée va être mariée. Pourtant, ajoute-t-elle, tout n'est pas perdu ; je vais lui demander qu'elle veuille bien t'accorder un rendez-vous ; si elle y consent, à toi d'empêcher le mariage :

> Si vos nostra simul sollercia collocet ambos,
> Cum locus affuerit, te precor esse virum (1). (v. 441-548.)

---

(1)   Quod si vos aliquis conducet casus in unum,
       Mente memor tota quac damus arma tene.
    Nunc opus est armis, nunc, o fortissime, pugna.
            (*Ovidii Remedia Amoris*, v 673-675.)

La vieille retourne à Galatée et, sous prétexte de lui donner des fruits de son jardin, l'emmène chez elle (v. 549-650). Pamphile y vient aussi, comme par hasard. Alors l'infâme proxénète, feignant d'entendre une voisine qui l'appelle, laisse seuls les deux jeunes gens, et Pamphile se rappelle qu'il est homme. Lorsque la vieille rentre, Galatée, tout en pleurs, l'accable de reproches ; mais elle, sans beaucoup s'en émouvoir, lui conseille de se calmer : les larmes ne lui rendront pas ce qu'elle a perdu. Il y a, d'ailleurs, un moyen de réparer le mal :

> Hec tua sit conjux ! vir sit et iste tuus !
> Per me votorum jam compos uterque suorum,
> Per me felices, este mei memores (v. 780).

Ainsi finit la comédie.

Chrestien de Troyes ne s'était pas contenté de traduire le poème d'Ovide ; il s'était jeté tout entier dans le mouvement qui transformait à la fois la vie de la classe élevée et sa littérature, et nul ne lui donna une plus puissante impulsion. C'est lui qui introduisit les idées nouvelles dans les romans bretons, qui jouirent en France d'une si grande faveur, lorsqu'il les eut mis en vers, d'après des contes anglo-normands ; c'est lui qui leur imprima ce caractère de galanterie raffinée, qu' « on retrouve dans beaucoup de ceux qui suivirent les siens (1), » et qui se perpétua jusque dans les romans d'Urfé et des Scudéry. Il fut le courtier qui s'entremit à la diffusion, dans les classes élevées, des théories admises par les *cours d'Amour*. Il écrivait sous l'inspiration du cercle élégant où il était reçu, et les salons prenaient, près des personnages de ses romans, des leçons de bon ton. Il nous apprend lui-même que c'est à Marie de Champagne, fille du roi Louis VII et d'Aliénor de Poitiers, femme du comte Thiébaut, qu'il doit non seulement le fond, mais encore l'esprit du roman de Lancelot, celui où il a fait la peinture la plus complète de l'amour courtois. Et de nombreux témoignages nous montrent les gentilshommes de l'époque cherchant à ressembler aux Lancelot, aux Perceval, aux Gauvain, tels que Chrestien s'est plu à les représenter.

Toutes les questions relatives à la galanterie chevaleresque, les opinions, les doctrines émises, non seulement dans les ouvrages dont j'ai parlé plus haut, mais aussi dans la poésie lyrique, et, en général, dans la littérature amoureuse du temps, les théories

---

(1) G. Paris, *La littérature française*, § 57.

répandues dans les hautes classes de la société féodale, ont été rassemblées et systématiquement exposées dans le livre latin d'André le Chapelain, *De arte honeste amandi*, qui a dû paraître quelques années avant la première partie du Roman de la Rose, et qui est, dit M. G. Paris, « le code le plus complet de l'amour courtois tel qu'on le voit en action dans les Romans de la Table Ronde (1). » Cet ouvrage est aujourd'hui bien connu ; l'article de Fauriel dans l'*Histoire littéraire*, XXI ; ceux surtout de M. G. Paris dans le *Journal des Savants*, 1888, p. 664-675 et 727-736, me dispensent d'en donner une longue analyse.

Le traité d'André est divisé en deux livres et chaque livre en chapitres (2). L'auteur définit d'abord l'amour, montre quels sont ses effets, ses degrés, à quelles personnes il convient ; puis il enseigne comment on doit présenter une requête d'amour et y répondre ; à cet effet, il fait dialoguer successivement un roturier avec une roturière, avec une noble, avec une grande dame ; puis, un noble, et, enfin, un grand seigneur avec les mêmes femmes. Dans ces entretiens sont exposés les sentiments, les opinions, les pratiques de l'époque en ce qui touche la galanterie ; l'un des interlocuteurs enseigne même didactiquement ce que doit observer celui qui veut servir dans la milice du dieu d'Amour : *Quid debeat observari ab eo qui vult in Amoris militia militare* ; un autre décrit le palais du dieu, les récompenses et les châtiments réservés, dans l'autre vie, à ceux qui auront bien ou mal observé sur cette terre ses commandements ; enfin, ces commandements sont énumérés, au nombre de quinze, tels que le dieu lui-même les a dictés à un de ses fidèles.

A la suite de ces dialogues, des chapitres spéciaux sont consacrés à l'amour des clercs, à celui des nonnes, à l'amour qui se vend, à l'amour des paysannes, à celui des courtisanes.

Mais il ne suffit pas de savoir se faire aimer ; il faut savoir aussi conserver l'amour conquis ; cette science fait l'objet des chapitres suivants, intitulés : *Qualiter amoris status debeat conservari* ; *Qualiter perfectus amor augmentetur* ; *Quibus modis amor minuatur* ; *Qualiter amor finiatur* ; *Qualiter notitia mutui amoris habeatur* ; *De multis et variis judiciis Amoris*.

C'est dans ce dernier chapitre que sont rapportés les célèbres jugements, soi-disant prononcés par Marie de Champagne, par sa mère Aliénor, par Ermengart de Narbonne, par la comtesse

---

(1) *La littérature française*, § 104.
(2) *Erotica seu Amatoria Andreae, capellani regii*.... Dortmund, 1610, in-8°.

de Flandres, par la reine de France et par d'autres grandes dames, et sur lesquels on a échafaudé la fameuse théorie des cours d'Amour.

Ils sont suivis d'une nouvelle description du palais d'Amour et d'une exposition des *regulae Amoris*, au nombre de trente.

André termine son traité en condamnant l'amour et en dévoilant les nombreux vices des femmes.

L'amour courtois, érigé en science, avec des préceptes et des manuels, des maîtres et des disciples, était la grande mode qui régnait, en souveraine absolue, sur le monde des châteaux et des palais, qui en dirigeait tous les entretiens, toutes les actions. Au tournoi, avant de donner à son destrier le dernier élan, le chevalier jette encore à la *tribune* des dames un regard, sûr d'y rencontrer deux beaux yeux, dont l'expression tendre et inquiète est pour lui le suprême encouragement. A la guerre, au milieu de la mêlée, il se rappelle que chaque coup de sa lance ou de son épée est un hommage à celle qui en a brodé, de ses blanches mains, le fanon ou le baudrier. En face d'un ennemi dix fois, vingt fois supérieur en nombre, il ne s'arrête pas, parce que sa dame pourrait croire qu'il a peur, et la perte de son estime lui serait bien plus cruelle que la mort (1). Dans la chanson de geste de la fin du onzième siècle, Roland, avec une poignée de braves, entouré de cent mille païens, refuse de sonner du cor pour appeler Charlemagne à son aide, parce qu' « en dolce France il en perdreit son los. » Un siècle plus tard, ce ne serait pas uniquement à la douce France que penserait le fier paladin, ce serait, avant tout, à la belle Aude.

Mais, au retour du combat, quelles récompenses l'amour réservait à ses fidèles et courageux champions ! Doux baisers et autres « délits » plus savoureux encore, on ne refusait rien. C'est alors qu'on discutait et qu'on mettait en action les théories sur l'amour exposées dans les poèmes dont j'ai parlé plus haut ; c'est alors que, dans les cercles brillants dont la légende a fait des cours d'Amour, on établissait les préceptes de ce sentiment devenu un art, préceptes qu'André le Chapelain a codifiés en latin dans son traité et que Guillaume de Lorris s'est proposé d'enseigner en français, sous une forme moins didactique, dans le Roman de la Rose.

---

(1) Diminutionem quoque patitur amor si perpendat mulier quod amator timidus existat in bello. (André le Chapelain, ch. *Quibus modis amor minuatur*.)

III

Influences particulières qui ont agi sur le Roman de la Rose. — Sa méthode est celle du *Pamphilus*. — Son cadre est celui du Dieu d'Amours.

Maintenant que nous savons quelle a été l'inspiration première de ce poème, sous quelle influence générale il a été conçu, je vais montrer sous quelles influences plus spéciales il a été exécuté, quels travaux antérieurs le poète a mis à contribution.

La plupart des Arts d'amour antérieurs à celui de Guillaume de Lorris sont de véritables traités ; ceux de maître Élie et de Jacques d'Amiens et la Clef d'Amours suivent pas à pas celui d'Ovide, laissant même de côté les anecdotes, les allusions mythologiques, tous les ornements de style qui en dissimulent le caractère didactique. Le livre d'André le Chapelain a une forme plus scolastique encore. L'auteur commence par définir le mot *amour*, puis il explique chacun des termes de sa définition. Il distingue ensuite plusieurs genres d'amours et détermine le caractère de chacun d'eux. Il divise les personnes accessibles à ce sentiment en catégories, pour chacune desquelles il donne des formulaires spéciaux. Il envisage tous les cas qui peuvent se présenter dans les relations entre personnes de différents sexes ; il prévoit et réfute par avance toutes les objections qu'on pourrait faire à ses théories. Il appuie ses préceptes d'exemples et de syllogismes. C'est un professeur faisant un cours à des élèves.

La méthode de Guillaume de Lorris est moins doctrinale, mais elle a le double avantage d'exposer les idées dans un cadre poétique plus agréable, et de les rendre plus saisissantes, en les présentant sous une forme dramatique, en les montrant dans leur application. Mettant en présence un jeune homme et une jeune fille dans l'âge où le cœur n'attend que l'occasion de s'ouvrir à l'amour, le poète nous fait assister à l'éclosion de ce sentiment, qui va les attirer l'un vers l'autre ; nous voyons sous quelles influences et par quelles causes il est engendré ; il grandit, devient impérieux, et, sous son impulsion, les deux amants apprennent et mettent en action les préceptes de l'art d'amour tel qu'on l'entendait au commencement du treizième siècle.

Cette méthode ne se rencontre pas pour la première fois dans le Roman de la Rose, elle appartient à l'auteur du *Pamphilus*, qui paraît avoir indiqué la voie à Guillaume de Lorris.

Le *Pamphilus*, comme en témoignent les nombreuses copies qui nous en ont été conservées et les allusions répandues dans les ouvrages de l'époque, eut un grand succès au treizième siècle, et ce serait là une raison suffisante, à défaut d'autres, pour supposer que Guillaume de Lorris le connaissait et qu'il s'en est inspiré dans la composition de son roman. Il est vrai que cette hypothèse n'est confirmée par aucune preuve matérielle bien décisive ; que Guillaume de Lorris ne mentionne pas le poème latin et n'y fait même aucune allusion ; qu'en aucun passage de son roman on ne peut affirmer formellement qu'il l'a imité. Et cependant, il est impossible, en comparant les deux poèmes, de ne pas sentir dans l'un l'influence de l'autre.

D'abord, ils ont le même sujet : montrer l'application des théories exposées dans les Arts d'amour, en mettant en scène des personnages qui agissent conformément aux règles enseignées dans ces traités. On admettra difficilement qu'un sujet si spécial ait pu se présenter à l'esprit de deux auteurs indépendants l'un de l'autre.

Mais il y a d'autres indices d'une communauté d'origine entre les deux poèmes ; en considérant avec attention les personnages qui agissent de part et d'autre, on reconnaît en eux des airs de ressemblance qu'une proche parenté peut seule expliquer. Dans le roman comme dans le *Pamphilus*, les deux principaux acteurs sont un jeune homme et une jeune fille ; c'était nécessaire. Dans l'un, le jeune homme, blessé au cœur, s'adresse à Vénus et lui demande comment il pourra faire partager son amour à celle qui peut seule le guérir, et la déesse lui enseigne les moyens de séduire la jeune fille ; dans l'autre, c'est le dieu d'Amour qui dicte ses préceptes au jeune homme, également frappé au cœur, et qui lui apprend comment il pourra trouver un remède à sa blessure. Pamphile, pour arriver plus sûrement à ses fins, s'adresse à une vieille femme qui a la confiance des parents de Galatée et qui en abuse pour servir les amours des deux jeunes gens. Lorsque Guillaume de Lorris interrompit son roman, il venait d'y introduire ce personnage de la vieille, à qui Jalousie, c'est-à-dire les parents, avait confié la garde de Bel-Accueil. Or, il est évident que la duègne devait jouer dans le roman un rôle analogue à celui qu'elle remplit dans le poème latin ; l'amant avait besoin de sa complicité pour cueillir la rose, et l'auteur a soin de nous laisser deviner qu'elle doit être très accommodante sur les principes de morale, car personne plus qu'elle n'a connu les faiblesses du cœur.

> Nus ne la peust engignier
> Ne de signier ou de guignier,
> Qu'il n'est barat qu'el ne congnoisse,
> Qu'ele ot des biens et de l'angoisse,
> Qu'Amors a ses sergens depart.
> En jonesce ot moult bien sa part
> . . . .
> Qu'el scet toute la vielle dance (v. 4534-45).

Ces vers paraissent n'être que la traduction de ceux-ci, du *Pamphilus* :

> His prope degit anus subtilis et ingeniosa
> Artibus et Veneris apta ministra satis (v. 281-282).
>
> . . . .
> Nam Veneris mores cognoscimus ejus et artes (v. 425).

Pamphile, Galatée, la Vieille et la déesse d'Amour sont les seuls acteurs du poème latin ; Guillaume de Lorris en a ajouté d'autres, obligé qu'il y était par son système d'allégories et d'abstractions, mais ces nouveaux rôles de Jalousie, Male-Bouche, Danger, Honte, Peur, et même celui d'Ami, sont déjà indiqués dans le *Pamphilus*.

Jalousie représente les parents de la jeune fille, de qui Galatée dit :

> Sed modo de templo venient utrique parentes,
> Et michi, ne causer, convenit ire domum (v. 241-242).

Male-Bouche, sous le nom de *Fama*, est un des grands sujets de crainte de Pamphile et de Galatée :

> Si studiosus eam verbisque jocisque frequentem,
> Auferet assuetas garrula Fama vias (v. 255-256).

. . . .
Ex minimo crescit, sed non cito Fama quiescit ;
   Quamvis mentitur, crescit eundo tamen (v. 293-294).

Voici même trois vers sur *Fama*, que Guillaume de Lorris paraît avoir traduits pour les appliquer à Male-Bouche :

Sepius immeritas incusat Fama puellas,
   Omnia non cessat carpere Livor edax.
Quod petis annuerem nisi Fame verba timerem (v. 417-419).

   Car Male-Bouche est coustumiers
   De raconter fauses noveles
   De valez et de damoiseles (R. R., v. 4183-5).

Danger, Honte et Peur ne sont pas moins clairement annoncés dans les vers qui suivent :

Non leve pondus habent violenta Cupidinis arma,
   His male seduci queque puella timet... (v. 415-416).

Me premit igniferis Venus improba sepius armis,
   Et michi vim faciens semper amare jubet.
Me jubet e contra Pudor et Metus esse pudicam.
   His coacta meum nescio consilium (v. 573-576).

Guillaume de Lorris fait de Danger un vilain, un paysan :

   A tant saut Dangiers li vilains
   De la ou il estoit muciés
   Grans fu et noirs et hericiés... (v. 2932-34).

   Et li vilains crole la teste... (v. 2960).

   Puis si sont a Dangier venues,
   Si ont trové le paisant
   Desous un aube espin gisant (v. 4279-81) (1).

Or, dans le *Pamphilus*, la Vieille dit à Galatée :

Dic michi, ne dubites, stultum depone timorem ;
   Hic venit a sola rusticitate pudor (v. 379-80).

Galatée répond :

Non michi rusticitas, stultus michi nec pudor obstat (v. 381).

(1) Voir aussi v. 2956 et suiv.; 4307 et suiv., etc.

Et plus loin la duègne répète à la jeune fille :

> Narraret nullus quantum Veneris valet usus ;
> Huic nisi parueris, rustica semper eris (v. 411-412).

Ce sentiment mal défini, que le poète latin appelle simultanément *Timor* et *Pudor*, et qu'il traite de *rusticus*, est celui que Guillaume de Lorris appelle Danger.

L'idée que Danger est une vertu ou plutôt un défaut rustique, revient souvent dans les œuvres d'Ovide, et c'est là que l'auteur du *Pamphilus* l'a prise :

> Et decor et vultus sine rusticitate pudentes (*Her.*, XX, 59).

> . . . . . casta est quam nemo rogavit,
> Aut, si rusticitas non vetat, ipsa rogat (*Amor.*, VIII, 43).

> . . . . rusticitas, non pudor ille fuit (*A. Am.*, I, 672).

> Colloquio jam tempus adest, fuge rustice longe
> Hinc Pudor; audentes Forsque Venusque juvant.
> (*A. Am.*, I, 607-8).

Est-ce Ovide ou l'auteur du *Pamphilus* que Guillaume de Lorris imite en représentant Danger sous les traits d'un vilain ? Il est difficile de répondre catégoriquement à cette question ; je pencherais cependant volontiers vers la seconde alternative.

Le rôle d'Ami se rattache moins directement au *Pamphilus* ; il doit son origine à un article du code d'amour, plusieurs fois expliqué dans le livre d'André le Chapelain, lorsque celui-ci recommande à l'amant d'avoir un « *secretarius* » ou confident. Dans le *Pamphilus*, pourtant, Vénus dit à Galatée :

> Et placeat vobis interpres inter utrumque,
> Qui caute referat hoc quod uterque ferat (v. 135-136).

Mais il s'agit ici plutôt d'un messager que d'un confident.

Il serait facile de multiplier entre les deux poèmes des rapprochements qui attestent l'influence de l'un sur l'autre. Le poète latin décrit ainsi l'angoisse du jeune homme qui va parler pour la première fois à celle qu'il aime :

> Nec mea vox mecum, nec mea verba manent,
> Nec michi sunt vires, trepidantque manusque pedesque ;
> Attonito nullus congruus est habitus.
> Mentis in affectu sibi dicere plura notavi,

Sed timor excussit dicere que volui.
Non sum quod fueram, vix me cognoscere possum.
Non bene vox sequitur... sed tamen ipse loquar (v. 156-162).

La même situation est décrite dans les mêmes termes par Guillaume de Lorris :

> S'il avient que tu aperçoives
> T'amie en leu que tu la doives
> Araisonner ne saluer,
> Lors t'estovra color muer,
> Si te fremira tous li sans ;
> Parole te faudra et sens,
> Quant tu cuideras commencier ;
> Et se tant te pues avancier
> Que ta raison commencier oses,
> Quant tu devras dire trois choses
> Tu n'en diras mie les deus,
> Tant seras vers li vergondeus.
> Il n'iert ja nus si apensés
> Qui en ce point n'oblit assés (v. 2403-16) (1).

La comparaison des passages suivants n'est pas moins instructive et ne permet guère de douter que Guillaume de Lorris se soit inspiré du *Pamphilus* :

Rom. de la Rose, v.	1723-30	Pamphilus, v.	42-43
—	1732-34	—	6
—	1842	—	2, 44
—	1843-45	—	472
—	2185-88	—	103-104
—	2275 et suiv.	—	619-628
—	2809-14	—	218
—	3396-4018	—	235-239.

(1) Comme j'ai eu l'occasion déjà de le rappeler, il existait un fonds d'idées communes, banales, que les différents auteurs traitant un même sujet ne se faisaient aucun scrupule de répéter. André le Chapelain décrit, lui aussi, l'embarras d'un amant à la vue de son amie : « Sunt quidam qui in dominarum aspectu adeo loquendi vigorem amittunt quod bene concepta recensque in mente composita perdunt nec possunt aliquid ordine recto proponere, quorum satis videtur arguenda fatuitas » (f. B, 3). Et plus loin, le même auteur donne, parmi les « regulae Amoris, » les deux suivantes : 15° « Omnis consuevit amans in coamantis aspectu pallere » ; 16° « In repentina coamantis visione cor contremescit amantis. » Le rapprochement

Guillaume de Lorris n'était pas un imitateur servile ; il voulait d'ailleurs présenter à ses lecteurs une « matière neuve; » il ne pouvait donc suivre pas à pas l'auteur du *Pamphilus*. Il s'est contenté de prendre sa méthode pour l'adopter à un autre cadre. Mais ce cadre lui-même est encore un objet d'emprunt. Il avait déjà servi, non seulement dans ses grandes lignes, mais aussi avec la plupart de ses ornements accessoires, au fableau du Dieu d'Amours. C'est à ce poème que Guillaume l'a pris. En voici la preuve :

L'auteur du roman, comme celui du fableau, se met en scène lui-même dans le rôle de l'amant; comme lui, il encadre son récit dans un songe. Tous deux s'étant endormis dans des pensées d'amour, ont un rêve qui leur remplit le cœur de joie :

> Songai un songe dont tos li cuers me rist (*Fab.*, p. 1).

> Si vi un songe en mon dormant,
> Qui mout fu beaus et mout me plot (*Rom.*, v. 26-27).

L'auteur du fableau avoue qu'il ne garantit pas la véracité de ce songe :

> Conter vous voel le moie avision ;
> Ne sai a dire se chou est voirs u non (*Fab.*, p. 1).

Guillaume de Lorris, sans prétendre que son rêve s'est réalisé, invoque néanmoins le témoignage de Macrobe pour prouver que souvent les songes sont des présages de l'avenir. Il est possible que cette réflexion lui ait été suggérée par les deux vers du fableau que je viens de citer.

Ils songent donc qu'un beau matin du mois de mai ils se lèvent, et, pour entendre le chant des oiseaux, vont se promener dans une prairie émaillée de fleurs. Cette prairie est traversée par une rivière, dont l'eau, d'une limpidité parfaite, laisse voir son lit de brillant gravier. Ils suivent un instant les bords de cette rivière et arrivent à un verger magnifique, entouré de hautes murailles et peuplé d'arbres exotiques. Dans le feuillage, des milliers d'oiseaux font entendre leurs chants d'amour. On se

---

que je viens de faire entre le roman et le *Pamphilus*, de même que ceux qui suivent, considérés chacun en particulier, n'ont donc pas grande valeur; mais leur ensemble constitue, au contraire, un argument très fort en faveur de l'imitation, par Guillaume, du poème latin.

croirait au paradis. C'est là qu'ils rencontrent la dame de leurs pensées et le dieu qui va favoriser leurs amours.

Tel est le cadre du récit; il est assez semblable dans les deux poèmes pour qu'on ne puisse reconnaître si, dans l'exposé que je viens d'en faire, j'ai suivi l'un plutôt que l'autre. On s'en convaincra facilement par la comparaison de quelques vers choisis dans les deux textes.

Je me levoie par .j. matin en may (*Fab.*, p. 13).

    Avis m'iere qu'il estoit mains...
    En mai estoie...
    Ce m'iert avis en mon dormant
    Qu'il estoit matin durement :
    De mon lit tantost me levai (*Rom.*, v. 45, 47, 87-89).

Por la douchor des oysiaus et del glai,
Del loussignot, del malvis et dou gai (*Fab.*, p. 13).

    Li rossignos lores s'esforce
    De chanter et de faire noise,
    Lors s'esvertue et lors s'envoise
    Li papegaus et la kalandre...
    Hors de ville oi talent d'aler
    Por oir des oiseaus les sons (*Rom.*, v. 74-77, 94-95).

Je vous dirai com iert (1) la praeree...
De paradis i coroit uns rouissiax
Par mi la pree, qui tant ert clers (2) et biax (*Fab.*, p. 14).

    Onques més n'avoie veue
    Tele iave qui si bien couroit....
    La praerie grant et bele
    Très au pié de l'iave batoit (*Rom.*, v. 114-115, 122-123).

La gravele ert de precieuses pieres (*Fab.*, p. 14).

    Si vi tot covert et pavé
    Le font de l'iave de gravele (*Rom.*, v. 120-121).

Par mi la pree m'alai esbanoiant,
Lés le riviere, tout dalés .j. pendant.
Gardai a mont, deviers soleil luisant,
.I. vergié vic, cele part vinc errant (*Fab.*, p. 14).

---

(1) Dans l'édition : com faite estoit.
(2) Dans l'édition : clerc.

> Lors m'en alai par mi la pree
> Contreval l'iave, esbanoiant,
> Tot le rivage costoiant.
> Quant j'oi un poi avant alé,
> Si vi un vergier grant et lé (*Rom.*, v. 126-130).

Ains n'i ot arbre ne fust pins u loriers,
Cyprés, aubours, entes et oliviers,
Ce sont li arbres que nous tenons plus ciers (*Fab.*, p. 14).

> C'est cil cui est cis beaus jardins,
> Qui de la terre as Sarradins
> Fit ça ces arbres aporter,
> Qu'il fist por ce vergier planter (*Rom.*, v. 595-598).

Fuelles et flors ont tos tans li ramier...
Ja par ivier n'aront nul destorbier (*Fab.*, p. 15).

> Qu'il i avoit tous jours plenté
> De flors, et yver et esté (*Rom.*, v. 1409-10).

Des oyselés i ot plus de mil cens (*Fab.*, p. 16).

> Qu'il i avoit d'oisiaus trois tant
> Qu'en tout le remanant de France (*Rom.*, 482-483).

Cascuns cantoit d'amors selonc son sens (*Fab.*, p. 16).

> Lai d'amors et sonnés cortois
> Chantoit chascuns en son patois (*Rom.*, v. 707-708).

Qant jou oï des oisyllons le crit,
D'autre canchon en che liu ne de dit
N'eusse cure, che saciés tout de fit (*Fab.*, p. 16).

> De voir sachiez, quant les oï,
> Moult durement m'en esjoï,
> Que més si douce melodie
> Ne fu d'omme mortel oïe (*Rom.*, v. 669-672).

Moi fu avis que fuisse en paradis (*Fab.*, p. 17).

> Et sachiez que je cuidai estre,
> Por voir, en paradis terrestre (*Rom.*, 639-640).

Une concordance aussi exacte ne permet pas de douter que Guillaume de Lorris n'ait imité le Dieu d'Amours, incontestablement plus ancien que le Roman de la Rose. Les emprunts que je viens de constater ne sont d'ailleurs pas les seuls qu'il lui a faits;

j'en signalerai d'autres lorsque je rechercherai les sources des principaux développements du roman. En ce moment, il me suffit d'avoir montré où Guillaume de Lorris a pris son cadre.

IV

Modifications faites par Guillaume de Lorris au cadre du Dieu d'Amours. — Guillaume devait donner à son héroïne un nom. — Au moyen âge on aimait les noms qui flattent l'oreille et l'imagination, en particulier les noms de fleurs. — La comparaison d'une jeune fille à une rose était un lieu commun. — De cette comparaison à l'allégorie de la rose, la transition se voit dans différents poèmes. — La première étape était marquée par le Dit de la Rose. — La deuxième, par le *Carmen de Rosa*. — L'allégorie était d'ailleurs d'un emploi très fréquent avant le Roman de la Rose. — Ne pas confondre l'allégorie avec la métaphore prolongée, ni avec la personnification. — Usage de l'allégorie avant le treizième siècle.

Au cadre du Dieu d'Amours Guillaume a fait subir une modification importante, qui a eu sur le poème tout entier une influence capitale et lui a donné un caractère très particulier. Au lieu de représenter son amie sous les traits d'une jeune fille, comme dans le fableau, il l'a représentée sous l'allégorie d'une rose. Je vais essayer de déterminer les raisons qui l'ont amené à user de cette fiction.

Si, dans l'héroïne du roman, l'auteur a voulu mettre en scène, ce qui n'est pas invraisemblable, une jeune fille dont il recherchait ou dont il possédait les faveurs, celle pour qui, dit-il, il a entrepris son poème, il ne pouvait pas, sans la compromettre, livrer au public son véritable nom. Pareille indiscrétion n'a jamais été comprise parmi les licences qu'on accorde volontiers aux poètes. C'est sous les pseudonymes de Lesbie, Cynthie, Lycoris, Corinne, que Catulle, Properce, Gallus, Ovide, les devanciers de Guillaume (1), chantaient leurs maîtresses. Il y a là un sentiment de tact et de délicatesse qui est de tous les temps. Aussi le secret sur ce point était-il formellement prescrit dans les codes d'amour du moyen âge : « Il est une injonction, » dit Diez, « que les poètes occitaniens ne cessent de répéter aux amants avec un

---

(1) Roman de la Rose, p. 149, 150.

zèle infatigable et qui semble le refrain obligé d'une bonne chanson d'amour ; c'est d'abriter les tendres liaisons à l'ombre du mystère (1). »

Les poètes de France ne sont pas moins discrets que les troubadours. « Tout amant, » dit André le Chapelain, « peut avoir un confident sûr, à qui il confiera le secret de ses amours ; mais, hormis ce *secretarius*, que personne ne les connaisse. » Il revient fréquemment sur cette recommandation : « Divulgatus enim amator existimationem non servat amantis, sed ejus famam sinistris solet contrariare rumoribus et penitentem prorsus reddit amantem (2). »

Ce secret fait encore l'objet de deux des douze commandements enseignés par le dieu d'Amour à un chevalier qui a vu défiler la chevauchée des morts :

IV° Amantium noli propalator existere.
V° Amoris tui secretarios noli plures habere (3).

La même préoccupation est exprimée dans la plupart des poèmes d'amour ; je n'en citerai que deux exemples, qui me paraissent plus curieux que les autres, parce qu'ils se trouvent dans deux poèmes dont les auteurs, avant Guillaume de Lorris, avaient déjà représenté leur bien-aimée sous l'allégorie d'une rose.

L'un de ces poèmes est latin ; je le crois du douzième siècle ; il n'a pas de titre dans l'unique manuscrit, du treizième siècle, qui nous l'a conservé : je l'appellerai *Carmen de Rosa* (4). En voici le second quatrain :

Pange, lingua, igitur causas et causatum ;
Nomen tamen domine serva palliatum,
Ut non sit in populo illud divulgatum,
Quod secretum gentibus extat et celatum.

Dans l'autre poème, le Dit de la Rose (5), qui est de la même époque, le passage relatif à la nécessité de taire le nom de la

---

(1) *Les cours d'Amours*, trad. de Roisin, p 35.
(2) Fol. 5. — Cf. le chapitre : *Qualiter amoris status debeat conservari*.
(3) Chap. : *Principalia amoris precepta*.
(4) Il est imprimé dans les *Carmina burana*, p. 141-145.
(5) Imprimé par K. Bartsch dans *La langue et la littérature françaises*, col. 603-610.

personne qu'on aime est trop long pour que je puisse le citer ici ; j'en extrairai seulement la charmante comparaison qui suit :

>   [Amours] veut toz jors estre celee,
>   Ausi com la busche alumee,
>   Qui est couverte souz la cendre ;
>   Por ce n'est pas la chalor mendre
>   Desouz la cendre que desus,
>   Tout soit en la cendre repus
>   Le feu, ainz a greignor chalor ;
>   Ausi est il de bone amor :
>   Tant plus est reposte et celee,
>   Tant est ele plus esfrenee,
>   Et s'il avient qu'el soit sçue
>   Et par le païs espandue,
>   Li malparlier tant en parolent
>   Que l'amor aus fins amanz tolent (p. 607-608).

Dans le Roman de la Rose aussi, le dieu recommande à l'amant le mystère :

>   Et por ce que l'en ne te voie
>   Devant la maison n'en la voie,
>   Gart que tu soies repairiés
>   Anciez que jors soit esclairiés (v. 2551-54).

Son ami le plus loyal doit être seul dans le secret :

>   Or te lo et vueil que tu quieres
>   Un compaignon sage et celant,
>   A qui tu dies ton talent (v. 2698-2700).

Guillaume de Lorris, rédigeant un code d'amour, était tenu, plus que tout autre, d'en observer scrupuleusement les lois. Il fallait, pourtant, que l'héroïne d'un roman, dans lequel figurent tant de personnages, eût un nom. L'auteur devait donc, si elle était un être purement imaginaire, ce qui est vraisemblable, lui en donner un, et, si elle existait réellement, dissimuler son identité derrière un pseudonyme.

Un nom ne se donne guère au hasard : au moyen âge surtout, dans la société raffinée pour qui Guillaume écrivait, on n'aurait pas compris qu'une belle femme eût un nom disgracieux. Le trouvère, qui, avec une certaine naïveté, prétendait toujours que celle dont il célébrait les mérites fût la plus belle et la plus aimable « qui onques de mère fust née », lui cherchait un nom digne d'elle, un nom qui flattât l'oreille par la douceur de sa prononciation et l'imagination par l'idée qu'il évoquait d'un objet ou d'une qualité aimables. Certains noms de fleurs et celui de la déesse même des fleurs réunissaient cette double qualité; aussi les noms de Flore (1), Fleur, Fleurie, Fleurette, Florence, Blanchefleur, Viole, Violette, etc., sont-ils très répandus dans la littérature. Pour en donner des exemples, il suffit de rappeler les poèmes dont j'ai parlé plus haut : l'*Altercatio Phyllidis et Florae* et ses imitations françaises : les débats de Florence et de Blanchefleur, d'Hueline et d'Églantine. Dans Vénus, la déesse d'Amours,

---

(1) Le témoignage le plus curieux et le plus ancien de la popularité de ce nom dans le monde galant, au moyen âge, se trouve dans une lettre d'Yves de Chartres, dénonçant au légat du pape l'élection scandaleuse d'un jeune et bel adolescent, nommé Jean, au siège épiscopal d'Orléans. « Archiepiscopus Turonensis .... a rege obtinuit ut Johannes, qui per Johannem, defunctum episcopum, multis submurmurantibus et male sentientibus, factus est archidiaconus, eidem ecclesiae praeficeretur episcopus. De hoc enim rex Francorum, non secreto sed publice, mihi testatus est quod praedicti Johannis succubus fuerit. Et hoc ita fama per Aurelianensem episcopatum et vicinas urbes publicavit ut a concanonicis suis famosae cujusdam concubinae *Flora* agnomen acceperit. Et ne me ista aliqua occasione confinxisse credatis, unam cantilenam de multis, metrice et musice de eo compositam ex persona concuborum suorum, vobis misi, quam per urbes nostras in compitis et plateis similes illi adolescentes cantitant, quam et ipse cum eisdem concubis suis saepe cantitavit et ab illis cantitari audivit. » (Lettre 66e, à Hugues, évêque de Lyon, légat du pape. — Migne, *Patr. lat.*, CLXII, col. 83, 84.)

L'évêque de Chartres confirme cette accusation dans une autre lettre, adressée au pape lui-même : « Si Turonensis archiepiscopus vel aliquis Aurelianensis clericus pro electione pueri sui ad vos venerit, non ei aurem praebeatis. Cujus dotes ut vobis breviter amplectar, persona est ignominiosa et de inhonesta familiaritate Turonensis archiepiscopi et fratris ejus defuncti multorumque aliorum inhoneste viventium, per urbes Franciae turpissime diffamata. Quidam enim concubi sui, appellantes eum *Floram*, multas rythmicas cantilenas de eo composuerunt, quae a foedis adolescentibus, sicut nostis miseriam terrae illius, per urbes Franciae, in plateis et compitis, cantitantur, quas et ipse aliquando cantitare et coram se cantitari non erubuit. Harum unam domno Lugdunensi in testimonium misi, quam cuidam eam cantitanti violenter abstuli. » (Lettre 67e, au pape Urbain. — Migne, *Patr. lat.*, CLXII, col. 86, 87.)

Cette fameuse concubine, qui a prêté son nom au trop élégant évêque d'Orléans, vivait-elle à la même époque que lui? Je croirais plus volontiers que son nom est un souvenir classique, et rappelle, soit la courtisane dont parle Lactance, connue pour avoir légué son immense fortune au peuple romain (*Lact.*, I, 20), soit celle dont Plutarque a raconté l'attachement à Pompée (*Vie de Pompée*, § II).

l'amante s'appelle Florie ; dans les autres poèmes, ou bien les noms témoignent de la même préoccupation chez l'auteur (Le débat de Mélior et Idoine, du latin *Melior* et *Idonea*), ou bien les dames ne sont pas nommées, par exemple dans le fableau du Dieu d'Amours. L'auteur de la Clef d'Amours a caché le nom de son amie dans une énigme que je n'ai pas su déchiffrer, mais il assure que ce nom est digne de celle qui le porte :

>Et ausi comme elle est très bele,
>A très bieau non la damoisele.
>Mainte foiz en suy confortez,
>Onques si propre non portez
>Ne fut par angres ne par gent,
>Quer il defferme a clef d'argent (p. 2).

Guillaume de Lorris attache la même importance et la même signification au nom de sa dame ; il l'appelle Rose, comme d'autres avaient appelé les leurs Fleurette, Blanchefleur, Églantine.

>C'est cele qui tant a de pris,
>Et tant est digne d'estre amee
>Qu'el doit estre Rose clamee (v. 42-44).

La comparaison d'une jeune fille à une rose était, d'ailleurs, un lieu commun dans la littérature de cette époque ; c'est par centaines qu'on pourrait en donner des exemples (1). De cette com-

---

(1)
>Mais ensinc com la clere jame
>Reluit desor le bis chaillo,
>Et la rose sor le pavo,
>Aussi est Enide plus bele
>Que nule dame ne pucele
>Qui fust trovee en tot le monde (*Erec et Enide*, v. 2400-2405).

La rose semble, en mai, la matinee (*Aliscans*, éd. Jonckbloet, [v. 3098 ; éd. Guessard, v. 2852).

Elle est plus gracieuse que n'est la rose en mai (*Berthe*, LVII).

Elle est plus blanche que la noif qui resplent,
Et plus vermeille que la rose flerant (*Prise d'Orange*, v. 666. — *Guil-* [*laume d'Orange*, p. p. A. Jonckbloet. La Haye, 1854, 2 vol. in-8°).

Plus vermeille que rose de bouton (*Andrieu Contredis*, Dinaux, [III, 69).

Vermeille est comme rose, blanche com flor de lis (*Berthe*, XXX).

La color ot plus fine que rose en la brancele (*God. de Bouillon*, v. 374 [Éd. C. Hippeau. Paris, 1877, in-12).

paraison à l'allégorie de la rose, la distance n'était pas grande ; elle était d'autant plus facile à franchir pour Guillaume de Lorris que la voie avait été déjà tracée par d'autres, et, qu'au surplus, l'allégorie tenait, à cette époque, une place considérable dans la littérature.

Dire d'une jeune fille qu'elle est plus belle que la rose ou le lis :

> ... pulchrior lilio vel rosa (1) ;

ou qu'elle a les fraîches couleurs et le doux parfum de ces deux fleurs :

> . . . . rosa rubet rubore,
> Et lilium convallium tota vincit odore (2) ;

ou qu'elle surpasse en grâce ses compagnes, comme la rose surpasse en beauté toutes les fleurs :

> Comme la rose
> Est sor toutes flors la plus bele,
> Ainsi estes vous, damoisele,
> De toutes puceles la flor
> Et la plus bele et la meillor (3) ;

c'était, dans la littérature du douzième siècle, un compliment

> La car ot tenre et blance comme flours en esté,
> La face vermellette comme rose de pré (*Fierabras*, v. 2008).

> Sa color fresca com rosa de rozier (*Daurel et Beton*, v. 144. Ed. [P. Meyer. Paris, 1880. Soc. des anc. textes).

> Flor de lis, rose espanie
> Taillie por esgarder (*Rec. de motets français des XII° et XIII° siècles*, p. p. G. Raynaud. Paris, 1881-82, 2 vol. in-12. I, p. 146. — Bibl. fr. du m. a.).

> C'est la rosete, c'est la flor,
> La violete de douçor (*Ibid.*, p. 150).

« Quasi ex sentibus rosa frondescis, » disait déjà Euloge à sainte Flora. (*Documentum martyriale*, 20).

Dans l'*Archithrenius*, la comparaison est devenue une métaphore :
> Haec rosa sub senio nondum brumescit et oris
> Hic tener in teneris puerisque puellulus annis
> Flosculus invitat oculos et cogit amorem (Fol. ix v°).

(1) *Carmina burana*, p. 145.
(2) *Ibid.*, p. 200.
(3) La *Patenostre d'Amors*, v. 38-42 (Barbazan, IV, 441).

devenu banal à force d'être répété. Cette comparaison est, d'ailleurs, si naturelle, qu'on serait étonné de ne pas la rencontrer dans toutes les littératures. Elle se trouve dans Catulle; elle se trouve dans la Bible; elle devait se trouver aussi dans la poésie au moyen âge (1). Il semble donc que l'emploi de cette même comparaison par plusieurs auteurs doive être considéré comme une coïncidence fortuite, sauf dans les cas où la similitude des détails prouverait le contraire. Mais le grand nombre des exemples que je pourrais prendre dans la poésie du onzième au treizième siècle, pour les ajouter à ceux que je viens de citer au hasard, prouve que cette comparaison était en circulation, s'il m'est permis de m'exprimer ainsi, qu'elle subissait le sort réservé aux rares idées qui surgissent dans une littérature pauvre et impersonnelle, c'est-à-dire qu'elle passait de rimeur en rimeur, pour être rendue sous toutes les formes, développée, analysée, raffinée jusqu'à la quintessence.

C'est grâce à ce travail collectif, incessant, que la modeste comparaison, renfermée tout à l'heure en un, deux ou trois vers, va devenir la longue allégorie du Roman de la Rose. Du point de départ à celui d'arrivée, la distance est immense; il serait ennuyeux et pénible de la parcourir, pour suivre pas à pas l'idée dans toute son évolution; j'en indiquerai du moins les deux principales étapes.

La première est marquée par le Dit de la Rose (2), dont l'auteur compare la dame qu'il aime, mais à qui il n'ose parler, à cause des médisants qui l'entourent, à la rose, que les épines empêchent de cueillir :

> Aussi comme la rose nest
> Entre poignanz espines, est
> Cele qui de mon cuer est dame
> Entre les mesdisanz, qui blasme
> Li porchacent a lor pooir.
> Que honte puissent il avoir,
> Ne ja Dieus ne leur doinst tant vivre
> Qu'il puissent a la bele nuire !
> Quar tout ausi comme la rose
> A plus en li biauté enclose

---

(1) Le rôle de la rose dans la vie des peuples de l'antiquité a fait l'objet d'un travail, à la fois érudit et plein de grâces, comme son auteur, la comtesse Ersilia Caetani Lovatelli : *La Festa delle Rose* (Roma, tipographia dei Lincei, 1888, petit in-8°).

(2) Voyez page 37.

> Que fleur que l'en puisse trover,
> Tout aussi di je que sa per
> Trovee ou mont ne seroit mie
> De biauté et de cortoisie,
> De sens, de bonté, de valor;
> Et tout aussi com cele flor
> Est entre espines poignanz nee,
> Ausi est ele environee
> De mesdisanz, qui plus poignanz
> Sont qu'espines .c. mile tans...

Si seulement le pauvre amoureux pouvait parler une seule fois à celle

> Qui coleur a fresche et novele,
> Plus que n'est pas la rose en may;

mais il craint les méchantes langues, qui pourraient la perdre de réputation; aussi doit-il être prudent :

> Si me prendrai garde a la rose,
> Qui d'espinetes est enclose :
> Sovent avient que cil qui l'a
> Desirree a avoir pieça
> Ne l'ose si tost adeser,
> Quar il se doute a espiner,
> Et regarde, s'il se bastoit,
> Que la rose fere porroit
> Aus espines fere hurter,
> Que tost la porroit empirer,
> Dont l'en voit sovent avenir
> Que celui qui la veut cueillir,
> Quant il la cuide trere a li,
> Aus espines la hurte si
> Qu'ele chiet par pieces a terre.
> Qui la veut donques a droit querre
> Trere la doit si simplement
> Qu'aus espines n'aille hurtant.
> Par la rose pues l'en entendre
> La belle, qui assez plus tendre
> Est et fresche com rose en may,
> Et je sui cil qui esté ai
> En si grant desir longuement
> D'avoir s'amor entirement;

> Et par les espines poignanz
> Puet l'en entendre mesdisanz...

Ici se termine la comparaison. Dans les vers qui suivent, le poète insiste sur la nécessité de cacher ses amours et supplie sa dame de lui fixer un rendez-vous secret ; il termine ainsi :

> Ci fenist le ditié d'amor
> Qui a le seurnon de la flor
> Qui plus bele est sus toutes choses.
> Bien en a l'en atret les gloses ;
> Et par coleur et par odeur
> Vaut ele mieus que nule fleur.
> Si fit cele por qui me duoil :
> Je n'en sai nule son pareil.
>   Explicit le ditié de la Rose.

Cette comparaison, sans être plus étendue, pouvait être plus complète, plus détaillée ; l'auteur aurait pu constater des analogies plus nombreuses entre les deux objets qu'il comparait. D'autres l'ont fait ; par exemple, Baudoin de Condé, dans le Conte de la Rose (1). Mais ce n'est pas dans cette direction que je veux suivre les progrès de la comparaison. Celle-ci est restée, dans le Roman de la Rose, très générale : la beauté de la fleur, le parfum qu'elle exhale, les épines qui l'environnent, d'une part, et d'autre part, la beauté de sa dame, l'amour qu'elle inspire, les obstacles qui empêchent de l'approcher, sont les seules analogies que Guillaume de Lorris a mentionnées entre la rose et la jeune fille. C'est dans sa forme surtout que la comparaison a été modifiée ; d'abord elle s'est allongée : dans le Dit de la Rose, elle occupe déjà cent vingt vers au moins, et son importance est telle qu'elle a donné son nom au poème. Ensuite, sa nature s'est transformée. Cette transformation n'est pas encore complète dans le Dit de la Rose ; cependant, la dernière partie de l'image, que j'ai citée à dessein, si elle n'est pas encore devenue une allégorie véritable, n'est déjà plus une simple comparaison ; elle tient, pour ainsi dire, le milieu entre les deux. En supprimant quelques mots, on en ferait une allégorie ; il suffirait d'en changer quelques autres pour rétablir la comparaison.

Le caractère métaphorique de l'allégorie se présente, en revan-

---

(1) *Dits et contes de Baudouin de Condé*, p. 133-146 ; p. p. A. Scheler. Bruxelles, 3 vol. in-8°, 1866-1867.

che, très nettement dans le *Carmen de Rosa*, que j'ai déjà signalé plus haut (1).

L'auteur, après avoir dit qu'il taira le nom de celle qui l'a rendu le plus heureux des chrétiens, explique ainsi la cause de son bonheur :

> In virgultu florido stabam et ameno,
> Vertens hec in pectore : Quid facturus ero ?
> Dubito quod semina in arena sero ;
> Mundi florem diligens, ecce jam despero.
>
> Si despero merito, nullus admiretur,
> Nam per quandam vetulam rosa prohibetur
> Ut non amet aliquem atque non ametur.
> Quam Pluto subripere flagito dignetur !
>
> Cumque meo animo verterem predicta,
> Optans anum raperet fulminis sagitta,
> Ecce retrospiciens, vetula post relicta,
> Audias quid viderim, dum moraret icta :
>
> Vidi florem floridum, vidi florum florem,
> Vidi rosam madii, cunctis pulchriorem,
> Vidi stellam splendidam, cunctis clariorem,
> Per quam ego degeram semper in amorem.
>
> Cum vidissem itaque quod semper optavi,
> Tunc ineffabiliter mecum exultavi,
> Surgensque velociter ad hanc properavi,
> Hisque retro proplite flexo salutavi :
>
> « Ave formosissima, gemma pretiosa... »

Le poète oublie qu'il parle à une fleur ; il l'appelle « *mulier digna venerari* ; » il la compare à Blanchefleur, à Hélène, à Vénus ; il parle de sa chevelure dorée, de sa gorge opulente et neigeuse, de sa poitrine gracieuse et odorante, de ses yeux brillants comme deux étoiles, de ses dents d'ivoire, etc. Mais il continue néanmoins à l'appeler *Rose*.

> Rosa, videns igitur quam sim vulneratus...

---

(1) Page 37.

Et plus loin :

> Inquit rosa fulgida : « Multa subportasti... »

Ajoutons, avant de quitter ce poème, que l'heureux clerc a pu cueillir la fleur tant convoitée :

> Quid plus ? Collo virginis brachia jactavi ;
> Mille dedi basia ; mille reportavi,
> Atque sepe sepius dicens affirmavi :
> « Certe, certe illud est id quod anhelavi. »

Quelque nom qu'on donne à l'image dans laquelle l'auteur du *Carmen de Rosa* figure l'objet de son amour ; qu'on l'appelle une métaphore prolongée ou une allégorie, deux expressions d'ailleurs synonymes pour la plupart des grammairiens, il est bien certain qu'elle diffère peu de celle que Guillaume de Lorris a employée.

Guillaume de Lorris était du nombre de ces clercs pour qui Ovide était le *doctor egregius*, et qui connaissaient mieux la littérature badine que celle des pères de l'Église ; il avait lu, selon toute vraisemblance, le Dit de la Rose et le *Carmen de Rosa* ; il avait pu lire d'autres poèmes, aujourd'hui perdus, dans lesquels la même image était répétée. Il n'a donc fait qu'arranger de nouveau un motif poétique, déjà mis en vogue par ses devanciers, en représentant sous l'allégorie d'une rose la jeune fille dont il recherchait les faveurs.

Cette imitation était d'autant plus naturelle que l'allégorie en général occupait dans la littérature de cette époque une place immense. On a souvent accusé les auteurs du Roman de la Rose d'avoir mis à la mode l'allégorie, qui a gâté la poésie des siècles suivants. C'est une erreur semblable à celle du géographe qui attribuerait exclusivement l'existence d'un fleuve à l'un de ses nombreux affluents. Le Roman de la Rose s'est jeté dans le courant des allégories, dont la source remontait très haut et qui s'était grossi depuis longtemps d'un grand nombre d'œuvres antérieures ; il en a été, certainement, l'affluent de beaucoup le plus important, il en a augmenté la force plus que tout autre, mais pas à l'exclusion des autres.

Je sortirais de mon sujet en cherchant à appuyer cette opinion de preuves tirées directement de la poésie du quatorzième et du quinzième siècle, mais elle paraîtra évidente *a priori*, lorsque j'aurai montré qu'avant le Roman de la Rose la littérature était déjà toute pleine d'allégories, et que Guillaume de Lorris et Jean de Meun ont suivi la mode sur ce point et ne l'ont pas faite.

Tout d'abord il est nécessaire de savoir exactement ce qu'en littérature on entend par le mot *allégorie*, dont le sens très large prête souvent à confusion.

« Quando quid dicitur et aliud significatur, allegoria est. » Telle est la définition des auteurs ecclésiastiques du moyen âge. Mais il y a plusieurs façons de dire une chose pour en exprimer une autre :

> Brillante sur ma tige et l'honneur du jardin,
> Je n'ai vu luire encore que les feux du matin,
>   Je veux achever ma journée (A. Chénier, *La jeune captive*).

Voilà une allégorie. Le portrait de l'Envie, dans la seconde Métaphormose d'Ovide (1), en est une autre. Mais il y a, entre les deux, une différence assez facile à saisir, et qui paraîtra tout à fait évidente si l'on veut les transporter du domaine de la littérature dans celui de l'art. Un peintre, un sculpteur pourront exprimer exactement et complètement la pensée d'Ovide, jamais ils n'arriveront à traduire celle d'André Chénier.

Il est une autre figure qu'on rencontre fréquemment dans la poésie du moyen âge et qu'on prend toujours, mais à tort, pour une allégorie. Huon de Méri, dans le Tournoiement d'Antechrist, décrit ainsi les armes de la coquetterie personnifiée :

> Portoit armes merveilles cointes,
> A danses d'or en vert dansies,
> A .iiii. bandes losangies
> De vaine gloire et d'arrogance,
> A .i. mireor d'ignorance,
> Qui fait muser toute la gent,
> A .iiii. papegais d'argent,
> Qui chantent de joliveté,
> A l'oriol de niceté,
> Assis sor fole contenance.

Dans la description d'un repas de l'Antechrist, entre deux mets, composés, l'un d'un usurier à la sauce verte, l'autre, d'une

---

(1) Vers 760 et suiv.

vieille prostituée servie à la vinaigrette, le même auteur mentionne un entremets,

> D'une merveilleuse friture
> De pechiés fais contre nature,
> Flatis en la sauce cartaine.
> D'une tone de honte plaine
> Convint l'entremets abevrer,
> Car ceus en convenist crever
> Qui orent la friture eue,
> S'il n'eüssent honte beüe.

A première vue, cette figure paraît être une allégorie forcée, quintessenciée, mais en l'examinant de près, on reconnaît que c'est une longue métaphore. Il est vrai que la plupart des rhéteurs et des grammairiens ont précisément défini l'allégorie une métaphore prolongée. A l'exemple de Quintilien, qui dit : « Ut quemadmodum Ἀλληγορίαν facit continua Μεταφορά » (1), Littré l'appelle une sorte de métaphore continue, et le dictionnaire de l'Académie « une figure qui n'est autre chose qu'une métaphore prolongée » (2).

Mais le grammairien Beauzée fait justement remarquer qu'entre l'allégorie, figure de pensée, et la métaphore prolongée, figure de mot, il y a une différence essentielle et constante. La métaphore, même soutenue, ne fait pas disparaître l'objet dont on veut parler, elle ne fait qu'introduire dans le langage propre à cet objet des termes empruntés au langage qui convient à un autre; dans l'allégorie, au contraire, l'objet principal disparaît entièrement, on n'y parle que le langage propre à l'objet accessoire, que l'on montre seul. « L'allégorie parle directement de l'objet accessoire et dans les termes qui lui sont propres, au lieu que la métaphore parle directement de l'objet principal en termes empruntés au langage propre à l'objet accessoire (3). »

« Dans une allégorie, il y a peut-être une première métaphore, ou du moins quelque chose qui en approche, puisqu'on y compare tacitement l'objet dont on veut parler à celui dont on parle en effet, mais tout se rapporte ensuite à cet objet fictif dans le sens le plus propre; c'est ainsi que Mme des Houlières, ayant une fois désigné ses enfants sous l'emblème des brebis, ne dit plus rien

---

(1) Quintilien, *De Institutione oratoria*, IX, 2.
(2) Au mot : *Allégorie*.
(3) *Encyc. méthod.*, *Gramm. et Litt.*, I, p. 122.

qui ne puisse s'entendre à la lettre des brebis à qui parleroit une bergère, et qui n'auroit pas la clef de cette ingénieuse fiction la prendroit bonnement pour ce qu'elle paraît d'abord, sans perdre aucune autre des beautés de cette pièce que celle de l'allégorie même (1). »

Ce que Beauzée dit de l'allégorie en général et de celle de Mme des Houlières en particulier peut s'appliquer parfaitement à celles d'André Chénier et d'Ovide, mais non aux passages que j'ai cités de Huon de Méri. Dans la description du repas d'Antechrist, par exemple, la comparaison n'est pas complètement tacite : l'objet principal, la luxure, est resté à côté de l'objet accessoire, la nourriture du démon. La figure n'est plus dans la pensée, mais dans les mots. « Une merveilleuse friture, Flatis en la sauce cartaine, tone plaine, entremets abevrer, » sont des termes empruntés au langage propre de l'objet figurant ; les mots « pechiés fais contre nature, honte, » sont du langage qui convient à l'objet figuré. La figure de Huon est donc une métaphore, plus prolongée, mais de même nature absolument que les deux suivantes de Boileau et de Voltaire :

> Ne vous enivrez point des éloges flatteurs
> Qu'un amas quelquefois de vains admirateurs
> Vous donne..... (*A. poét.*, IV, v. 41-43.)

> Le peuple, qui jamais n'a connu la prudence,
> S'enivrait folement de sa vaine espérance (*Henr.*).

D'ailleurs, quelque subtiles que puissent paraître ces distinctions, il est certain que l'allégorie d'André Chénier, le portrait de l'Envie d'Ovide et le repas d'Antechrist, dans le Tournoiement, sont trois figures différentes, ou, pour le moins, trois variétés bien caractérisées d'une même figure. Ayant à parler de chacune d'elles en particulier, pour éviter la confusion produite par la dénomination générale sous laquelle on les désigne souvent toutes trois, je réserverai le nom d'*allégorie* exclusivement à la première, à laquelle elle convient le mieux ; j'appellerai la seconde une *personnification*, et la troisième une *métaphore prolongée*.

On accuse souvent les auteurs du Roman de la Rose d'avoir mis à la mode cette dernière figure. Ils ont été, au contraire, très réservés dans son emploi ; à peine en trouverait-on un ou deux exemples très courts, très discrets, dans la première partie

---

(1) *Encyc. méthod.*, *Gramm. et Litt.*, I, p. 123.

du roman ; Jean de Meun ne l'a employée que dans deux passages, où il imitait Huon de Méri et Raoul de Houdan. Dans d'autres poèmes, au contraire, de la même époque, même dans ceux que Guillaume de Lorris a imités, elle occupe une place très grande (1). Il n'y a donc pas lieu de s'en occuper ici. Si j'en ai fait mention, c'est uniquement pour la distinguer de l'allégorie proprement dite, et la mettre hors de cause dans tout ce que je dirai de celle-ci.

L'allégorie, en revanche, remplit le roman. Mais qu'on en blâme ou qu'on en loue les auteurs, éloges ou blâmes sont également injustes s'ils s'adressent à eux plus qu'à leurs devanciers et à leurs contemporains.

Guillaume de Lorris a écrit dans le goût de son époque ; il n'a fait que s'y conformer en introduisant l'allégorie dans son poème.

On sait quel rôle l'allégorie jouait alors dans la littérature exégétique. Hugues de Saint-Victor, au douzième siècle (2), reprochait déjà aux docteurs de son temps le mépris qu'ils faisaient de la lettre pour se jeter dans l'allégorie : « Miror qua fronte quidam allegoriarum se doctores jactitant, qui ipsam adhuc primam letterae significationem ignorant... (3). » Et, pourtant, Hugues de Saint-Victor ne pouvait être bien sévère sur ce chapitre, car il est l'auteur des *Allegoriae in Vetus Testamentum*, des *Allegoriae in Novum Testamentum*, d'une description morale et d'une description mystique de l'Arche de Noé.

C'est en parlant de la littérature du douzième siècle que les auteurs de l'Histoire littéraire ont dit : « La coutume de subtiliser sur les moindres choses, introduite parmi le gros des gens de Letres par la Dialectique et le mauvais goût du tems, qui faisoit mépriser tout ce qui étoit simple et naturel, furent cause que la foule de nos Interprètes s'attacha au sens spirituel de l'Écriture et laissa le literal... Un autre mal encore plus grand fut qu'on poussa le sens spirituel jusqu'aux allégories, et que de ces allé-

---

(1) Elle est ancienne : dans l'épître d'Ermenric à Grimald (dixième siècle) on trouve déjà les « pennae dilectionis » du Roman des Éles, de Raoul de Houdan, et le voyage de l'âme sur un quadrige comme dans l'*Anticlaudianus* (Ebert., *Histoire de la littérature*, t. II, p. 204). — Dans la Vie de S. Adalhard, de Radbert (neuvième siècle) : « Equitatus ejus erat quadriga virtutum, rotae vero quadrigae illius, prudentia, justitia, fortitudo et temperantia » (ch. XVI, *Patr. Lat.* de Migne, CXX, 1517).

(2) Mort en 1141.

(3) *De Scripturis et scriptoribus sacris praenotatiunculae*, cap. V. (Migne, *Patr. lat.*, CLXXV, col. 13.)

gories on en fit des principes, et on en abusa pour en tirer des conséquences souvent contraires au vrai sens de l'Écriture (1). »

La liste des allégories que les auteurs ecclésiastiques latins antérieurs au treizième siècle ont trouvées dans la Bible a été dressée dans la Patrologie latine de Migne; elle n'y comprend pas moins de cinquante colonnes (2).

L'interprétation allégorique ne se contenta pas lontemps du domaine de la littérature exégétique, où cependant elle régnait en souveraine absolue; elle étendit son champ d'action en créant de bonne heure un genre littéraire nouveau, le *Physiologue*, qui fit rapidement fortune et eut sur les idées scientifiques du moyen âge une influence bien marquée.

« L'essence du Physiologue consiste en ce que l'auteur fait passer sous nos yeux divers genres des trois règnes de la nature et surtout du règne animal, dont il décrit et explique les qualités étranges d'une manière typologique. C'est surtout cette explication qu'il a en vue, et c'est elle qui a déterminé le choix et la collection de l'histoire naturelle. Le Physiologue, et j'entends ici ce genre littéraire en général, est né, si je ne me trompe, de l'explication allégorique de la Bible (3). »

M. Ebert pense que le premier Physiologue fut écrit en grec et parut probablement à Alexandrie. C'était un recueil de sujets puisés dans la nature des animaux, et ces sujets étaient accompagnés de leurs explications typologiques. Il ne nous est pas parvenu dans l'original.

« A partir du cinquième siècle, parurent des ouvrages latins sur la même matière, et plusieurs nous en sont parvenus dans des manuscrits du huitième et du neuvième siècle, sans parler des copies postérieures (4). »

Le succès de ces compositions singulières fut assez grand pour qu'on en composât en langue vulgaire, dès que les clercs daignèrent se servir de cette langue. Le *Bestiaire divin*, de Philippe de Thaün, prêtre anglo-normand, remonte à l'année 1140 environ; Guillaume le Clerc en publia un autre entre 1204 et 1210. Celui de Gervaise et probablement celui de Pierre parurent encore

---

(1) *Histoire littéraire*, IX, 205.
(2) « Pleni sunt [allegoriis] oratorum et poetarum libri. Scriptura quoque divina per hanc non modica ex parte contexta est » (S. Jérôme, *Commentaire sur l'epître aux Galates*, l. II, ch. IV; dans Migne, *Patr. lat.*, t. XXVI, col. 389).
(3) Ebert, *Histoire de la littérature du moyen âge*, II, p. 82.
(4) *Ibid.*, p. 83.

dans la première moitié du treizième siècle. Quelques années plus tard, Richard de Fournival détourna le sens traditionnel de l'interprétation allégorique dans son *Bestiaire d'Amours*, et Nicole de Margival en fit autant dans la *Panthère d'Amours* (1).

En même temps on traduisait ou l'on imitait le poème latin de Marbode (onzième siècle) sur les pierres précieuses, puis on joignit à ces *Lapidaires* des interprétations allégoriques (2).

L'interprétation et la représentation allégoriques sont corrélatives ; l'une appelle l'autre. L'habitude de voir dans un objet, non pas ce qu'il est en réalité, mais l'image d'un autre objet, avec lequel on lui trouvait quelques rapports de ressemblance, devait fatalement créer dans l'esprit l'habitude de représenter ce dernier objet par l'image du premier ou par quelque autre analogue.

Si, par exemple, dans le phénix, l'oiseau unique de son espèce, qui se livre à la mort pour trouver en elle une nouvelle jeunesse ; si, dans la panthère, belle, forte et clémente, qui, après une chasse pénible et copieuse, s'endort dans un profond sommeil, pour se réveiller au bout de trois jours, en exhalant de sa bouche les sons les plus doux et de son corps des parfums suaves et pénétrants ; si, dans Jonas, englouti par une baleine et sortant après trois jours du ventre de ce monstre, vivant et prêt à tous les sacrifices pour sauver les Ninivites en danger ; si, dans Joseph, tiré, pour sa plus grande gloire et pour le salut des Égyptiens et des Israélites, de la citerne où ses frères l'avaient jeté ; si, dans une foule d'autres événements historiques, de phénomènes de la nature, réels ou légendaires, les auteurs ecclésiastiques ont été accoutumés à voir la figure du Christ, mis à mort pour le salut des hommes et ressuscité le troisième jour, plein de gloire et de miséricorde ; ou celle des élus, qui acquièrent par la mort une vie nouvelle et bienheureuse ; ou celle encore de l'Église, que ses ennemis ont essayé d'anéantir, et qui est sortie de leurs persécutions rajeunie et triomphante ; les mêmes auteurs, lorsqu'ils voulaient parler en style imagé du mystère de la Résurrection, ou de la récompense qui attend les vrais serviteurs du Christ, ou de la perpétuité de l'Église, étaient naturellement portés à se servir de la figure du phénix, ou de celles de la panthère, de Jonas, de Joseph, ou de quelque autre semblable. Le style allégorique était devenu, pour leur esprit, une accoutu-

---

(1) Cf. G. Paris, *La littérature française*, § 100.
(2) *Ibid.*

mance, et le procédé leur était d'autant plus cher, que leur imagination, dont j'ai eu déjà plusieurs fois occasion de constater la pauvreté, n'avait pas à sa disposition beaucoup d'autres ornements poétiques.

On s'explique ainsi comment l'allégorie a pu prendre la place qu'elle occupe dans la littérature savante du moyen âge. Elle y domine absolument. Énumérer les poèmes d'enseignement, surtout religieux ou moral, qui lui appartiennent, ce serait, pour ainsi dire, faire le catalogue de la poésie didactique à cette époque.

Lorsque les clercs se mirent à écrire en langue vulgaire, l'allégorie s'établit dans la littérature romane. On la trouve déjà dans les premiers monuments de la poésie didactique française et provençale, au dixième siècle. Le fragment du *Boece* provençal est rempli d'allégories, imitées soit de la Consolation philosophique, soit de la Bible. Bien que l'auteur de la *Passion* n'ait pas voulu faire autre chose qu'un simple récit de la mort du Christ, il n'a pu s'empêcher de mêler à ses vers quelques explications allégoriques : Quand Jésus ressuscité apparaît à ses disciples et mange avec eux du miel et du poisson, « le poisson rôti confirme sa passion, le miel représente sa divinité. »

A la fin du douzième siècle et au commencement du treizième, lorsque Guillaume de Lorris entreprit le Roman de la Rose, la poésie allégorique était en pleine floraison. C'est l'époque où parurent l'*Anticlaudianus* et le *de Planctu Naturae*, d'Alain de Lille; le *Besant de Dieu*, de Guillaume le Clerc; le *Roman des Éles*, le *Songe d'Enfer*, la *Voie de Paradis*, de Raoul de Houdan; le Tournoiement d'Antechrist, de Huon de Meri; les deux romans de *Carité* et de *Miserere*, du reclus de Molliens; les Bestiaires, dont j'ai déjà parlé, et une foule d'autres compositions du même genre.

Toute cette poésie était à la fois morale et religieuse; la morale n'était pas encore distincte de la religion.

Or, à cette époque, il y avait, pour toute une classe de poètes, deux dieux, dont l'un n'était pas toujours l'ennemi de l'autre. Le dieu d'Amour avait, comme le Christ, un paradis qu'il habitait et dans lequel il réservait des places à ses disciples; un enfer, pour les infidèles; un évangile, des commandements, des apôtres, des docteurs; en un mot, une religion calquée sur celle du Christ. Cette nouvelle religion eut sa littérature, qui prit d'autant plus vite les habitudes de la littérature chrétienne, que le plus souvent ses auteurs étaient à la fois prêtres des deux cultes.

A côté du Bestiaire divin, on eut le Bestiaire d'Amours et la Panthère d'Amours. La Jérusalem céleste de l'Apocalypse devint le paradis d'Amour, dont nous avons vu la description dans plusieurs débats, dans deux fableaux, et qui se retrouve dans le livre d'André le Chapelain, dans le Roman de la Rose, et dans beaucoup d'autres poèmes.

L'allégorie était donc devenue une forme traditionnelle, presque obligatoire, de la poésie didactique galante au treizième siècle ; Guillaume de Lorris, en l'admettant dans son poème, n'a fait que se conformer à un usage bien établi.

V

Le songe qui sert de cadre au Roman de la Rose favorisait l'emploi de l'allégorie. — Pourquoi Guillaume s'est-il servi de ce cadre? — Emploi du songe au moyen âge. — Guillaume change la signification du songe qu'il a emprunté au Dieu d'Amours en le présentant comme une révélation de l'avenir. — Ce genre de songe doit être allégorique.

Guillaume de Lorris avait encore une autre raison d'employer l'allégorie; il prenait pour base de son récit un songe, auquel il donnait le caractère d'une révélation de l'avenir, et cette sorte de révélation se faisait le plus souvent, sinon toujours, sous une forme allégorique.

La première idée de ce songe est venue à Guillaume du fableau du Dieu d'Amours; c'est le songe qui sert de cadre à ce poeme qu'il a directement imité; mais ce n'est pas le seul qui l'ait déterminé à user de cette fiction.

Les songes et les visions offrent un cadre très commode pour exposer des choses que les sens de l'homme à l'état normal ne peuvent percevoir, et qui ont besoin, pour être crues, que leur connaissance s'explique par une seconde vue. C'est le cas, par exemple, lorsqu'on veut révéler les secrets d'un autre monde, du paradis, ou de l'enfer, ou d'un monde purement fantaisiste, annoncer des événements à venir, ou récemment accomplis dans de telles circonstances qu'on ne puisse en avoir encore connaissance par des moyens naturels.

Au moyen âge, époque de foi naïve, où l'on croyait aux révélations des extatiques, à la véracité des songes, à l'apparition des morts, les récits des visions sont très nombreux. Ils avaient pour se soutenir, outre la crédulité du public, l'autorité incontestée de la Bible. La plupart de ces récits se rattachent aux visions des prophètes, surtout à celles d'Ezéchiel, de Daniel et de saint Jean. On commence à en trouver dans la littérature chrétienne, au quatrième siècle. La vision de saint Paul a été écrite vers 380 ; celle de saint Antoine, racontée par Palladius, dans l'*Historia Lausiaca*, est du commencement du cinquième siècle ; celle de saint Karpos, dans les œuvres de Denis l'Aréopagyte, est de la première moitié du sixième. A la fin du même siècle, Grégoire de Tours raconte une vision dans laquelle Chilpéric, l'ancien roi de Neustrie, au milieu des supplices de l'enfer, apparaît à son frère Gontran, roi des Bourguignons, et une autre qui montre le séjour des bienheureux à Salvius, ami de Grégoire (1). A peu près de la même époque sont les *Dialogues* de Grégoire le Grand (2), si populaires qu'ils ont été plusieurs fois traduits en francais, aux treizième et quatorzième siècles. Dans cet ouvrage, Grégoire raconte plusieurs visions, auxquelles son nom donnait une grande autorité ; aussi, dans la suite, plusieurs écrivains les ont-ils rappelées pour rendre les leurs plus dignes de foi. Hincmar, par exemple, en rapportant la vision de Bernold, rappelle, à l'appui de son récit, les visions qu'il a lues dans les Dialogues de saint Grégoire, dans l'*Histoire des Angles*, de Bède (3), dans les œuvres de saint Boniface (4), et la vision du moine Wettin, racontée par Walahfried Strabo (5).

D'abord, les récits des visions avaient été insérés par les auteurs dans leurs ouvrages, suivant que l'occasion s'en présentait. Dès la fin du septième siècle, nous trouvons une vision racontée isolément, formant un récit complet et indépendant, c'est la vision de Barontus (6). Elle est bientôt suivie de plusieurs autres ; alors se développe peu à peu et se fait une place à part dans la littérature du moyen âge ce qu'on a pu appeler justement le « cycle des visions » et qui a trouvé son chef-d'œuvre dans la *Divina Commedia* (7).

(1) *Greg. Tur. Hist. Franc.*, éd. Arndt et Krusch, p. 329 et 289-292.
(2) Écrits en 593 et 594.
(3) Cf. *Venerabilis Bedae Hist. eccles.*, lib. V, cap. XII-XIV, éd. Holder.
(4) Cf. *Bibliotheca rerum germanicarum*, éd. Jaffé, III, p. 251.
(5) *Poetae latini aevi Carolini*, éd. Dummler, II, p. 268-275, et 301-333. Pour la vision de Bernold, voir Migne, *Patr. lat.*, CXXV, col. 115-119.
(6) *Acta sanct. Bolland.*, 25 mart., III, p. 569-574.
(7) Le cycle des visions a été plusieurs fois étudié, entre autres, par Th. Wright (St *Patrick's Purgatory, an Essay on the legends of Purgatory Hell and Paradise, current during the middle ages*. London, 1844) ; par Ozanam (*Etudes sur les sources poétiques de la Divine comédie*, t. V, p. 349 et suiv., et t. VI, p. 443-460 des Œuvres Complètes, 2e éd.) ; tout récemment, par M. C Fritsche (*Die lateinischen Visionen des Mittelalters bis zur Mitte des 12 Jahrhunderts*. Halle, 1885 (*Romanischen Forschungen*, II).

L'objet de ces visions est, à l'origine, la vie d'outre-tombe. Le plus souvent pour l'édification des lecteurs, quelquefois dans un dessein politique, ou même simplement pour faire œuvre de littérateur, l'écrivain expose un tableau, soit des peines que les damnés souffrent dans l'autre vie, soit des jouissances qui attendent les âmes des justes.

Le mode de perception était fréquemment une extase ou un songe, mais ce pouvait être aussi le retour momentané sur la terre de l'âme d'un mort; cette âme, après un séjour dans l'autre monde, avait la permission de revenir pour quelques instants se joindre au corps qu'elle avait délaissé, et racontait ce qu'elle avait vu dans le séjour des bienheureux et dans celui des damnés, dont souvent même elle avait éprouvé les jouissances ou les tourments. Si les visions de ce dernier genre pouvaient être admises et répétées par la foi imperturbable de l'époque, elles ne pouvaient pourtant avoir été mises en circulation que par des imposteurs. Mais il y avait des visionnaires de bonne foi, et ceux-ci ne racontaient que ce qu'ils avaient vu dans un songe, ou, ce qui revenait à peu près au même et prenait le même nom, dans une extase. Peu à peu, lorsque, par suite de diverses circonstances, en particulier de la renaissance littéraire, la raison commença à revendiquer ses droits et à sortir de la prison où la foi l'avait tenue, les faussaires eux-mêmes durent compter avec elle, et, pour exposer leurs prétendues connaissances des choses d'outre-tombe, ils n'osèrent plus en attribuer la perception indifféremment soit à l'âme d'un mort, rendue ensuite à la vie terrestre, soit à l'âme d'un vivant, ravie dans l'autre monde pendant le sommeil du corps; cette dernière manière leur parut la plus prudente. Elle était d'autant mieux acceptée que la croyance à la véracité des songes était à peu près générale.

Le songe, devenu le procédé habituel pour transporter les humains dans les régions d'outre-tombe, servit aussi à les mettre en rapport avec le monde fantaisiste des personnifications, des êtres et des abstractions allégoriques. Le débat fameux de l'Ame et du Corps, probablement composé d'abord en latin et souvent imité en français depuis le commencement du douzième siècle, le *De Planctu Naturae*, l'*Altercatio Ganimedis et Naturae*, débat inspiré par le poème d'Alain de Lille, le *Dialogus inter Aquam et Vinum*, le Songe d'Enfer et la Voie de Paradis, de Raoul de Houdan; le *Dialogue entre la Folle et la Sage*; le *Dit d'Ypocrisie* et la *Voie de Paradis*, de Rustebeuf, le *Mariage des VII Arts*, de Jean le Tinturier; la *Desputoison de l'Eglise et de la Synagogue*, une foule d'autres poèmes de la même époque sont des récits de songes.

L'auteur du fableau du Dieu d'Amours, pour entrer en relation directe avec son dieu, recevoir de lui ses préceptes, visiter son paradis, a eu, lui aussi, recours au songe. J'ai montré déjà comment les poètes érotiques se sont approprié, pour l'enseignement de leur religion, certains procédés de la littérature chrétienne ; c'est un emprunt nouveau que, sciemment ou non, ils ont fait à la même littérature, lorsqu'ils ont adopté le songe comme moyen de communiquer avec leur divinité.

Guillaume de Lorris s'est inspiré du Dieu d'Amours ; il en a imité le songe, en lui donnant toutefois une signification à laquelle l'auteur du fableau n'avait attaché aucune importance : il l'a présenté comme une révélation de l'avenir. Or, dans la poésie en général et dans celle du moyen âge en particulier, c'est à travers le voile d'une allégorie que les songes prédisent les événements futurs (1). L'allégorie fait essentiellement partie du songe ; c'est elle qui le distingue des autres genres de vision. Macrobe, dont Guillaume de Lorris invoque l'opinion sur les songes, dit : « Somnium proprie vocatur quod tegit figuris et velat ambagibus non nisi interpretatione intelligendam significationem rei quae demonstratur, quod quale sit non a nobis exponendum est, cum hoc unus quisque ex usu quid sit agnoscat (2). » Au douzième siècle, Jean de Salisbury, dans le *Polycraticus*, reproduit la théorie de Macrobe et y ajoute à l'appui un certain nombre d'exemples de récits allégoriques (3). »

Le songe allégorique est un procédé habituel de la poésie narrative ; on le trouve déjà dans les plus anciens monuments qui nous en sont parvenus. Dans la *Chanson de Roland*, Charlemagne est averti par un songe du désastre de Roncevaux (4) : Un ours et un léopard, sortis de la forêt d'Ardennes, s'élancent sur lui ; un grand lévrier sort du palais, vient à son secours et livre bataille aux deux bêtes féroces. Après la mort de Roland, d'autres songes avertissent l'empereur qu'il devra livrer une grande bataille : Une tempête effroyable s'abat sur son armée ; en même temps des ours, des léopards, des serpents, des guivres, des dragons, des griffons se jettent sur les barons ; Charlemagne lui-même est

---

(1)   Le doux charme de maint songe,
        Sous les habits du mensonge,
        Nous offre la vérité (La Font., *Le Dépos. infidele*).

(2) *Somnium Scipionis*, I, III, 10, ed. Eissenhardt.
(3) *Polycraticus*, II, xv et suiv.
(4) Vers 725 et suiv. de l'édit. de L. Gautier.

assailli par un énorme lion. Après ce songe, l'empereur en a un autre : A Aix-la-Chapelle, il tenait un ourson enchaîné ; trente ours, sortis de la forêt d'Ardennes, viennent pour délivrer « leur parent, » mais un grand lévrier s'élance du palais et leur livre bataille. L'empereur se réveille avant la fin du combat.

Des songes allégoriques semblables se rencontrent dans beaucoup de chansons de geste (1).

Des remarques qui précèdent il résulte, d'une part, que dans la poésie antérieure au Roman de la Rose, le songe était d'un usage fréquent, et qu'au surplus Guillaume de Lorris le trouvait employé comme cadre d'un poème qu'il a imité ; d'autre part, que l'allégorie était à la même époque un procédé habituel dans la littérature, et constant dans le songe considéré comme une image de la réalité future ; enfin que Guillaume devait donner un pseudonyme à sa dame ; que les noms les plus employés dans cette circonstance étaient les noms de fleurs ; que la jeune fille était très souvent comparée à la rose et qu'elle avait même été représentée dans plusieurs poèmes sous l'allégorie de cette fleur.

Ces différentes constatations ne laissent pas une grande part d'invention à Guillaume de Lorris dans l'emploi du songe et de l'allégorie, qui forment le cadre de son roman.

(1) Voyez le *Coronement Loois*, ed. E. Langlois. Paris, 1888, in-8° (Soc. des anc. textes), v. 280 et suiv.; *Floovent*, ed. H. Michelant et F. Guessard. Paris, 1858 (Anc. poètes de la France), p xx; *Fierabras*, ed. Kroeber et Servois, vers 6136 et suiv. Un des plus anciens exemples, dans la poésie épique, de cette allégorie zoologique, est la vision de Childeric, racontée par Frédégaire, III, 12. Cette vision paraît imitée de celle de Daniel (*Dan.*, c. 7).

VI

L'allégorie de la rose nécessitait l'emploi des personnifications. — Celles-ci étaient d'un usage général dans la poésie antérieure au Roman de la Rose.

En figurant par l'allégorie d'une rose qu'il cherche à cueillir la jeune fille dont il poursuit la possession, Guillaume était du même coup obligé d'adapter à cette fiction toute l'économie de son poème. Mais on ne séduit pas une jeune fille comme on cueille une fleur dans le jardin du voisin, et c'est bien un art d'amour que le poète voulait nous enseigner. Il devait donc nous faire connaître les obstacles que l'amoureux rencontre dans l'accomplissement de ses desseins, et les moyens à l'aide desquels il peut les surmonter ; c'est-à-dire les sentiments contraires qui s'agitent dans l'âme d'une vierge à l'âge où l'amour s'insinue dans son cœur. Il devait nous montrer ces sentiments, les isoler les uns des autres pour les mieux exposer, les analyser, les mettre en scène, en faire les mobiles de l'action, les ressorts du mouvement dans le drame. Mais ces sentiments ne pouvaient être prêtés à la rose, à laquelle ils ne conviennent pas, ni à la jeune fille, dont il n'est pas question dans le poème ; l'auteur était donc obligé, pour leur donner un rôle, de les détacher de l'individu à qui ils appartenaient, d'en faire des êtres indépendants. Il a décomposé l'âme de la jeune fille ; il en a extrait tous les sentiments, toutes les qualités et manières d'être, générales ou particulières : il leur a donné une existence propre, indépendante, avec la faculté d'agir individuellement, chacune selon son caractère. Il a ainsi établi autour de la rose tout un monde d'abstractions personnifiées, qui remplissent au service de la fleur les mêmes fonctions que les sentiments dans l'âme de la jeune fille. Bel-Accueil, Pitié plaident les intérêts de l'Amant ; Danger, Honte, Peur, Chasteté l'empêchent d'approcher de la rose.

C'est donc l'allégorie de la rose qui a amené Guillaume, par voie de conséquence, au système des personnifications. Il ne faudrait pourtant pas exagérer l'importance de cette cause, et conclure qu'elle est le point de départ de cette métaphysique compliquée, dont Guillaume serait l'inventeur.

La poésie antérieure au Roman de la Rose, notamment celle du douzième et du commencement du treizième siècle, est remplie de personnifications. Le genre des personnifications est ancien ; il a des attaches puissantes avec les littératures de l'antiquité, profanes ou religieuses ; plus directement il émane de certaines œuvres de poètes païens ou chrétiens du quatrième siècle.

« C'est à créer des types allégoriques que se dépense la dernière sève d'imagination poétique au quatrième siècle. Sans parler de nouveau de cette grande allégorie de Rome, qui domine toute la littérature du temps, et qui est à peine une allégorie, tant elle était naturelle, combien d'autres exemples frappants ! Alecto, dans les Invectives contre Rufin, a tout un cortège d'abstractions : Discordia, Fames, Senectus, Morbus, Audacia... Les jardins de Vénus à Cypre sont peuplés des mêmes habitants : Pallor, Irae, Licentia, Perjuria, Voluptas, Lacrimae. Les vertus de Stilicon, toutes personnifiées, toutes autant de déesses, forment un chœur et s'unissent dans la poitrine du héros. Mars est accompagné de Formido, Pavor, Metus, et je ne m'arrête pas à quelques allégories plus vastes, plus vivantes et vraiment poétiques, comme celle de la Nature. Quelque soin qu'ait mis Claudien à perpétuer les traditions du passé, il a subi malgré lui l'influence de son siècle, où, plus que jamais, la mythologie n'était qu'une convention poétique, où la théosophie, esssayant d'un vague déisme ou panthéisme à la façon stoïcienne, ramenant les divinités de la fable à n'être plus que des attributs, des hypostases, leur enlevait leur vie, leur humanité. Il semble aussi qu'il ait eu parfois le dessein de substituer à ces anciens dieux, tant raillés des chrétiens, des abstractions moins compromises. L'éloquence du quatrième siècle abuse du même artifice : Pacatus évoque les vertus de Théodose comme Claudien celles de Stilicon. D'ailleurs ces écrivains, rhéteurs ou poètes, les poètes surtout, et à leur tête Claudien, suivaient en cela une tendance parfaitement romaine, une tradition religieuse et littéraire à la fois. De tout temps, l'esprit romain, abstrait et prosaïque, avait été porté à personnifier les qualités morales : de là les abstractions divinisées, si anciennes et si nombreuses dans la religion romaine ; de là des allégories poétiques du même genre, dès l'époque archaïque le Luxe et la Pauvreté du prologue du Trinummus, puis à l'époque classique et même chez le plus grand des Latins, dans l'enfer de Virgile, cette troupe d'ombres vaines, déjà quelques-unes bien singulières et bien compliquées, comme les *Mala mentis gaudia*.

» Quand la décadence avait commencé, cette tendance de l'esprit romain s'était marquée très fortement : ce procédé facile était tout à fait à la portée d'esprits de moins en moins soucieux de l'art ; de plus en plus préoccupés, au contraire, des questions religieuses et morales. Au second siècle déjà éclate dans Apulée la pleine faveur dont il jouissait. Pour une gracieuse et belle allégorie, Psyché, combien d'autres apparaissent froides et insignifiantes. S'il faut même en croire Apulée, — il n'y a pas de raison de ne pas prendre comme documents authentiques certaines parties réalistes de son roman, — l'allégorie morale déjà prenait pied au théâtre, chose bien caractéristique ; car, du jour où elle entrait même dans ce domaine réservé de la vie, du mouvement, il est bien évident que le goût du public était assez abaissé pour ne plus en sentir aucunement les inconvénients. Dans la très curieuse pantomime qu'Apulée a décrite au livre X des Métamorphoses figurent deux personnages allégoriques, la Terreur et la Crainte, tout à fait dignes d'une moralité du moyen âge. D'elle-même donc, la littérature profane, sans l'intervention de la littérature chrétienne, allait peut-être produire une poésie allégorique. En somme, on peut dire qu'elle l'a produite. Car Martianus Capella n'était pas un chrétien et ne paraît avoir nullement subi l'influence du christianisme, quoique, selon toute vraisemblance, il ait écrit seulement au commencement du cinquième siècle, c'est-à-dire peu après Prudence. Et qu'est-ce, sinon une satire ménippée, élucubration de grammairien en veine de poésie : ces Noces de la Philologie et de Mercure, où il nous présente la très savante jeune fille, Philologie, avec son cortège dotal, Grammaire, Dialectique, Rhétorique, Arithmétique, Astronomie et Harmonie la musicienne, qui, chantant l'hyménée, conduit l'aimable fiancée jusqu'à la chambre nuptiale (1). »

La personnification avait aussi des germes anciens dans la littérature chrétienne. M. Ebert, dans son Histoire de la littérature latine au moyen âge, et, après lui, M. Puech, dans sa thèse sur Prudence, ont montré sous quelle double influence de la littérature profane et de Tertullien la *Psychomachie* de Prudence a été composée.

---

(1) Puech, *Prudence*, p. 241-243.

Prudence est un des auteurs qui ont été les plus goûtés au moyen âge, et de ses ouvrages, c'est la Psychomachie qui a été la plus souvent lue.

Martianus Capella, lui aussi, a exercé une influence considérable sur la culture non seulement scientifique, mais même esthétique du moyen âge. « Son ouvrage fut longtemps une des bases principales et souvent même l'unique base de l'enseignement secondaire (1). »

Du siècle de ces deux auteurs à celui de Charlemagne, les monuments littéraires sont trop rares pour qu'il soit possible de trouver en eux de nombreux témoignages de cette double influence. Cependant, dès le cinquième siècle, Avitus imite fréquemment la Psychomachie, et c'est ce même poème qu'il recommande à sa sœur Fuscina (?).

Ennodius se rappelait la Psychomachie et le *De Nuptiis*, en faisant parler *Verecundia, Castitas, Fides, Grammatica* et *Rhetorica* dans son ouvrage intitulé *Paroenesis Didascalica*.

Au septième siècle, S. Aldhelme, dans un écrit en prose : *De laudibus virginitatis, sive de virginitate sanctorum*, et dans un poème : *De laude virginum*, qui n'est guère qu'un remaniement en vers de l'ouvrage précédent, raconte un combat entre la virginité et les principaux vices, présentés comme des chefs d'armée. « Dans le développement de ce combat, le poète a dans l'esprit la Psychomachie de Prudence, et plusieurs passages nous le montrent d'une manière évidente (3). »

Dans les *Énigmes* de S. Boniface, les vices et les vertus sont aussi personnifiés. Ce poème « rappelle naturellement la Psychomachie, et, d'ailleurs, il s'y trouve une imitation textuelle (4). »

On trouve encore des personnifications dans d'autres ouvrages de la même période, où il serait difficile de voir l'influence de Prudence ou de Capella. Dans la Consolation, de Boèce, l'ouvrage le plus souvent traduit au moyen âge, la Philosophie est personnifiée. Les *Synonymes* d'Isidore de Séville sont un dialogue entre un homme et la Raison.

Lors de la renaissance carolingienne, les poèmes de Prudence, et en particulier la Psychomachie, sont dans les mains de tous les poètes. Le chef même de l'école, Alcuin, dans un écrit de phi-

---

(1) Ebert, I, p. 513.
(2) Cf. Puech, p. 254.
(3) Ebert, I, p. 660.
(4) Puech, p. 254.

losophie morale, qui a pour titre *De Virtutibus et Vitiis*, « se rattache parfois à Prudence (1). » Il subit la même influence dans son poème *De regibus et sanctis Euboricae* (2).

Dans un fragment de Théodulfe, le premier poète de la cour de Charlemagne (liv. V, ch. 2), on trouve un combat entre les sept péchés capitaux : *Gula, Moechia, Fraus, Avaritia, Invidia, Tristitia* et *Ira*, guidés par *Superbia*, d'une part, et les Vertus, d'autre part. Dans sa *Paroenesis ad Judices* (liv. I), il prête un discours à Raison et décrit *Superbia*.

Dans un poème intitulé *De septem liberalibus in quadam pictura depictis* (liv. IV, ch. 2), le même auteur personnifie les sept arts libéraux, la morale et les quatre vertus cardinales.

On peut voir, dans ce dernier ouvrage, la double influence de Martianus Capella et de Prudence; dans les deux autres, Théodulfe imite plus exclusivement Prudence, qu'il cite d'ailleurs au premier rang de ses auteurs favoris :

> Diversoque potens prudenter promere plura
> Metro, o Prudenti, noster et ipse parens (3).

Milon, dans son poème sur la sobriété, personnifie de même les vices : *Invidia, genita de felle Diabli, Avaritia*, et sa descendance :

> Fraus, Furor, Invidiae, Violentia, Cura, Tumultus,
> Anxietas, Moeror, Perjuria, Furta, Rapinae,
> Durities, Commenta, Dolus, Fallacia, Discors,
> Sollicitudo, Cupido tenax, Usura, Voluptas,
> Et Dolor amissis et Gaudia vana receptis,
> Civilis rabies..... (v. 824-829) (4).

Cette fiction prit une place de plus en plus importante dans la littérature des siècles suivants. A l'époque où Guillaume de Lorris écrivait son roman, elle était en pleine faveur. Alain de Lille (5), Gauthier de Châtillon (6), Guillaume le Clerc (7),

---

(1) Ebert, II, p. 28.
(2) Cf. Ebert, II, p. 33.
(3) Ebert, II, p. 82.
(4) Desplanques, *Etude sur un poème inédit de Milon, moine de Saint-Amand-d'Elnon, au IX° siecle* (dans *Mémoires de la Société des sciences de Lille*, an. 1871, p. 273 et suiv.).
(5) Dans le *De Planctu Naturae*, et l'*Anticlaudianus*.
(6) Dans l'*Alexandreis*.
(7) Dans le Besant de Dieu, les Vices et les Vertus, en très grand nombre, sont personnifiés.

le reclus de Molliens (1), Hugues de Saint-Victor (2), Chrestien de Troyes (3), Raoul de Houdan (4), Huon de Méri (5) et beaucoup d'autres poètes de la France l'ont admise dans leurs œuvres. On la trouve aussi dans celles des troubadours, par exemple dans un poème de Peire Guillem, composé avant 1253 (6).

La personnification, empruntée à la Bible (7), de Miséricorde, Vérité, Justice et Paix, qui devait tenir une si grande place dans les mystères, était déjà très répandue au douzième siècle.

Mon sujet n'est pas d'énumérer toutes les œuvres où ce procédé littéraire se rencontre, encore moins de faire son histoire, mais de montrer d'où dérive son emploi dans le Roman de la Rose. Guillaume de Lorris ne l'a emprunté directement ni à Prudence, ni à Capella, ni à Claudien, ni à aucun autre auteur en particulier. Amené par son sujet, comme nous l'avons vu, à personnifier les sentiments de son amie, il n'a pas hésité à le faire,

---

(1) Dans le Roman de Carité, la Charité est personnifiée; dans le Miserere, l'auteur met en scène le Goût, la Peur, la Douleur, la Joie, l'Esperance, l'Orgueil, l'Envie, fille du Diable (dans le poème de Milon, *De Sobrietate*, l'Envie est dite *genita de felle Diabli*), qui, s'étant accouplée avec son père, a donné naissance à la Médisance et à la Convoitise.

(2) Dans l'Arche morale, l'âme discute avec Raison (liv. IV).

(3) Dans Erec et Enide, par exemple, quatre fées brodent sur la robe d'Erec les portraits de Géométrie, d'Arithmétique, de Musique et d'Astronomie.

(4) Dans le Songe d'Enfer, la Voie de Paradis, le Roman des Éles.

(5) Dans le Tournoiement d'Antechrist. « Le poème de Prudence est évidemment le modèle, d'ailleurs fort librement suivi, du *Tournoiement d'Antéchrist*, composé par le chevalier Huon de Méri, en 1235..., qui est inspiré, pour l'emploi des personnifications, d'autres œuvres antérieures, comme le *Besant de Dieu* de Guillaume le Clerc » (G. Paris, *Littér. franç.*, § 155).

(6)   Peire W., ses contrastar,
Sapchatz qu'ieu soi lo dio d'Amor,
E la dona vestida ab flor
Es Merces, senes tota falha,
E la donzela, ses barralha,
Es Vergonia, so sapchatz,
E l'escudier es Leutatz,
Cel que porta l'arc del alborn,
E tenguatz lo ben per adorn,
Que nos peca cant vol ferir (Raynouard, *Lex. Rom.*, I, 412).

(7) Elle a été inspirée par le verset 11 du psaume 84 : « La Miséricorde et la Vérité se sont rencontrées, la Justice et la Paix se sont entrebaisées. » Elle se trouve déjà dans les œuvres de Hugues de Saint-Victor : « Veritas » autem intrans cor hominis invenit ibi omnia mala et digna poenis et cla- » mare coepit de terra hominem excusans, Misericordia vero non desistebat » in coelo Dominum orare pro homine postulans. » (Cf. Petit de Julleville, *Mystères*, II, 259.)

parce qu'il y était autorisé par la grande faveur dont jouissait alors cette fiction (1).

« En adoptant le système des personnifications, » dit M. G. Paris. « Guillaume de Lorris l'a modifié notablement : dans toutes les œuvres antérieures, comme dans la *Psychomachie*, elles sont les seuls personnages, et l'action qu'on suppose se passer une fois entre elles n'est que le symbole de leurs rapports constants. Ici, au contraire, elles ne servent qu'à amener les péripéties d'un drame tout humain, tout individuel : elles favorisent ou elles combattent les efforts de l'Amant pour cueillir la rose, qui sont le vrai sujet du poème. En outre, certaines des personnifications de Guillaume sont toutes nouvelles : jusqu'à lui on n'avait personnifié que des qualités générales et durables. Danger et Bel-Accueil sont tout autre chose : le premier représente le refus, la tendance innée chez la femme à ne pas céder, sans résistance, à celui qui la prie, l'autre, la bonne grâce que la même femme montre à d'autres moments ; ce sont des manières d'être passagères, des aspects de la personnalité, et, au fond, de simples procédés d'analyse psychologique (2). »

Cette remarque n'est pas tout à fait juste. D'abord, dans bien des œuvres antérieures au Roman de la Rose, les abstractions ne sont pas les seuls personnages agissants. Boèce, dans la Consolation, discute avec Philosophie. Les Synonymes d'Isidore de Séville sont un dialogue entre l'homme et la Raison. Dans la Voie de Paradis, de Raoul de Houdan, le poète se met en scène avec une foule d'abstractions personnifiées. Conduit par Grâce chez Amour, il y reçoit la visite de Discipline, Obédience, Gémir, Pénitence et Soupir, qui lui conseillent de se rendre d'abord chez Contrition, puis chez Confession. En route, il est attaqué par Tentation, Espérance vient à son secours. Plus loin, il rencontre Foi. Après s'être reposé chez Contrition, il se remet en

---

(1) On ne personnifiait pas seulement les vices, les vertus, les arts, les facultés de l'âme, mais aussi les saisons, les plantes, les animaux, les fleuves, les montagnes, les éléments, les aliments, etc. Déjà, dans un petit poème de Sedulius Scotus (neuvième siècle), intitulé *Rosae Liliique certamen*, le poète donne la parole à la rose, au lis, puis au printemps ; dans une élégie d'Ermoldus Nigellus, le Rhin et les Vosges sont personnifiés. C'est surtout dans les débats que ces personnifications sont employées : dans le *Conflictus veris et hyemis*, d'un élève d'Alcuin, dans le *Conflictus Ovis et Lini*, dans les débats du *Corps et de l'Ame*, de l'*Eglise et de la Synagogue*, du *Denier et de la Brebis*, de *Carême et de Charnage*, du *Vin et de l'Eau*, des *Vins blancs*, etc.

(2) G. Paris, *La littérature française au moyen âge*, § 111.

marche pour aller chez Confession, qui lui fait bon accueil. Il trouve chez elle Satisfaction et Persévérance. Persévérance lui offre de le conduire chez Pénitence; il accepte, mais en traversant la vallée du monde, il perd son guide. Il est alors attaqué par une bande de larrons : Vaine-Gloire, Orgueil, Envie, Haine, Avarice, Ire, Fornication, Désespoir, sous la conduite de Tentation; mais il est heureusement secouru par Espérance, à la tête d'Humilité, Obédience, Charité, Tempérance et Chasteté. Échappé à ce danger, il arrive enfin chez Pénitence, qui lui montre l'échelle par où il monte au paradis. Cette échelle a huit échelons : Foi en Dieu, Vertu en œuvre, Science en vertu, Sens en abstinence, Piété en abstinence, Patience en piété, Amour de frère, Vraie charité. Il peut enfin visiter le ciel, après quoi il se réveille et fait le récit de sa vision.

Dans le Songe d'Enfer, du même auteur, dans le Tournoiement d'Antechrist, de Huon de Méri, le système des personnifications est le même que dans la Voie de Paradis.

En second lieu, il semble qu'il y a contradiction entre l'attribution à Guillaume de Lorris de nouvelles personnifications et la définition que donne M. G. Paris de ces personnifications mêmes. Si Danger représente « la tendance innée chez la femme à ne pas céder, sans résistance, à celui qui la prie, » c'est une qualité générale et durable, au même titre que Chasteté, Pudeur, Orgueil, ou que tout autre vice ou vertu personnifiés par Prudence et ses imitateurs.

Au surplus, soit que Guillaume de Lorris ait voulu faire une peinture de l'amour en général, soit qu'il ait eu l'intention d'analyser un cas individuel, comme il s'est arrêté aux traits les plus généraux, on peut dire de ses abstractions, comme de celles de Prudence, que l'action qui se passe entre elles n'est que la représentation de leurs rapports constants.

Il est bien certain pourtant que son système de personnifications est moins abstrait, moins métaphysique que celui de Prudence; mais on peut en dire autant de celui de Raoul de Houdan et de Huon de Méri. En somme, le procédé employé par Guillaume pour montrer comment il a pu cueillir la rose ne diffère pas sensiblement de celui dont Raoul de Houdan s'est servi pour montrer comment il est arrivé au paradis.

Pour résumer en quelques lignes les observations qui précèdent, je rappelle qu'à l'époque où Guillaume de Lorris écrivait, les trouvères avaient coutume de donner aux dames, réelles ou imaginaires, dont ils chantaient la beauté, des noms de fleurs, établissant, sinon dans leurs vers, du moins dans leur esprit et dans celui des auteurs, une comparaison entre la dame et l'objet qui portaient le même nom ; que dans la poésie, la comparaison formellement, quoique brièvement exprimée, d'une jeune fille et d'une rose, était extrêmement fréquente, que dans plusieurs poèmes, que Guillaume a pu connaître, les auteurs ne s'en sont pas tenus à ce simple rapprochement, mais ont représenté leurs dames sous l'image d'une rose ; d'autre part, que l'allégorie était un procédé habituel des auteurs du moyen âge.

Guillaume de Lorris trouvait donc un terrain parfaitement préparé, où la rose devait, pour ainsi dire, éclore d'elle-même, où même elle était déjà cultivée.

Enfin, il était également autorisé, par les habitudes littéraires de l'époque, à prendre, pour cadre de son poème, le songe, qu'il trouvait d'ailleurs dans un fableau qu'il imitait, et pour mode d'analyse psychologique, le système des personnifications, auquel il était invité par la représentation de sa dame sous la figure d'une fleur.

VII

Ouvrages dont Guillaume de Lorris s'est aidé pour remplir son cadre. — Macrobe. — Ovide. — Le fableau du Dieu d'Amours. — Le *Pamphilus*. — L'*Altercatio Phyllidis et Florae*. — La Clef d'Amours. — Huon de Méri. — Chrestien de Troyes. — Poèmes perdus.

Après avoir montré par quelles influences on doit expliquer l'idée primordiale du Roman de la Rose, l'esprit et le cadre de la première partie, je vais maintenant rechercher quelles ressources Guillaume de Lorris a eues à sa disposition pour remplir ce cadre.

Un seul auteur est mentionné dans la première partie du roman, c'est Macrobe, encore Guillaume ne lui a-t-il rien emprunté. Mais ayant affirmé que les songes ne sont pas toujours trompeurs, il en prend à témoin :

> Un acteur qui ot nom Macrobes,
> Qui ne tint pas songes a lobes,
> Ainçois escrist la vision
> Qui avint au roi Cipion (v. 7-10).

Cette citation est d'ailleurs assez malheureuse, car elle atteste la profonde ignorance en histoire de Guillaume, qui prenait Scipion pour un roi.

Il est un autre auteur de l'antiquité dont on doit s'attendre à trouver l'inspiration dans l'œuvre de Guillaume, bien que son nom n'y figure pas ; c'est Ovide, l'un des poètes les plus goûtés au moyen âge, le maître des poètes érotiques, de ceux surtout qui ont écrit sur l'art d'amour. En effet, on trouve une imitation d'Ovide dès les premières pages du roman.

Le portrait d'Envie, peint sur le mur du jardin d'Oiseuse (v. 235-290), est une copie de celui qu'Ovide a tracé dans le second livre des Métamorphoses (v. 770 et suiv.). Cette copie est très libre, et aussi très inférieure à l'original, auquel Guillaume s'est contenté d'emprunter quelques traits, délayant en cinquante-cinq vers la matière qu'Ovide avait renfermée en cinq ou six hexamètres. Néanmoins certaines expressions, assez fidèlement traduites, ne permettent pas de douter que l'imitation ait été directe. Les voici :

Risus abest, nisi quem visi movere dolores (v. 778).

> Qui ne rist onques en sa vie,
> N'onques de riens ne s'esjoï,
> S'ele ne vit, ou s'el n'oï
> Aucun grant domage retreie (v. 236-239).

Nusquam recta acies... (v. 776).

> Ele ne regardast noient
> Fors de travers, en borgnoiant (v. 281-282).

Sed videt ingratos intabescitque videndo
Successus hominum, carpitque et carpitur una,
Suppliciumque suum est... (v. 780-782).

> Mais bien sachiés qu'ele compere
> Sa malice trop ledement,
> Car ele est en si grant torment,
> Et a tel duel quant gens bien font
> Par un petit qu'ele ne font.
> Ses felons cuers l'art et detrenche,
> Qui de li Dieu et la gent venche (v. 260-266).

D'autres traits ont, au contraire, été très longuement développés. L'hémistiche

. . . . lingua est suffusa veneno

a fourni l'idée de douze vers :

> Envie ne fine nule hore
> D'aucun blasme as gens metre sore ;
> Je cuit que s'ele cognoissoit
> Tot le plus prodome qui soit
> Ne deça mer, ne dela mer,
> Si le vorroit ele blasmer ;
> Et s'il iere si bien apris
> Qu'el ne peust de tot son pris
> Rien abatre ne desprisier,
> Si vorroit ele apetisier
> Sa proece au moins, et s'onor
> Par parole faire menor (v. 267-278)

C'est aussi aux Métamorphoses (1) que Guillaume de Lorris a emprunté le récit de la mort de Narcisse (v. 1447-1518). Cette légende était bien connue au moyen âge. Il existe encore un poème du treizième siècle, intitulé *Narcissus*, dans lequel elle est racontée, avec de nombreuses transformations. Un passage, souvent cité, de Pierre le Chantre, prouve qu'elle était très répandue au douzième siècle dans la France du Nord (2). « Dans le Midi on rencontre également des allusions fort nombreuses au triste sort du « beau damoiseau », mais il est possible qu'elles se rapportent à une forme assez différente du récit d'Ovide et du poème français (3). »

Il est certain pourtant que Guillaume de Lorris s'est directement inspiré d'Ovide. Son récit, bien que très abrégé, suit exactement le poème latin, sauf en un point : dans le Roman de la Rose, c'est Écho qui prie les dieux de faire naître dans le cœur du jeune homme un amour,

> Dont il ne peust joie atendre (v. 1471);

dans les Métamorphoses, c'est un inconnu qui leur a demandé vengeance :

> Inde manus aliquis despectus ad aethera tollens :
> « Sic amet ipse licet, sic non potiatur amato ! » (v. 404-405).

Cette légère modification prouve tout au plus que le trouvère, au moment où il écrivait, n'avait pas son modèle sous les yeux. Ajoutons cependant que Guillaume a enlevé à la légende son caractère mythologique : Narcisse est pour lui « un damoiseau », Écho, « une haute dame »; l'un et l'autre meurent et ne se métamorphosent pas.

Le *De arte amandi* surtout pouvait fournir à Guillaume de Lorris une abondante matière à imitation ; il y a relativement peu puisé. Cela tient peut-être à ce qu'il n'a pas terminé son poème. Pourtant, dans les préceptes que le dieu d'Amour enseigne à l'amant, notamment dans ses recommandations relatives à la discrétion et aux soins de la toilette et des arts d'agrément,

---

(1) *Métamorphose* III, v. 339 et suiv.
(2) En parlant des jongleurs, il dit : « Videntes cantilenam de Landrico non placere auditoribus, statim incipiunt de Narcisso cantare, quod si nec placuerit, cantant de alio. »
(3) *Histoire littéraire*, XXIX, 499.

Guillaume s'est souvenu des conseils analogues donnés par Ovide à son disciple. L'imitation est ici naturellement très discrète ; les prescriptions sont accommodées aux usages du treizième siècle ; celles-là seules qui sont de tous les temps ont pu être exactement reproduites.

Le poète latin avait dit :

> Sit bene conveniens et sine labe toga,
> Linguaque ne rigeat, careant rubigine dentes,
> Nec vagus in laxa pes tibi pelle natet,
> Nec male deformet rigidos tonsura capillos,
> Sit coma, sit docta barba resecta manu,
> Et nihil emineant et sint sine sordibus ungues (*A. Am.*, I, 514-519).
> . . . .
> Cetera lascivae faciant, concede, puellae,
> Et si quis male vir quaerit habere virum (I, 523-524).

Guillaume de Lorris répète :

> Solers a las ou estiveaus
> Aies souvent frés et noveaus,
> Et gart qu'il soient si chauçant
> Que cil vilain aille tençant
> En quel guise tu i entras,
> Et de quel part tu en istras (v. 2159-2164).
> . . . .
> Ne sueffre sor toi nule ordure,
> Lave tes mains et tes dens cure :
> S'en tes ongles a point de noir,
> Ne l'i lesse pas remanoir.
> Cous tes manches ; tes cheveus pigne,
> Mais ne te farde ne ne guigne,
> Ce n'apartient s'as dames non,
> Ou a ceus de mavés renon,
> Qui amor par male aventure
> Ont trouvee contre nature (v. 2175-2184).

Ovide prescrit au jeune Romain de chanter, s'il a de la voix, de danser s'il a les membres souples, enfin de ne négliger aucun moyen de plaire :

> Si vox est, canta ; si mollia brachia, salta,
> Et quacumque potes dote placere, place (*A. Am.*, I, 595-596)

Guillaume de Lorris dit à son tour :

>   Se tu sés nul bel deduit faire,
>   Par quoi tu puisses as gens plaire,
>   Je te comant que tu le faces :
>   Chascun doit faire en toutes places
>   Ce qu'il set qui mieus li avient,
>   Car los et pris et grace en vient.
>   Se tu te sens viste et legier,
>   Ne fai pas de saillir dangier ;
>   Et se tu siez bien a cheval,
>   Tu dois poindre a mont et a val ;
>   Et se tu sés lances brisier,
>   Tu t'en pues moult faire prisier.
>   Se as armes es acesmés,
>   Par ce seras dis tans amés ;
>   Se tu as la voiz clere et saine,
>   Tu ne dois mie querre essoine
>   De chanter, se l'en t'en semont,
>   Car bel chanter abelist mont.
>   Si avient bien a bacheler
>   Que il sache de vieler,
>   De fleüter et de dancier ;
>   Par ce se puet moult avancier (v. 2199-2220).

Un passage curieux est celui où les deux poètes recommandent la discrétion. Tous deux appuient leur précepte d'un exemple ; Ovide rappelle le supplice de Tantale, puni pour avoir trop parlé :

>   Exigua est virtus praestare silentia rebus ;
>   At contra gravis est culpa tacenda loqui.
>   O bene quod, frustra captatis arbore pomis,
>   Garrulus in media Tantalus aret aqua (*A. Am*., II, v. 603-606).

Guillaume, qui s'adressait à des lecteurs connaissant beaucoup mieux les romans bretons que la mythologie grecque, et qui ne saisissait peut-être pas bien lui-même l'allusion du poète latin, a remplacé l'exemple du roi Phrygien par celui de Keu, le sénéchal d'Arthur :

>   Après te garde de retraire
>   Chose des gens qui face a taire :
>   N'est pas proesce de mesdire.
>   En Keu le seneschal te mire,

> Qui jadis par son mokeïs
> Fu mal renomés et haïs.
> Tant com Gauvains li bien apris
> Par sa cortoisie ot le pris,
> Autretant ot de blasme Keus,
> Por ce qu'il fu fel et crueus,
> Ramponieres et malparliers
> Dessus tous autres chevaliers (v. 2097-2108).

Il est probable que Guillaume était aussi familier avec les autres poèmes d'Ovide qu'avec les Métamorphoses et l'Art d'aimer, du moins cette pensée :

> Cortoisie est que l'en sequeure
> Celi dont l'en est au desseure (v. 3293-3294),

paraît être une réminiscence d'un vers des Pontiques :

> Regia, crede mihi, res est subcurrere lapsis (II, ix, 11).

Et celle-ci :

> Grans biens ne vient pas en poi d'ore,
> Il i convient poine et demore (v. 2039-2040),

se trouve dans les Épîtres :

> Longa mora est nobis omnis quae gaudia differt (XVIII, 3).

Le rôle d'Oiseuse dans le paradis d'Amour a dû être inspiré par les vers 136 et suivants des *Remedia Amoris*.

Macrobe et Ovide sont les seuls auteurs de l'antiquité dont la lecture a laissé des traces dans la première partie du Roman de la Rose. Naturellement il ne s'ensuit pas que Guillaume de Lorris n'en ait pas connu d'autres; il n'avait pas à étaler son érudition; son sujet ne le comportait pas. Mais nous avons vu, à propos du titre de roi qu'il donne à Scipion, que sa connaissance de l'antiquité devait être assez restreinte.

Il connaissait mieux la littérature contemporaine, au moins la littérature profane. Il n'a mentionné, il est vrai, ni le titre d'aucun ouvrage, ni le nom d'aucun auteur de son époque, mais à chaque page on rencontre dans ses vers l'imitation de quelque œuvre antérieure; on la constaterait sans doute bien plus souvent si le temps avait moins maltraité la poésie du douzième et du treizième siècle.

Nous avons vu déjà que Guillaume de Lorris a emprunté le cadre de son roman au fableau du Dieu d'Amours ; il lui doit aussi plusieurs des détails dont il a rempli ce cadre. Les vers 912-988 et 1689-1890 ne sont que le développement des quatre strophes suivantes du fableau :

> Icele cambre estoit le dieu d'Amors,
> La ert ses lis, la estoit ses retors ;
> La vic .II. keuvres, ki pendoient a flors,
> Et par deseure pendoit li ars d'Amors.

> En l'un des keuvres, qui pendoit plus a val,
> Avoit saietes : li fier sont de metal.
> De plonc estoient ; quin est navrés par mal
> Ja n'amera en cest siecle mortal.

> En l'autre keuvre, qui pendoit par engin,
> Avoit saietes : li fier en sont d'or fin.
> De plonc estoient ; au soir et au matin
> Chius fait Amors a sa maniere aclin.

> Li diex d'Amors qant se va deporter,
> De ces saietes cui il en velt navrer,
> Contre ses dars ne se puet nus tenser.
> L'un fait hair et l'autre fait amer (p. 30, 31).

Guillaume aussi prête à l'Amour deux carquois, dont l'un contient des flèches d'or très élégantes, et l'autre des flèches de fer très grossières. Par les blessures que font les premières, c'est-à-dire Beauté, Simplesse, Franchise, Compagnie et Beau-Semblant, l'amour pénètre jusqu'au cœur ; les autres, Orgueil, Vilenie, Honte, Désesperance, Nouveau-Penser (1), inspirent un sentiment

---

(1) Il y a une contradiction dans le second des deux passages où Guillaume de Lorris parle des flèches. Dans le premier il a donné le nom des cinq bonnes flèches : *Beauté, Simplesse, Franchise, Compagnie, Beau-Semblant*. Dans le second passage, Amour lance la première flèche :

> Qui *Biautés* estoit appelee (v. 1724) ;

puis une autre :

> *Simplece* ot non, c'iert la seconde (v. 1745),

contraire. Amour décoche successivement chacune des cinq flèches d'or à l'amant, et celui-ci, vaincu, fait hommage au dieu.

Les parties du Roman de la Rose imitées du Dieu d'Amours sont beaucoup plus étendues que les passages correspondants de l'original. Guillaume se plaît à développer les idées que souvent l'auteur du fableau s'est contenté d'exprimer en deux ou trois mots. Quelques exemples montreront bien comment il a tiré parti de son modèle.

L'auteur du Dieu d'Amours, annonçant qu'il allait raconter un songe, avait fait cette simple réflexion :

Ne sai a dire se chou est voirs u non (p 13).

Guillaume de Lorris, en vingt vers, essaye de prouver que les songes peuvent être véridiques.

A propos de ce vers :

Je me levoie par un matin en may (p. 13);

Guillaume s'amuse dans une longue peinture du mois de mai, nous fait assister à son propre lever, nous met au courant des détails de sa toilette.

L'auteur du fableau ayant dit que le verger où il est allé se promener est peuplé d'arbres rares et précieux, l'auteur du roman énumère toutes les espèces d'arbres de ce verger, il fait un véritable catalogue de pépiniériste, ne contenant pas moins de quarante essences différentes.

C'est là une manière d'écrire qui n'exige pas grand effort d'invention. Mais à côté de ces développements faciles, il y a des pages qui révèlent chez l'auteur une réelle originalité. Telle est,

une troisième :

Qui *Cortoisie* iert apelee (v. 1775).
. . . .
La quarte fu, s'ot nom *Franchise* (v. 1792);

puis une autre, *Compagnie* (v. 1835), et enfin une dernière, *Beau-Semblant* (v. 1852). En tout six ; ce qui n'empêche pas le poète de terminer son enumeration en disant :

S'en i ot *cinc* bien enserrees (v. 1877).

Faut-il rendre le poète responsable de cette contradiction, ou n'appartient-elle pas plutôt à des copistes ? J'espère que le classement des deux cents manuscrits du Roman de la Rose autorisera à la faire disparaître.

par exemple, la description des statues et des peintures qui décorent le mur du verger. Dans le fableau, il est dit simplement que les moellons sont de porphyre et d'ivoire, et le ciment d'or fondu. Dans le roman, ce mur est

> Portrait defors et entaillé,
> A maintes riches escritures (v. 132-133).

Et le poète consacre environ 325 vers à décrire les portraits de Haine, Félonie, Vilenie, Convoitise, Avarice, Envie, Tristesse, Vieillesse, Papelardie et Pauvreté, c'est-à-dire des ennemis d'Amour (v. 139-466).

Dans le fableau, la porte du séjour d'Amour est gardée par le phénix; les personnages qui se divertissent à l'intérieur ne sont pas nommés; l'auteur dit seulement :

> Laiens trovai tante gentil maisnie
> De damoysiaus, cascuns avoit sa mie,
> Cascuns juoit illuec de legerie,
> D'esquiés, de table estoit li habatie (p. 28).

Dans le Roman de la Rose, l'amant est introduit par Oiseuse,

> une noble pucele,
> Qui moult estoit et gente et bele (v. 525-526),

et qui le présente aux damoiseaux et damoiselles réunis autour du dieu, à Déduit, Liesse, Courtoisie, Beauté, Doux-Regard, Richesse, Largesse, Franchise, Courtoisie, Jeunesse. Les portraits d'Amour et des personnages de sa cour occupent au moins 800 vers.

Le principe de tous ces développements, on le voit, est le désir d'analyser l'amour, de faire connaître les sentiments qui le favorisent ou le contrarient.

Le fableau du Dieu d'Amours ayant fourni la principale matière du Roman de la Rose, ce n'est guère que dans la mise en œuvre que Guillaume de Lorris a pu utiliser d'autres compositions. Mais ses imitations ou ses réminiscences sont si vagues qu'il est difficile de les préciser d'une façon certaine.

J'ai signalé plus haut des passages du *Pamphilus* qu'il semble avoir imité; je n'y reviendrai pas (1).

---

(1) Voir **pages 27-31**.

Dans sa description du jardin de Déduit, inspirée, comme nous l'avons vu, d'une description analogue, mais plus abrégée, qu'il a trouvée dans le fableau, quelques traits paraissent empruntés au débat latin de Phyllis et Flora. Qu'on en juge :

> Nus arbres qui soit qui fruit charge,
> Se n'est aucuns arbres hideus,
> Dont il n'i ait ou un ou deus (v. 1334-1336).

Arbor ibi quaelibet suo gaudet pomo (1).

Plus loin :

> Trop par estoit la terre cointe,
> Qu'ele ere piolee et pointe
> De flors de diverses colors (v. 1415-1417).

Picto terrae gremio vario colore.

Mais il convient de ne pas accorder à de tels rapprochements plus d'importance qu'ils n'en ont. Les descriptions de prairies, de vergers, des lieux chers aux amoureux, étaient assez communes ; des ressemblances de détail entre plusieurs d'entre elles peuvent s'expliquer, soit par la banalité des idées que les auteurs expriment, soit par une coïncidence purement fortuite.

Plus nombreux sont les rapprochements qu'on peut établir entre la première partie du Roman de la Rose et la Clef d'Amours. Ils permettent de supposer que l'un des deux poèmes doit quelque chose à l'autre, sans indiquer pourtant auquel revient le mérite de l'originalité.

L'auteur de la Clef d'Amours a caché l'année où il écrivait, ainsi que son nom et celui de son amie, dans une énigme dont je n'ai pas pu pénétrer le sens. Un autre, j'espère, sera plus heureux que moi, et selon la date qu'il aura découverte, on considérera la Clef d'Amours comme une des sources de Guillaume de Lorris ou réciproquement, si je puis établir que l'un des deux auteurs s'est inspiré de l'autre. Personnellement, jusqu'à preuve du contraire, je suis convaincu que la Clef d'Amours est moins ancienne que le Roman de la Rose.

C'est dans un songe que les auteurs des deux poèmes, comme celui du Dieu d'Amours, entrent en relations avec le dieu, qui leur ordonne d'enseigner ses commandements. Mais le songe

---

(1) Voir ci-dessus, p. 11.

était, comme je l'ai dit plus haut, d'un usage trop fréquent pour qu'on puisse tirer aucune conclusion de cette coïncidence. C'est aussi dans une vision, qui ressemble fort à un songe, que le dieu d'Amour dicte ses préceptes dans le livre d'André le Chapelain.

Guillaume de Lorris et l'auteur de la Clef, prévoyant l'incrédulité du lecteur, font précéder leur récit d'un témoignage en faveur de la confiance qu'on peut accorder aux songes. L'un invoque l'autorité de Macrobe (1); l'autre cite l'opinion des théologiens (2) :

> . . . . En divinité,
> Treuvent li theologien
> Que souvent en temps ancien
> Pluseurs divines visions
> Venoient par avisions (p. 6).

Il y a apparemment corrélation entre ces deux témoignages ; l'un a dû suggérer l'idée de l'autre. Guillaume de Lorris est le plus précis; il cite formellement un ouvrage qu'il connaît, tandis que l'autre poète reste dans les généralités ; Guillaume ne trouvait pas son renseignement dans la Clef d'Amours, mais le Roman de la Rose pouvait inspirer à l'auteur de la Clef l'idée d'invoquer, en termes vagues, l'opinion des théologiens qui ont cru à la véracité des songes. Guillaume semble donc avoir le mérite de la priorité.

On peut admettre, toutefois, que l'allusion de la Clef d'Amours est moins vague qu'elle ne paraît l'être, et que l'auteur a réellement pensé à quelque ouvrage qu'il avait lu, par exemple au *Polycraticus*, de Jean de Salisbury, auquel les paroles du poème conviennent parfaitement.

---

(1) Voir ci-dessus, p. 69.
(2) L'auteur fournit une autre preuve : il a entendu un frôlement d'ailes.

> Quer onc tel embruissement
> Ne fut sans aucun mouvement,
> Si que par ceste demonstrance
> Vinc je a vraie cognoissance
> Que c'iert Amours, le filz Venus,
> Qui iert a moi ici venus (p. 6).

Inutile de faire remarquer la puérilité de cette preuve, qui démontre, non pas que le songe doive se réaliser, mais seulement que l'auteur a rêvé du dieu d'Amour, ce qui est hors de la question.

Dans un cas comme dans l'autre, il n'est pas moins probable que l'un des deux trouvères a emprunté à l'autre l'idée d'affirmer que les songes peuvent être un présage de l'avenir, et d'appuyer son affirmation du témoignage de quelque auteur. Pour dissimuler son emprunt, le second a changé de témoin.

Voici quelques autres traits communs aux deux poèmes.

Guillaume de Lorris espère que son roman plaira à celle qu'il aime :

> Or doint Dieus qu'en gré la reçoeve
> Cele por qui ge l'ai empris.
> C'est cele qui tant a de pris
> Et tant est digne d'estre amee
> Qu'el doit estre Rose clamee (v. 40-44).

L'auteur de la Clef d'Amours, lui aussi, espère que son poème lui vaudra les faveurs de sa dame :

> Et quant issi aras descrites
> Les regles que j'ai devant dites,
> Sachez que bien le te rendrai,
> Quer en l'oure mon arc tendrai
> Et ferrai d'un dars amourous
> Celle au douz fin cuer savourous,
> Ou tant a de honeur et de pris,
> Pour qui tu es si entrepris (p. 4, 5).

Cette idée se trouve aussi dans le poème de Jacques d'Amiens :

> Amours, faites que il agree
> A ma trés douce dame ciere,
> Ki souvent me fait pale ciere (p. 1).
> . . . .
> Encor ne m'a s'amour donee
> La bele blonde desiree (p. 2).

Les qualités que l'auteur de la Clef d'Amours attribue à sa dame et celles qu'il recommande dans le choix d'une maîtresse sont à peu près celles qui constituent l'idéal en amour de Guillaume de Lorris. C'est l'idéal tel qu'on le concevait vers le milieu du treizième siècle.

Les règles de l'art d'amour sont données à l'auteur du Roman de la Rose par le dieu lui-même :

> Li dieus d'Amors lors m'encharja,
> Tout ainsinc com vous orrés ja,

> Mot a mot ses commandemens.
> Bien les devise cis romans (v. 2067-2070).

Dans la Clef d'Amours, c'est aussi le dieu qui commande à l'auteur de les exposer :

> Si vueil que tu prenges le fez,
> Et que mettez toute ta cure
> A comprendre en brieve escripture
> Mon art, qui les gelous alume (p. 4).

Il en est de même dans le livre d'André le Chapelain. Une première fois le dieu dicte les « *principalia Amoris precepta* » au chevalier qui a assisté à la fantastique chevauchée des morts; ensuite il écrit les « *regule Amoris* » sur un parchemin, qu'un Breton va chercher dans le palais d'Arthur.

C'est dans les mêmes circonstances que le dieu annonce à l'auteur du Roman de la Rose et à celui de la Clef d'Amours qu'il va leur enseigner les obligations du parfait amant :

> Puis que mis t'es en ma menaie,
> Ton servise prendrai en gré,
> Et te metrai en haut degré,
> Se mavestié ne le te tolt.
> . . . .
> Car ge sai bien par quel poison
> Tu seras tret a garison,
> Se tu te tiens en leauté,
> Ge te donrai tel deauté
> Qui tes plaies te garira (R. R., 2034-2047).

> Bieaus amis, j'ay bien entendu
> Que piecha t'es a moy rendu,
> Et voi bien que c'est ton desir
> De faire quanque je desir
> . . . .
> Sachez que bien te le rendrai... (Cl. d'A., p. 3, 4) (1).

Chacune de ces ressemblances, prise à part, n'a peut-être pas grande valeur, parce qu'elles portent sur des points qu'on peut considérer comme des lieux communs de la littérature érotique de l'époque, mais leur ensemble est plus important.

Il y a bien d'autres idées communes aux deux poèmes, mais ce sont des idées que la littérature amoureuse de l'époque avait

---

(1) Voir la suite du passage, p. 80.

mises en circulation et qui étaient tombées dans le domaine public; ou bien elles sont empruntées à Ovide, que les deux auteurs avaient sous les yeux.

Mais, même dans les passages qui sont certainement traduits du poème latin, l'un des deux trouvères paraît s'être aidé parfois de la traduction de l'autre. Ovide dit que l'amant doit être pâle et maigre :

> Palleat omnis amans, hic est color aptus amanti,
> Hic decet ; hoc vultu non valuisse putent.
> . . . .
> Arguat et macies animum... (*A. A.*, 1, 729-733).

Les deux poètes français ont reproduit cette observation, en employant des expressions dont l'identité n'est pas suffisamment expliquée par l'original :

> Car bien sache qu'Amors ne lesse
> Sor fins amans color ne gresse (R. R., 2561-2562).
>
> Amour gresse et coulour avale (Cl. d'A., p. 13) (1).

La manière surtout dont les deux trouvères ont interprété le vers

> Nec vagus in laxa pes tibi pelle natet (*A. A.*, I, 516),

me paraît significative. J'ai donné plus haut (2) la traduction de Guillaume ; voici celle de la Clef :

> Chauche toi si estroitement
> Que qui te verra se dement
> Comme tes piés soit si petis,
> Si netelés et si fetis (p. 89).

La Clef d'Amours a été faite directement sur l'Art d'aimer d'Ovide. L'auteur, après avoir raconté le songe pendant lequel

---

(1)   Pallor, singultus, macies,
                  Suspiria, jejunium,
                  Haec est Amoris acies
                  In castris militantium.

(*Poésies populaires latines du moyen âge*, p. p. Édelestand du Méril, p. 224).

(2) Page 72.

le dieu lui est apparu, a pris le poème latin et s'est mis à le traduire, laissant de côté les anecdotes historiques ou mythologiques, les fleurs de rhétorique, modernisant certains traits de la vie antique, qui n'auraient plus eu de sens dans la société chrétienne du treizième siècle, ajoutant quelques détails qu'il ne trouvait pas dans son modèle, voire même faisant des contre-sens. Il commence donc, comme Ovide, par diviser son sujet en trois points : *Quod amare velis, reperire labora ; placitam exorare puellam ; ut longo tempore duret amor*. Relativement au premier point, Ovide avait recommandé de choisir, dans Rome même, l'objet de son amour ; le trouvère dit comme lui :

Ne la fai loing ne hors de ville.

« A Rome, » dit Ovide, « quel que soit ton goût, tu pourras le satisfaire, que tu désires une beauté naissante, que tu veuilles une beauté plus formée, ou même que tu préfères un âge plus mûr ; tu n'as que l'embarras du choix. »
Cette phrase a fourni à l'imitateur le prétexte d'une petite digression, dans laquelle il énumère les qualités de la femme, jeune ou âgée, qu'on doit choisir. Ces qualités sont celles que l'amant, dans le Roman de la Rose, prête à sa maîtresse.
L'auteur de la Clef parle ensuite des qualités de l'amant vraiment digne de ce nom ; ici encore il est d'accord avec Guillaume de Lorris. Pour les qualités physiques, cet accord s'explique parce que les deux auteurs ont suivi Ovide, mais il n'en est pas de même pour les qualités morales, dont le poète latin ne parle pas.
De plus, on se demande pourquoi l'auteur de la Clef d'Amours, qui d'habitude suit fidèlement son modèle, s'en est écarté ici ; il semble bien que ce soit sous l'influence du Roman de la Rose.
Quoi qu'il en soit, des rapprochements que je viens d'établir entre les deux poèmes, il résulte à peu près sûrement que l'un était connu de l'auteur de l'autre. Mais on ne pourra dire d'une façon certaine quel est le plus ancien, que lorsqu'on aura découvert la date de la Clef d'Amours.
M. G. Paris croit que Guillaume de Lorris a connu le Tournoiement d'Antechrist, de Huon de Méri, et il en conclut que la première partie du Roman de la Rose est postérieure à 1235, date où Huon écrivait (1).
J'ai cherché sur quelles raisons pouvait être fondée cette

---

(1) La *littérature française au moyen âge*, § 111.

opinion, je n'en ai pas trouvé de bien solides. Voici les seuls rapprochements qui m'ont paru pouvoir être faits entre les deux poèmes :

Guillaume, dans le portrait de Largesse, nous apprend que

El fu du linage Alexandre (v. 1136).

Huon fait trois allusions à la libéralité du roi de Macédoine. Il dit que l'écu de Largesse,

> C'estoit li escuz losengiez
> De promesses et de beaus dons,
> A un cartier de guerredons,
> Des armes au grant Alisandre,
> Qui, por tot doner et espandre,
> Ot .i. lambel d'overtes mains (v. 1644-1649).

Plus loin, il dit que l'amoureux doit surpasser la « largesce Alixandre » (v. 1806). Enfin, c'est avec « la lance au large Alixandre » que Largesse lutte contre Avarice.

La « largesse » d'Alexandre était devenue proverbiale dès la fin du douzième siècle. « A partir de la seconde moitié du douzième siècle, » dit M. Paul Meyer, « et jusqu'à la fin du moyen âge, le mérite pour lequel Alexandre est universellement célèbre, ce n'est pas son génie pour les choses de la guerre, — au moyen âge on guerroyait beaucoup, mais la stratégie était une science à peu près perdue, — ce n'est pas même son courage personnel, bien que les éloges ne lui aient pas été ménagés à cet égard, c'est surtout et par dessus tout sa largesse. Alexandre est devenu le type idéal du seigneur féodal, ne cherchant point à amasser pour lui, mais distribuant généreusement à ses hommes les terres et les richesses gagnées avec leur aide, et s'élevant, par eux et avec eux, en honneur et en puissance (1). »

M. Meyer cite des exemples de Chrestien de Troyes, de Gauthier de Châtillon, de Gaucelin Faidit, qui montrent que la libéralité du conquérant macédonien était populaire au temps de ces auteurs, bien qu'il semble établi « qu'Alexandre de Paris a eu la part prépondérante dans la formation du caractère conventionnel d'Alexandre, envisagé comme type de la largesse (2). »

---

(1) P. Meyer, *Alexandre le Grand dans la littérature française au moyen âge*, II, p. 372 et 373.
(2) *Ibid.*, II, p. 374.

Guillaume et Huon considèrent Keu le sénéchal comme le type du médisant, et Gauvain comme le représentant de la courtoisie. J'ai eu déjà l'occasion de citer les vers du Roman de la Rose, où il est question des deux commensaux de la Table Ronde (1). Huon, après avoir dit que

> Gauveins portoit l'escu parti
> De proesce et de cortoisie (T. d'A., v. 1984-1985);

blasonne ainsi les armes de Keu :

> Misire Quieus, li senesciaus,
> Sans fere autre descripcion,
> Ot les armes Detraccion,
> Endentees de felonie,
> A ramposnes de vilenie,
> A .III. tourteaus fez et fourniz
> De ramposnes et de mesdiz,
> Qui trop bien en l'escu avindrent (T. d'A., v. 2008-2015).

Lorsque Courtoisie,

> ..... qui la flor du monde,
> Monseignor Gaugein, afeta,
> Et de sa mamele aleta
> Cligès, Yvein et Lancelot (T. d'A., v. 2340-2343),

eut tué Médit, elle s'empara de son cheval :

> Lors saisi le cheval de pris
> Qui fu Mesdit, par mi la resne,
> Et au heraut, qui se desresne,
> A doné armes et cheval
> Qui furent Keu le seneschal (T. d'A., v. 2346-2350).

Nous savions déjà que Courtoisie

> Le non Gaugain et l'Olivier
> Ot fet en mi son hiaume escrire (T. d'A., v. 1840-1841).

La courtoisie de Gauvain et la médisance de Keu n'étaient pas moins traditionnelles que la largesse d'Alexandre. « Ce qui caractérise Gauvain dans les romans de Chrestien et dans tous les

---

(1) Cf. p. 73-74.

romans en vers qui les ont imités..., c'est, à côté de ses prouesses et de son incomparable maîtrise d'armes, sa sagesse et sa courtoisie. Il est le modèle accompli de toutes les perfections chevaleresques, et par là même, étant passé à l'état de type, il est un peu dépourvu d'individualité (1). »

Keu, au contraire, est le plus souvent représenté comme railleur et médisant autant que fanfaron. « C'est peut-être à Chrestien, » dit encore M. G. Paris, « qu'il faut faire remonter les premiers linéaments de ce portrait peu flatté du sénéchal d'Arthur, qui a fini par être une véritable caricature. Déjà, dans Erec, Keu se montre railleur, mordant pour les autres, vantard pour lui-même, téméraire d'ailleurs et toujours malheureux ; il joue le même rôle dans Ivain, dans la Charrette et dans Perceval. Comme presque toutes les appréciations ou les situations qui se trouvent dans les œuvres de Chrestien, celles-ci sont devenues des lieux communs des poètes subséquents. Dans un grand nombre, comme dans le nôtre, on voit Keu railler insolemment le héros, qui doit en prendre une revanche éclatante, s'empresser de revendiquer pour lui la première aventure qui se présente et n'en rapporter que honte et confusion... Naturellement cet élément de contraste fut insensiblement exagéré ; on en vint à faire de Keu, qui, dans Chrestien, est, malgré ses défauts, un brave et loyal compagnon de la Table ronde, un lâche, un traître, et finalement le plus odieux des scélérats (2). »

Cette opposition entre le caractère du sénéchal et celui de Gauvain a même fourni le sujet d'un ancien poème français, qui est aujourd'hui perdu, mais dont il reste une traduction néerlandaise du treizième siècle (3).

Il est sans intérêt de constater que la conception de l'amour est la même dans le Roman de la Rose et dans le Tournoiement d'Antechrist. Il ne pouvait guère en être autrement, les auteurs étant contemporains.

L'image, employée par Guillaume et Huon, de la flèche d'Amour, qui entre par l'œil pour aller se loger dans le cœur, est un lieu commun. Elle est, d'ailleurs, différemment représentée par les deux poètes. De plus, Huon nous dit qui lui en a fourni le modèle, c'est Chrestien de Troyes, que Guillaume de Lorris connaissait sans doute aussi bien que lui :

---

(1) G. Paris, *Histoire littéraire*, XXX, p 33.
(2) *Ibid.*, XXX, 54 et 55.
(3) *Ibid.*, XXX, 84.

> Mais qui le voir dire en vodroit,
> Chrestiens de Troies dist mieus
> Du cuer navré, du dart, des ieus,
> Que je ne vous porroie dire (T. d'Ant., v. 2600-2603).

L'auteur du Tournoiement fait allusion aux vers 693-859 de Cligès. Or, précisément, M. Foerster, l'éditeur de ce roman, considère, et avec vraisemblance, que Guillaume de Lorris s'est inspiré de ce passage pour les vers 1689-1890 de son poème.

Les vers 1956-64 du roman rappellent aussi deux passages du Tournoiement d'Antechrist :

> Qu'Amors porte le gonfanon
> De Cortoisie et la baniere (R. R., v. 1956-1957).

> Desploier au vent la baniere
> D'Amours, qu'Aliance a partie
> De largesce et de cortoisie (T. d'Ant., v. 1810-1812).

> Et si est de tele maniere,
> Si dous, si frans et si gentis,
> Que quiconques est ententis
> A li servir et honorer,
> Dedans lui ne puet demorer
> Vilonie ne mesprison,
> Ne nule mauvese aprison (R. R., v. 1958-1964).

> Car Amours a si cortois non
> Que, se vileins de lui s'acointe,
> Amours le fet courtois et cointe,
> Et le felon fet franc et douz,
> Et l'orgueilleus met a genouz,
> Et donte les outredoutez (T. d'Ant., v. 1768-1773).

Ce sont là encore des images de Chrestien de Troyes.

Enfin, pour être complet, je ferai une dernière comparaison, qui porte sur l'expression plus que sur la pensée :

> . . . . Quant il scet
> Qu'il doit par nuit faire le guet,
> Il monte le soir as creneaus,
> Et atrempe ses chalemeaus,
> Et ses buisines et ses cors.
> Une hore dit lés et descors,
> Et sonnez dous de controvaille,
> As estives de Cornouaille (R. R., v. 4502-4509).

> La nuit ala et le jor vint,
> Pour enluminer tot le mont,
> Qu'en la tour du chastel a mont,
> En estives de Cornouaille
> Corna la guete... (T. d'Ant., v. 3492-3496.)

Les estives de Cornouaille étaient bien connues ; on les trouve souvent mentionnées dans les poèmes du douzième et du treizième siècle (1).

Ces ressemblances entre les deux poèmes sont assurément curieuses et méritaient d'être signalées, mais comme elles s'expliquent toutes par une influence commune des romans de la Table ronde, je ne crois pas qu'elles puissent autoriser l'importante conclusion que M. G. Paris en a tirée, et servir à déterminer l'âge du Roman de la Rose (2).

Guillaume de Lorris avait certainement lu les romans de Chrestien de Troyes ; à son époque, tout le monde les connaissait. Son poème tout entier révèle l'influence du grand maître en courtoisie, bien que, comme l'a finement remarqué M. G. Paris, son idéal en amour diffère déjà en plus d'un point de celui que représentent les romans plus anciens de la Table ronde (3). Il ne nomme cependant pas une seule fois Chrestien, et les allusions qu'il fait à ses œuvres sont très rares, et trop vagues pour qu'on puisse les rapporter à aucun poème en particulier.

Une première fois il dit que dans le jardin d'Oiseuse, Largesse avait pour ami un chevalier du lignage

> Au bon roi Artus de Bretaigne.
> Ce fu cil qui porta l'enseigne
> De Valor et le gonfanon.
> Encor est il de tel renon
> Que l'en conte de li les contes
> Et devant rois et devant contes (v. 1183-1188).

---

(1)   Plenté d'estrumens y avoit :
      Vieles et salterions,
      Harpes et rotes et canons
      Et estives de Cornouaille (*Cléomadès*, v. 2878-81).

(*Li Rommans de Cléomadès*, par Adenès li Rois, p. p. A. van Hasselt. Bruxelles, 1865-1866, 2 vol. in-8°.)

(2) D'ailleurs, s'il était nécessaire d'admettre que l'un des deux poètes eût imité l'autre, rien n'empêcherait de considérer le Roman de la Rose comme le modèle, et Huon de Méri comme l'imitateur.

(3) *La littérature française au moyen âge*, § 111.

Ce chevalier revenait d'un tournoi où il avait remporté d'éclatantes victoires pour l'amour de son amie (v. 1189-96).

Plus loin, Guillaume rappelle le caractère moqueur et médisant de Keu le sénéchal et la courtoisie de Gauvain (v. 2100-8) (1).

Peut-être faut-il voir aussi une allusion à quelque roman perdu du même cycle dans le passage où notre auteur mentionne le roi d'Angleterre, sous le titre de seigneur de Windsor :

> Uns bachelers jones s'estoit
> Pris a Franchise lez a lez.
> Ne soi comment ert apelez,
> Més beaus estoit se il fust ores
> Filz au seignor de Gundesores (v. 1230-1234).

En dehors de ces allusions, j'ai déjà indiqué plus haut 200 vers de notre roman dans lesquels on reconnaît une imitation du Cligés (2). Ce n'est pas le seul passage inspiré par ce poème. Les vers 2309 et suivants, sur la séparation du corps et du cœur d'un amant, lorsque celui-ci est éloigné de celle qu'il aime, sont certainement imités des vers 5180 et suivants du Cligés. Dans le Cligés encore se trouve déjà le nom de Male-Bouche (v. 5226-30).

C'est, au contraire, le Chevalier au lion qui a fourni à Guillaume l'idée de la clef avec laquelle Amour ferme le cœur de l'amant (3).

L'intervention de dame Raison, ses efforts pour détourner le jeune homme du service d'Amour, rappellent ce passage du Roman de la Charrette :

> Més Raison, qui d'Amors se part,
> Li dit que de monter se gart.
> Si le chastie, si l'enseigne,
> Que riens ne face ne n'empreigne
> Dont il ait honte ne reproche.
> N'est pas el cuer més en la boche
> Reson, qui ce dire li ose.
> Més Amors est el cuer enclose,
> Qui li comande et le semont
> Que tost sor la charete mont.
> Amors le velt, et il i saut... (p. 14, éd. Tarbé).

---

(1) Voyez ci-dessus, p. 85-86.
(2) Page 87.
(3) Dame, vos an portez la clef,
    Et la serre et l'escrin avez
    Ou ma joie est, si nel savez (*Chev. au lion*, v. 4632-34.)

En général, les mêmes idées sur l'amour sont répétées dans les nombreux romans de Chrestien de Troyes et de ses disciples, de sorte qu'il est le plus souvent impossible, lorsqu'on se trouve en présence d'imitations aussi discrètes que celles de Guillaume de Lorris, de préciser à quel poème en particulier elles se rapportent. Je m'abstiendrai par conséquent d'autres rapprochements entre notre roman et ceux du cycle d'Arthur.

Les poèmes que nous venons de passer en revue ne sont pas les seuls que Guillaume de Lorris a eus à sa disposition. En parlant de la fontaine autour de laquelle « Cupido, le fils Vénus, » a fait tendre ses lacs, pour prendre damoiselles et damoiseaux, il dit que plusieurs auteurs en ont parlé en français et en latin :

> Por la graine qui fu semee,
> Fu cele fontaine clamee
> La Fontaine d'Amors par droit,
> Dont plusors ont en maint endroit
> Parlé en romans et en livre (v. 1603-1607).

Malheureusement il semble que les poèmes auxquels Guillaume doit la connaissance de la merveilleuse fontaine sont aujourd'hui perdus. Du moins je n'ai rien trouvé qui répondît à cette allusion.

VIII

CONCLUSION DE LA PREMIÈRE PARTIE.

Des recherches dont je viens d'exposer les résultats, il résulte que si, analysant le Roman de la Rose, on examine à part chacun des éléments dont il est composé : l'esprit dans lequel il a été conçu, sa méthode, son cadre, ses ornements poétiques, ses idées, on reconnaît qu'aucun d'eux n'est original, qu'on les trouve tous épars dans les œuvres antérieures. Mais l'auteur, avec beaucoup d'esprit et de goût, a fait un choix judicieux des matériaux employés par ses devanciers; il les a retravaillés, leur a donné un aspect nouveau, les a fait siens. D'autres ont déjà parlé de la fontaine d'Amour, dit-il, mais je ferai autrement et mieux qu'eux,

> ... ja més n'orrés mieus descrivre
> La verité de la matere
> Com je la vous vodrai retrere (v. 1608-1610).

Disposant ces matériaux avec beaucoup d'habileté, il a su en faire un édifice réellement original dans son ensemble. C'est à ce titre qu'il a pu dire de son roman que

> La matire en est bone et noeve (v. 39).

Grâce à la mesure et au tact dont Guillaume ne s'est jamais départi dans ses emprunts, j'espère que l'examen minutieux auquel j'ai soumis son œuvre ne lui enlèvera rien de son mérite. En serait-il autrement, qu'il resterait toujours à notre poète la finesse et l'exactitude dont il a fait preuve dans l'analyse d'une passion très complexe, la vie et le mouvement qu'il a su donner à ses personnifications, un style clair, souple, élégant et plein de fraîcheur, une chasteté irréprochable dans la pensée et dans l'expression, toutes qualités personnelles qui devraient recommander à la lecture des esprits délicats « un des plus agréables ouvrages du moyen âge, » écrit peut-être par un clerc gentilhomme, destiné sûrement aux cercles brillants et mondains d'une des époques les plus élégantes de notre histoire.

SECONDE PARTIE

I

La seconde partie du Roman de la Rose est moins un Art d'amour qu'un recueil de dissertations sur différents sujets. — Jean de Meun abandonne le plan de Guillaume. — Comment lui est venue l'idée de modifier l'esprit et l'économie du poème. — Comment ses nombreuses digressions se succèdent. — Quelle société représente l'esprit nouveau du roman. — A quelles tendances répond son caractère encyclopédique. — La conception nouvelle du sujet oblige Jean de Meun à puiser à des sources nombreuses. — Difficultés de retrouver ces sources.

La seconde partie du Roman de la Rose est moins un Art d'amour qu'un recueil de dissertations philosophiques, théologiques, scientifiques, de satires contre les femmes, contre les ordres religieux, contre les rois et les grands, d'anecdotes tirées des auteurs anciens ou contemporains, le tout bien ou mal, plutôt mal que bien, groupé autour de l'idée principale : la conquête de la rose. Si étrange que soit cette composition, l'idée de l'avoir rattachée au poème gracieux et mystique de Guillaume de Lorris est encore moins rationnelle. Pour la comprendre, il faut observer, d'une part, que Jean de Meun, lorsqu'il prit la plume, ne se rendait pas compte de l'étendue qu'il donnerait à son œuvre, et, d'autre part, que le cadre du Roman de la Rose était semblable à celui de deux ouvrages pour lesquels Jean de Meun avait une grande estime et qu'il a eus constamment sous la main pendant qu'il écrivait; je veux parler du *De Consolatione Philosophiae* de Boèce et du *De Planctu Naturae* d'Alain de Lille.

Que Jean de Meun se soit mis à l'œuvre sans aucun plan et sans savoir dans quelle voie il s'engageait, il suffit, pour s'en convaincre, de lire quelques pages de son poème. Rien de plus décousu. C'est le discours de ces causeurs bavards et pleins de souvenirs qui commencent un récit sans pouvoir le terminer, détournés à chaque instant de leur sujet par des réminiscences soudaines, qu'ils communiquent aussitôt à leurs auditeurs, greffant anecdotes sur anecdotes, puis revenant à leurs moutons, pour les abandonner de nouveau, dès que l'occasion s'en présentera. Pour cette raison, l'on (1) a justement comparé la seconde partie du Roman de la Rose aux Essais de Montaigne, dont les chapitres parlent de tout, excepté de ce que promettait le titre, dont les digressions s'embarrassent l'une dans l'autre, avec de longues parenthèses, qui donnent le temps d'oublier l'idée principale, et des exemples qui viennent à la suite des raisonnements et ne s'y rapportent pas.

Guillaume de Lorris s'est arrêté au milieu d'un monologue où l'amant exhale ses plaintes sur la captivité de Bel-Accueil, que Jalousie vient d'enfermer dans une tour (v. 4669). Précédemment déjà le jeune homme avait été éloigné de la rose, parce qu'il avait essayé de la cueillir; il s'était mis à pleurer et une dame était venue vers lui et lui avait offert ses consolations; c'était Raison (v. 2983 et suiv.).

L'amant ayant été de nouveau chassé loin de la rose et réduit au désespoir, le continuateur de Guillaume de Lorris recommença ce que celui-ci avait fait dans la même situation, et Raison descendit une seconde fois au secours du jeune homme (v. 4832 et suiv.). Cette intervention rappelait à Jean de Meun celle de la Philosophie venant visiter Boèce dans sa prison, pour le consoler des injustices du roi, et celle de la Nature apparaissant à Alain de Lille, un jour qu'il gémissait sur la perversité de son siècle. Il relut le *De Consolatione* et le *De Planctu*, cherchant à s'aider, pour le discours de Raison, de ceux de Philosophie et de Nature; il y nota des pensées qui pouvaient assez naturellement rentrer dans son sujet, puis d'autres qui s'y appropriaient moins facilement, mais qu'il trouvait bon de mettre à la portée des laïques, incapables de les lire dans le latin (2), et peu à peu fit passer dans son poème la plus grande partie du livre de Boèce et de celui d'Alain.

Raison commence par montrer au jeune homme, comme c'est son devoir, quels sont les inconvénients de l'amour; elle distingue plusieurs sortes d'amour; elle en vient à parler des faux

---

(1) *Histoire littéraire*, XXIII, p. 15.
(2) Voyez vers 5760-5761, cités p. 100.

amis qui s'attachent à la richesse et abandonnent les malheureux ; c'est alors que Jean de Meun se souvient des considérations de Boèce sur la Fortune. Il ouvre son manuscrit de la Consolation, et Raison prêche sur la Fortune pendant plus de deux mille vers (v. 5558-7643). Ce sermon n'est pas entièrement traduit ou paraphrasé de Boèce ; Raison cite Cicéron, Tite-Live, Lucain, Solin, Claudien, Suétone, l'auteur du Polycratique, il fait des emprunts, sans le dire, à Alain de Lille ; mais l'idée de ces digressions, de même que celle des allusions à l'histoire contemporaine, lui est suggérée par quelque pensée ou quelque mot de Boèce. On peut donc considérer ces 2100 vers comme imités directement ou indirectement de la Consolation philosophique.

Si le Roman de la Rose rappelait au souvenir de Jean de Meun le traité de Boèce, il devait lui rappeler plus naturellement encore le *De Planctu Naturae*, dont le cadre est identique, jusque dans l'exécution des détails, à celui de la Consolation, et dont le sujet a de grandes affinités avec celui du poème de Guillaume de Lorris, puisque les plaintes de la Nature ont pour objet le mépris dans lequel sont tombées les lois naturelles de l'amour, et que Alain met en scène, en les personnifiant, les vices qui favorisent la luxure et les vertus qui la combattent. C'est le traité d'Alain qui a fourni le plus de matière à Jean de Meun ; plus de 5000 vers du roman sont traduits, imités ou inspirés du *De Planctu Naturae*.

En lisant le Roman de la Rose avec un peu d'attention, on voit facilement par quelles associations d'idées, souvent même de mots, les nombreuses digressions du poème se sont présentées à l'esprit de l'auteur. Boèce avait dit : « Haec dum tacitus mecum ipse reputarem quaerimoniamque lacrymabilem styli officio designarem, astitisse mihi supra verticem visa est mulier reverendi admodum vultus... (*Cons.*, I, prose 1re). » Et Alain : « Cum hanc elegiam lamentabili modulatione crebrius recenserem, mulier ab impassibilis mundi penitiori dilapsa palatio, ad me maturare videbatur accessum (*De Planctu*, col. 212). » C'est dans les mêmes termes que Jean de Meun introduit la Raison :

> Tant com ainsinc me dementoie
> Des grans dolors que je sentoie... (v. 4832 et suiv.).

Boèce et Alain font un portrait très minutieux de leurs nobles visiteuses. Jean de Meun ne pouvait pas ici les imiter, puisque Raison avait été présentée au lecteur par Guillaume de Lorris.

Tu t'es engagé, dit Raison à l'amant, sous les lois d'un maître que tu ne connais pas, je vais te montrer qui il est :

> Or te demonstrerai sans fable
> Chose qui n'est point demonstrable (v. 4896-97).

« Rem immonstrabilem demonstrabo, inextricabilem extricabo. » (*De Planctu*, col. 455.)

Et Raison récite à l'amant les bizarres litanies sur l'amour débitées par Nature à Alain.

Enchanté de sa tirade, Alain reconnaît cependant qu'elle n'est pas suffisante pour éclairer son interlocuteur sur les vraies fins de l'amour, et juge à propos de lui en donner une explication moins succulente mais plus claire : « Praevia igitur theatralis oratio, joculatoriis evagata lasciviis, tuae puerilitati pro ferculo propinatur, nunc stylus paululum maturior ad praefinitae narrationis propositum revertatur » (col. 456).

De même, quand Raison a fini de parler, l'amant est obligé de lui avouer qu'il n'a rien compris à son discours :

> Dame, fis ge, de ce me vant,
> Ge n'en sai pas plus que devant (v. 4978-79).

Raison lui donne alors une autre définition de l'amour, celle d'André le Chapelain (v. 4993 et suiv.). Elle distingue différentes sortes d'amour : la charité, à propos de laquelle elle cite saint Paul ; l'amour de Dieu, l'amour qui sert à la continuation de l'espèce, car c'est ce mobile, et non le plaisir, qui est la vraie fin de l'amour. Parlant du plaisir, prince de tous les vices, Jean de Meun cite le traité de la Vieillesse, de Cicéron ; de là, nouvelle digression et parallèle entre la vieillesse et la jeunesse, toujours d'après Cicéron (v. 5149 et suiv.). Il y a encore un autre genre d'amour, c'est l'amitié : suit une dissertation tirée du *De Amicitia* (v. 5406 et suiv.). A propos des faux amis, qui s'attachent à l'homme riche et l'abandonnent quand vient la pauvreté, il parle de la déesse Fortune, et montre les inconvénients de la richesse, en traduisant un chapitre de Boèce (v. 5558-5681). Il fait, comme pendant, un tableau de la Pauvreté ; puis revient à la Fortune, dont il décrit la demeure, en copiant 90 vers de l'*Anticlaudianus* d'Alain de Lille.

Rien ne serait plus facile que de suivre ainsi pas à pas la

pensée de Jean de Meun, dans tous ses va et vient, jusqu'à la fin du poème.

Sous ces nombreuses digressions, le continuateur perd de vue le sujet primitif du roman; pour lui, la conquête de la rose n'est plus qu'un prétexte, une transition plus ou moins ingénieuse pour relier entre eux des discours sur différents sujets.

Non seulement le sujet, mais aussi l'esprit du poème change sous la plume de Jean de Meun : « Guillaume ne loue et ne peint que l'amour vrai, et réprouve les « faux amants; » Jean, faisant parler Raison, trouve qu'ils sont seuls avisés, et que les autres sont des niais; Amour défend, dans Guillaume, d'employer des paroles grossières; Jean les justifie et met cyniquement sa théorie en pratique; Amour recommande avant tout, dans le premier poème, de respecter les femmes; elles reçoivent, dans le second, les plus sanglantes insultes qui leur aient jamais été adressées; l'allégorie même de la rose, délicate et gracieuse chez Guillaume, devient platement grossière chez Jean (1). »

Ces différences s'expliquent-elles par la diversité des temps où vécurent les deux poètes? Quarante ans seulement séparent ceux-ci, et bien que le mouvement des esprits ait été très rapide au treizième siècle, la transformation de la société ne correspond pas à celle du poème. La vérité, c'est que les deux sociétés à qui s'adressent les deux parties du Roman de la Rose ne se sont pas succédé, mais à partir d'une certaine époque ont coexisté simultanément. Celle pour qui Guillaume de Lorris avait écrit existait encore lorsque Jean de Meun prit la plume; on la retrouve deux siècles plus tard à la cour de Charles d'Orléans, à celle des ducs de Bourgogne; on la retrouve, au dix-septième siècle, représentée par l'hôtel de Rambouillet et les Précieuses. Le poème de Guillaume aurait donc pu être conçu et composé, tel qu'il est, à la fin du treizième siècle; à plus forte raison Jean de Meun pouvait-il le continuer sans en modifier ni l'esprit ni l'économie. Mais à l'époque de Jean, et depuis plusieurs générations déjà, au-dessous de la société aristocratique, on en voit grandir une autre, jeune, pleine de vitalité, favorisée dans sa croissance par les rois, dont elle sera le plus puissant soutien contre la féodalité laïque ou cléricale. Dans quelques années elle aura sa place aux États généraux. Le parti nouveau, dont il est aisé de suivre le développement depuis ses luttes pour l'affranchissement des communes, enrichi par le commerce et l'industrie,

---

(1) G. Paris, *La littérature française*, p. 113.

enhardi par la faveur du pouvoir central, fort surtout de sa culture intellectuelle, devint bientôt agressif, non seulement dans les conseils des rois, mais aussi dans sa littérature. Avec ses fableaux, ses satires, ses parodies de toutes sortes, il se plaisait à tourner en ridicule tout ce que l'aristocratie avait de plus cher : « Quand Adam bêchait, quand Ève filait, où était le gentilhomme (1) ? » demandait-il déjà au douzième siècle. Ces protestations contre le privilège de la naissance deviennent assez fréquentes au treizième siècle, et les vers dans le genre des suivants ne sont pas rares à cette époque :

> Nus qui bien face n'est vilains,
> Més de vilonie est toz plains
> Hauz hom qui laide vie maine.
> Nus n'est vilains s'il ne vilaine (2).

S'il fallait quelque hardiesse pour écrire de pareils vers, il y avait une autre idole de l'aristocratie qu'il était moins dangereux d'attaquer. La femme est surtout le point de mire des railleries de la littérature bourgeoise. D'ailleurs, le culte dont elle était l'objet dans les classes élevées était tout extérieur ; c'était une forme de la courtoisie, une étiquette du beau monde ; et André le Chapelain lui-même, le jurisconsulte des dilettanti en amour, n'a pas craint de terminer son code de galanterie par une série de chapitres où il affirme que la femme, de sa nature, a tous les vices et qu'elle est, en somme, l'être le moins digne d'être aimé.

Le bourgeois frondeur n'aimait aucun privilège, sous quelque forme qu'il se présentât, même sous l'habit religieux, aussi n'épargnait-il pas plus que les femmes les moines, surtout les mendiants, qui prêtaient si souvent le flanc à la satire.

Tel est l'esprit d'une partie de la littérature au treizième siècle, comprenant les fableaux, le roman de Renart, une foule de poèmes de tous genres, qu'on pourrait grouper sous la dénomination commune de littérature satirique bourgeoise.

A ce groupe appartient la seconde partie du Roman de la Rose, tandis que la première doit être rangée dans la littérature aristocratique. Guillaume de Lorris appartenait, sinon par la naissance, du moins par le caractère, au monde élégant des châteaux ; Jean

---

(1) Wace, *Roman de Rou*, v. 6027.
(2) Cf. *Hist. litt.*, XXIV, p. 236.

Clopinel était du « moyen estat ». Ainsi s'explique la différence d'esprit des deux poèmes (1).

Quant au caractère encyclopédique du second, il est bien conforme au caractère de l'époque où vivait Jean. C'est surtout dans la seconde moitié du treizième siècle que s'accentue en France le mouvement intellectuel, qu'on a souvent considéré comme une renaissance des lettres et des sciences. Alors « l'envie de savoir quelque chose s'empare de l'esprit de l'homme (2) », et ce besoin d'apprendre se constate dans toutes les classes. D'un côté, les grands se font composer en roman ou traduire du latin une quantité de livres d'enseignement ; Jean de Meun lui-même, lorsqu'il aura terminé son poème, traduira le *De re militari* de Végèce, pour Jean de Brienne, comte d'Eu ; les Épîtres d'Abailart et d'Héloïse ; le livre de Giraud de Barri sur les *Merveilles d'Irlande* ; celui d'Aelred sur l'*Amitié spirituelle*, et, pour le roi Philippe le Bel, la Consolation de Philosophie, de Boèce. D'autre part, les fils de l'artisan fréquentent les écoles et puisent dans l'instruction une puissance nouvelle ; c'est pour eux qu'on va fonder les collèges du cardinal le Moine (1302), de Navarre (1305), de Bayeux (1308), de Presles, de la Montaigne (1314), de Narbonne (1317), et une foule d'autres. En même temps, la science cherche à secouer le joug de l'Église et à s'émanciper. Ce que dit à ce propos, pour l'époque dont il s'occupe, l'auteur du *Tableau de la Littérature française au quatorzième siècle* s'applique également à la seconde moitié du siècle précédent : « D'un côté, l'ancien enseignement qui émane du sanctuaire et qui voudrait encore ne parler que latin ; de l'autre

---

(1) Guillaume de Lorris fait dire à Amour :

> Vilonnie fait li vilains,
> Por ce n'est pas drois que je l'ains ;
> Vilains est fel et sans pitié,
> Sans service et sans amitié (v. 2093-2096).

Voyez aussi les vers 2223-2225. Jean de Meun dit, au contraire :

> Car ausinc bien sont amoretes
> Sous bureaus comme sous brunetes (v. 4950-51).

Voir aussi les vers 11629 et suivants.

La Fontaine a dit, dans les mêmes termes que Jean de Meun :

> Sous les cotillons des grisettes
> Peut loger autant de beauté
> Que sous les jupes des coquettes (*Joconde*).

(2) *Histoire littéraire*, XXIV, p. 336.

côté, l'enseignement beaucoup plus nouveau, plus familiarisé avec la langue vulgaire, plus humain, plus accessible, dont les progrès ne remontent guère qu'à deux cents ans, et qui, tout contrarié qu'il est dans sa marche, courbé sous le poids des entraves de l'école, n'en est pas moins destiné à conduire les nations modernes à une puissance et à une grandeur qu'elles ne connaissaient pas (1). »

C'est sous l'impulsion de cette renaissance et de ces tendances régénératrices qu'ont été écrits en langue vulgaire, non seulement des ouvrages spéciaux, comme les traductions de Jean de Meun que j'ai citées plus haut, mais un grand nombre d'encyclopédies, telles que le *Livre de Sidrac*; l'*Image du Monde* (1245), de Gautier de Metz; la *Mappemonde*, d'après Solin, par Pierre; la *Lumière des laïques*, par Pierre de Peckham; la *Petite Philosophie*; le traité de la *Sphere*, par Simon de Compiègne; différents traités sur les *Propriétés des choses*; le *Secret des Secrets*, traduit par Joffroy de Watreford et Servais Copale; le *Trésor* de Brunetto Latino (v. 1265). Les auteurs de ces ouvrages ont voulu communiquer aux laïques une partie de la science des clercs; c'est aussi le but que Jean de Meun s'est proposé; il a fait passer le plus possible, pour l'instruction du grand public, des livres latins dans son roman,

> les sentences qui la gisent,
> Dont grans biens as genz lais feroit
> Qui bien le lor translateroit (v. 5759-61).

Étant donné cette conception nouvelle du sujet, il est facile de prévoir que les sources où Guillaume de Lorris a puisé ne suffiront plus à Jean de Meun. Guillaume ne voulait parler que d'amour, il n'avait pas à chercher son inspiration dans les œuvres où cette passion n'est pas étudiée. Mais ce sujet parut trop peu sérieux à son continuateur, qui se faisait de la mission du poète une plus haute idée. Pour Jean, celui qui écrit ne doit pas se contenter d'amuser ses lecteurs, il doit aussi leur être utile :

> Profit et delectation,
> C'est toute son intention (v. 16179-80).

Plus son livre enseignera de choses, plus il sera profitable; voilà pourquoi Jean parle à peu près de tout, pourquoi il est obligé de recourir aux auteurs les plus divers.

---

(1) *Histoire littéraire*, XXIV, p. 336.

Jean de Meun dit rarement quels sont les livres dont il s'est servi, et quand il les nomme, il est loin de confesser tout ce qu'il leur doit. Par un sentiment de vanité, bien commun encore aujourd'hui, il accumule les citations d'auteurs pour faire parade de son érudition, et, d'autre part, il emprunte à certains ouvrages des chapitres entiers qu'il donne comme étant de lui.

Pour plusieurs raisons il ne m'a pas toujours été possible de restituer aux auteurs, du moins à ceux du moyen âge, tout ce que Jean de Meun leur a pris. L'étude de la littérature latine, à cette époque, n'est pas assez avancée, trop de textes sont encore inédits pour que des ouvrages qu'il a pu avoir entre les mains ne m'aient pas échappé. D'autre part, il est bien probable que certains de ces ouvrages n'existent plus. Pour l'une de ces deux raisons, il est quelques passages du Roman de la Rose qui portent en eux tous les caractères de l'imitation et dont je n'ai pas retrouvé l'original.

Un certain nombre de questions sont traitées de la même façon dans plusieurs des ouvrages connus par Jean de Meun; dans ce cas, si notre auteur ne traduit pas littéralement l'un de ces ouvrages, il n'est pas toujours possible de décider, ce qui d'ailleurs serait d'un intérêt très limité, duquel il s'est servi plus particulièrement. C'est ainsi que, pour citer un exemple, des idées exprimées à la fois dans le Timée, dans le Commentaire de Chalcidius, dans le Songe de Scipion de Macrobe, dans les œuvres d'Alain de Lille, sont reproduites dans le Roman de la Rose, sans qu'on puisse dire que Jean les a prises dans un de ces traités plutôt que dans les autres.

Il en est de même d'une partie des traits que notre auteur s'est plu à décocher contre les femmes. Ce sont des lieux communs qu'on rencontre à chaque instant dans la littérature du moyen âge. « A peu près tous les rhéteurs, » dit M. Hauréau, « et tous les versificateurs du moyen âge, — nous parlons de ceux dont le latin était la langue professionnelle, — ont cru devoir faire quelques déclamations sur les femmes en général. Cela ne les empêchait pas d'être ordinairement convenables à l'égard des femmes en particulier (1). » Le thème de ces déclamations variait peu. Il ne faut donc pas chercher dans tel ouvrage en particulier la source de certains griefs de Jean de Meun contre les femmes; elle est dans la littérature entière.

Enfin, un auteur peut avoir des connaissances qui ne lui sont

---

(1) *Notices et Extraits des Man.*, XXIV, I, 364.

pas personnelles et qu'il ne doit à aucun ouvrage en particulier, de ces connaissances que l'on a acquises soit aux leçons des maîtres, soit dans les conversations journalières, et dont celui qui les possède serait souvent fort embarrassé d'indiquer la provenance.

Malgré ces différents obstacles que j'ai rencontrés dans mes recherches, j'ai pu remonter à la source d'environ 12000 vers sur 17500 dont se compose la partie du roman écrite par Jean. Si l'on tient compte des vers à l'aide desquels l'auteur a reliés entre eux les différents morceaux du poème ; de ceux où il s'est contenté de développer des idées déjà exprimées dans la première partie ; enfin, des passages où il expose ses idées personnelles, on reconnaîtra que bien peu des sources où il a puisé restent encore à trouver.

II

Sources de la seconde partie du Roman de la Rose : Écriture sainte. — Homère. — Pythagore. — Platon et Chalcidius. — Aristote. — Théophraste. — Ptolémée. — Cicéron. — Salluste. — Virgile. — Horace. — Tite-Live. — Ovide. — Lucain. — Suétone. — Juvénal. — Solin. — Caton. — S. Augustin. — Claudien. — Mythographes. — Macrobe. — Boèce. — Justinien. — Valérius. — Geber et Roger Bacon. — Abou-Maschar. — Alhazen. — Abailart et Héloïse. — Jean de Salisbury. — Alain de Lille. — Guillaume le Clerc. — Raoul de Houdan. — Huon de Méri. — André le Chapelain. — Guillaume de Saint-Amour. — Clef d'Amours. — Trouvères. — Légende du Phénix. — Légende de dame Abonde.

Voici, rangés dans l'ordre chronologique, la liste des auteurs ou des ouvrages anonymes qui ont fourni quelque chose à Jean de Meun :

ÉCRITURE SAINTE.

Sous le nom d'*Écriture* ce n'est peut-être pas toujours la Bible que Jean de Meun invoque, comme on serait porté à le croire, du moins, je n'ai pas trouvé dans les livres sacrés les citations annoncées sous ce titre aux vers 17281 (1), 17641 ; et l'Écriture, aux vers 7029, 7035, semble désigner la Consolation de Boèce (2).

(1)   Si redist aillors l'Escripture,
    Que de tout le feminin vice
    Li fondemens est avarice (v. 17281-84).
Ces vers font-ils allusion à cette parole de S. Paul, où il n'est pas question de la femme : « Radix omnium malorum cupiditas ? » (1 Tim., VI, 10).
(2)   Et qui seroit bien cler veans,
    Il verroit que maus est neans,
    Car ainsinc le dit l'Escripture (v. 7033-35).
On trouve dans Amos (VI, 14) : « Qui laetamini in nihilo... » S. Augustin, expliquant les paroles de S. Jean (I, 3) : « Sine ipso factum est nihil », dit : « Peccatum nihil est... » Mais il faut remarquer que les vers qui précèdent et ceux qui suivent les trois que je viens de citer sont tirés d'une page de la Consolation, dans laquelle Boèce dit : « Malum est nihil. »

Les nombreuses citations des Proverbes, de saint Mathieu, de saint Paul, de saint Augustin, faites du vers 12200 au vers 12657, sont empruntées à Guillaume de Saint-Amour. Les autres, qui ont pu être tirées directement de la Bible, sont :

Vers 5059-76........	S. Paul, Col., III, 14 et 1 Cor., XIII, 3.
— 8920-28, 8931-36.	Ecclésiastique, XL, 29.
— 8929-30........	Proverbes, XIX, 7.
— 10668-71........	Ecclésiastique, VII, 29.
— 17267-73........	id., XXV, 22, 23, 26.
— 17582-85........	id., XXV, 30.
— 19084-87........	id., XXVI, 1.
— 17628-33........	Michée, VII, 5.

HOMÈRE.

Le nom d'Homère est deux fois mentionné par Jean de Meun. C'est d'abord la Raison qui dit à l'amant : « Tu as étudié autrefois Homère, mais tu as perdu ton temps, puisque tu as oublié ses enseignements. Sur le seuil du palais de Jupiter, dit Homère, sont deux tonneaux, l'un d'absinthe, l'autre de nectar. La Fortune, suivant son caprice, puise à l'un ou à l'autre pour abreuver les mortels » (v. 7516-7518 ; 7549 et suiv.).

Cette allégorie se trouve dans le chant XXIV de l'Iliade, elle est contée par Achille au vieux Priam, pour le consoler de la mort d'Hector :

Δοιοὶ γάρ τε πίθοι κατακείαται ἐν Διὸς οὔδει
δώρων οἷα δίδωσι, κακῶν, ἕτερος δὲ ἑάων ·
ᾧ μέν κ' ἀμμίξας δώῃ Ζεὺς τερπικέραυνος,
ἄλλοτε μέν τε κακῷ ὅ γε κύρεται, ἄλλοτε δ' ἐσθλῷ ·
ᾧ δέ κε τῶν λυγρῶν δώῃ, λωβητὸν ἔθηκεν,
καί ἑ κακὴ βούβρωστις ἐπὶ χθόνα δῖαν ἐλαύνει,
φοιτᾷ δ' οὔτε θεοῖσι τετιμένος οὔτε βροτοῖσιν (v. 527-533).

Est-ce que Jean de Meun avait lu l'Iliade ? Le vers :

Puis que tu l'as étudié (v. 7517),

même s'il était sincère, ne le prouverait pas. Au moyen âge, il n'existait pas de traduction des œuvres d'Homère, et au treizième siècle, en France, personne n'était capable de comprendre le texte original. A cette époque, ceux qui passaient pour connaître le grec étaient très rares, et ils n'en auraient pu traduire plusieurs lignes de suite sans commettre d'énormes erreurs. Homère n'était connu alors que par un récit de la guerre de Troie, en vers latins, appelé *Homerus latinus*, ou encore *Pindarus Thebanus*, parce qu'il passait pour être une traduction de l'Iliade, faite par le grand poète lyrique.

Si Jean de Meun affirmait simplement qu'il a lu Homère, on serait naturellement porté à croire qu'il parle de l'Homère latin. Mais il cite un passage de l'Iliade, et précisément ce passage ne se trouve pas dans le poème latin. La vérité est que Jean n'a fait ici que traduire et délayer, suivant sa coutume, quelques lignes du traité de la Consolation de Boèce : « Nonne adolescentulus δύο τοὺς πίθους, τὸν μὲν ἕνα κακῶν, τὸν δὲ ἕτερον καλῶν, in Jovis limine jacere didicisti (1) ? » Boèce ne dit pas quel usage Jupiter fait de ces vases; il ne nomme pas Homère. Il semble donc impossible qu'il ait pu fournir à Jean de Meun la citation plus complète du Roman de la Rose, et l'on pourrait croire que notre auteur l'a rencontrée ailleurs, par exemple dans la République de Platon, où elle est entière, et accompagnée du nom d'Homère (2). Mais la Consolation était expliquée dans les écoles; elle était glosée dans les manuscrits, et Jean de Meun a pu trouver dans des commentaires ou des gloses les renseignements que le texte de Boèce ne lui donnait pas, ainsi que la traduction des mots grecs qu'il n'aurait probablement pas su interpréter lui-même.

Pour être convaincu que le traité du philosophe latin est bien ici la source directe du Roman de la Rose, il suffit de considérer comment la citation d'Homère est amenée dans les deux compositions. Dans l'une, la Fortune rappelle à Boèce combien elle est inconstante; elle en prend à témoin les revers de Crésus, roi de Lydie, et ceux de Paul-Émile, le vainqueur de Persée, revers qui s'expliquent par l'existence des deux tonneaux (3). Dans l'autre, la

---

(1) *De Cons.*, II, pr. 2.

(2) Liv. II, § 379.

(3) An tu mores ignorabas meos? Nesciebas Croesum, regem Lydorum, Cyro paulo ante formidabilem, mox deinde miserandum, rogi flammis traditum, misso coelitus imbre defensum? Num te praeterit Paulum Persae regis a se capti calamitatibus pias impendisse lacrimas? Quid tragoediarum clamor aliud deflet, nisi indiscreto ictu Fortunam felicia regna vertentem? Nonne adolescentulus..., etc. (*De Cons.*, II, pr. 2). Le reproche que Raison fait à l'amant d'avoir perdu son temps à étudier Homère, puisqu'il l'a

Raison rappelle à l'amant, c'est-à-dire à Jean de Meun, combien la Fortune est inconstante, témoin Néron, Crésus, roi de Lydie, Mainfroi, Charles d'Anjou, dont les revers s'expliquent par l'existence des deux tonneaux.

Je montrerai, d'ailleurs, dans un des paragraphes suivants, quels emprunts Jean de Meun a faits pour le Roman de la Rose à la Consolation de Boèce, dont il devait donner plus tard une traduction.

Plus loin, le nom d'Homère revient de nouveau sous la plume de Jean (v. 14560), mais le nom seulement. D'ailleurs, cette fois encore, notre poète l'a trouvé dans un ouvrage latin qu'il imite, le *De Arte amandi* d'Ovide (II, 279-280) (1).

PYTHAGORE.

Jean de Meun cite les *Vers dorés*, attribués à Pythagore, mais, quoi qu'il en dise, il n'a jamais lu ce poème ; c'est dans le commentaire de Chalcidius sur le Timée de Platon qu'il a trouvé, traduits en latin, avec un contresens (2), les deux vers qu'il a reproduits. La comparaison du passage dans les trois langues ne peut laisser aucun doute sur ce point.

> Pythagoras redit neïs,
> Se tu son livre onques veïs
> Que l'en apelle Vers dorés,
> Por les diz du livre honorés :
> Quant tu du cors departiras,
> Tous frans ou saint ciel t'en iras,
> Et lesseras humanité
> Vivans en pure deïté (v. 5746-53).

ἢν δ' ἀπολείψας σῶμα ἐς αἰθέρ' ἐλεύθερον ἔλθῃς,
ἔσσεαι ἀθάνατος, θεὸς ἄμβροτος, οὐκ ἔτι θνητός (v. 70-71) (3).

depuis oublié, paraît bien inspiré par l'interrogation de Philosophie à Boèce : *Nonne adolescentibus... didicisti ?*

> D'autre part, je tiens a grant honte,
> Puis que tu sés que letre monte,
> Et que estudier te convient,
> Quant il d'Omer ne te souvient,
> Puis que tu l'as estudié ;
> Més tu l'as, ce semble, oblie.
> Et n'est ce poinc vaine et vuide ? (v. 7513-19).

(1) Voyez ci-dessous, p. 124.
(2) Chalcidius traduit ἐς αἰθέρ' ἐλεύθερον comme ἐς αἰθέρ' ἐλεύθερος.
(3) *Fragmenta philosophorum graecorum* (édit. Didot, 2 vol. in-4°, 1860-1867), t. I, p. 199.

Pythagoras etiam in suis aureis versibus :

> Corpore deposito cum liber ad aethera perges,
> Evades hominem, factus Deus aetheris almi.

PLATON ET CHALCIDIUS.

Bien que l'esprit de Platon, dit Jean de Meun, n'ait jamais pu s'élever jusqu'à la vérité que le Christ devait plus tard révéler au monde, c'est pourtant celui des philosophes anciens

> Qui mieus de Dieu parler osa (v. 2047-59).

Ce jugement ne laisse pas d'être curieux pour l'époque où il a été émis.

Notre auteur, comme ses contemporains, ne connaissait du philosophe que le Timée, ou, plus exactement, la traduction du Timée par Chalcidius. Bien qu'il n'ait pas laissé échapper une seule fois de sa plume le nom de Chalcidius, il lui doit certainement tout ce que dans son poème il place sous le patronage de Platon. Il suffit, pour s'en convaincre, de rapprocher de ses citations les passages correspondants du texte grec et de la version latine. En voici un exemple :

> ...Platons dist, c'est chose voire,
> Que plus tenable est la memoire
> De ce qu'on aprent en enfance (v. 13830-32).

Ὡς δή τοι, τὸ λεγόμενον, τὰ παίδων μαθήματα θαυμαστὸν ἔχει τι μνημεῖον (*Timée,* éd. Didot, p. 203, l. 4).

« Certusque illud expertus sum, tenaciorem fere memoriam rerum quae in prima discuntur aetate » (Chalcidius, éd. Fabr.).

Un autre passage (v. 19995-20050) plus long, et par conséquent plus décisif, soumis au même examen, donne le même résultat ; c'est celui où Jean de Meun reproduit littéralement ces lignes de Chalcidius : « Dii deorum, quorum opifex idemque pater ego, opera siquidem vos mea estis, dissolubilia quidem natura, me tamen ita volente indissolubilia. Omne siquidem quod junctum est natura dissolubile est. At vero quod bona ratione junctum atque modulatum est, dissolvi velle non est Dei. Quapropter quia facti generatique estis, immortales quidem nequaquam nec omnimodo indissolubiles, nec tamen unquam dissolvemini, nec mortis necessitatem subibitis, quia voluntas mea major est nexus et vegetatior ad aeternitatis custodiam quam illi nexus, vestra coagmentata atque vitales, ex quibus aeternitas composita est» (p. 250).

Dans les exemples précédents, Jean de Meun se contente de dire qu'il reproduit la pensée de Platon, sans donner le nom de l'ouvrage où elle est exprimée; dans l'exemple qui suit, il cite le Timée :

> ... Platons disoit en s'escole
> Que donee nous fu parole
> Por faire nos voloirs entendre,
> Por enseignier et por aprendre.
> Ceste sentence ci rimee
> Troveras escrite en Thimee
> De Platon... (v. 7844-50).

Ces vers peuvent être rapprochés de deux passages seulement du texte grec, et ils ne rendent exactement ni l'un ni l'autre :

Φωνῆς τε δὴ καὶ ἀκοῆς πέρι πάλιν ὁ αὐτὸς λόγος, ἐπὶ ταὐτὰ τῶν αὐτῶν ἕνεκα παρὰ θεῶν δεδωρῆσθαι, λόγος τε γὰρ ἐπ' αὐτὰ ταῦτα τέτακται, τὴν μεγίστην ξυμβαλλόμενος εἰς αὐτὰ μοῖραν... (Ed. Didot, p. 216, l. 26, 27).
... Ἀναγκαῖον μὲν γὰρ πᾶν ὅσον εἰσέρχεται τροφὴν διδὸν τῷ σώματι, τὸ δὲ λόγων νᾶμα ἔξω ῥέον καὶ ὑπηρετοῦν φρονήσει κάλλιστον καὶ ἄριστον πάντων ναμάτων (Ibid., p. 237, l. 16-19).

Cette dernière phrase n'est pas comprise dans la traduction de Chalcidius, qui s'arrête à la page 220, ligne 41, de l'édition Didot. La première y est ainsi rendue :

« Eadem vocis quoque et auditus ratio est, ad eosdem usus atque ad plenam vitae hominum instructionem datorum. Siquidem propterea sermonis est ordinata communicatio ut praesto forent mutuae voluntatis indicia (Éd. Fabr., p. 258).

C'est à ces lignes évidemment que notre auteur a fait allusion, bien qu'il ait connu un autre ouvrage de Chalcidius, son Commentaire sur le Timée, où la même pensée est reproduite : « Est enim oratio interpres animo conceptae rationis » (Éd. Fabr., p. 316).

J'ai montré déjà que deux vers de Pythagore, cités dans le Roman de la Rose (v. 5746-5753), ont été pris dans ce commentaire (1); voici d'autres emprunts faits au même ouvrage. Jean dit, en parlant de l'homme :

> Il a quanque l'en puet penser,
> C'est uns petis mondes noveaus (v. 19984-85).

On lit dans le Commentaire : « Est igitur in corporibus nostris aquae portio et item aeris necnon ignis et terrae. Unde opinor hominem mundum brevem a veteribus appellatum nec immerito. » (Éd. Fabr., p. 351) (2).

Plus loin, Chalcidius, faisant allusion à un passage du Phèdre, dit : « Sequuntur ergo Deum proprium singula et, ut ait Plato, regem imperatoremque coeli... » (Éd. Fabr., p. 344).

Jean dit de même que Dieu,

> C'est li rois, c'est li empereres (v. 20009).

ARISTOTE.

Relativement à l'époque et au milieu où il vivait, aux sujets multiples qu'il traitait, Jean de Meun n'a pas fait grand usage des écrits d'Aristote : il ne les cite que trois fois, et encore sa première citation (v. 9692-9705) est-elle empruntée à Boèce, comme il le reconnaît d'ailleurs lui-même. C'est la traduction de cette phrase de la Consolation philosophique : « Quod si, ut Aristoteles ait, Lyncei oculis homines uterentur, ut eorum visus obstantia penetraret, nonne introspectis visceribus illud Alcibiadis superficie pulcherrimum corpus turpissimum videretur (3) ?

Les deux autres citations se réfèrent à la *Météorologie*; l'une est relative aux arcs-en-ciel,

> Dont nus ne set, s'il n'est bon mestre,
> Por tenir des regars escole,
> Comment li solaus les piole,
> Quantes colors il ont, ne queles,
> Ne porquoi tant, ne porquoi teles,
> Ne la cause de lor figure.
> Il li convendroit prendre cure
> D'estre desciples Aristote (v. 18959-66).

---

(1) Page 106.
(2) Voir la fin du paragraphe relatif à Alain de Lille.
(3) Boèce, liv. III, prose 8. L'ouvrage d'Aristote dont cette pensée est tirée ne nous est pas parvenu.

C'est une allusion au livre III de la Météorologie.

L'autre citation est le récit d'un phénomène de réfraction visuelle, raconté au livre III, IV, 3 du même traité :

> Aristotes neïs tesmoigne,
> Qui bien sot de ceste besoigne,
> Car toute science avoit chiere :
> Uns hons, ce dist, malades iere,
> Si li avoit la maladie
> Sa veüe moult afoiblie,
> Et li airs iert oscurs et trobles,
> Et dit que par ces raisons dobles,
> Vit il en l'air de place en place
> Aler par devant soi sa face (v. 19132-41).

Le Roman de la Rose ne paraît pas devoir autre chose au philosophe grec.

THÉOPHRASTE.

C'est à Théophraste que Jean de Meun a pris ses traits les plus satiriques contre le mariage. Il ne s'en cache pas ; au contraire, il laisserait volontiers croire qu'il a lu l'ouvrage dont il donne le titre, et qu'il est utile, ajoute-t-il, d'étudier à l'école :

> En son noble livre Aureole,
> Qui bien fait a lire en escole (v. 9316-17).

Malheureusement, ni Jean ni ses contemporains n'ont jamais vu ce livre, qui était perdu déjà depuis bien des siècles. Il n'en reste qu'une page, traduite en latin, qui nous a été conservée par saint Jérôme (1), et que Jean de Salisbury a reproduite dans le *Polycraticus* (2). C'est dans ce dernier ouvrage que Jean de Meun, quoiqu'il ne le dise pas, l'a copiée (v. 9310-57, 9412-37).

PTOLÉMÉE.

J'ai vainement cherché dans les œuvres de Ptolémée les trois passages cités sous son nom dans le Roman de la Rose (vers 7781-85, 14576-79, 19502-509), je n'en ai trouvé aucun. Jean de

---

(1) *Adversus Jovinianum*, I, 47. Saint Jérôme appelle le livre de Théophraste : *Aureolus liber de Nuptiis*.

(2) *Polycraticus*, VIII, 11.

Meun affirme que sa première citation est tirée du commencement de l'Almageste :

> Langue doit estre refrenee,
> Car nous lisons de Tholomee
> Une parole moult honeste,
> Au comencier de s'Almageste :
> Que sages est cis qui met paine
> A ce que sa langue refraine,
> Fors, sans plus, quant de Dieu parole (v. 7780-86).

Les traductions latines de l'Almageste dont on se servait au moyen âge ont été faites sur un texte arabe, elles s'éloignent par conséquent assez de l'original. On peut, à la rigueur, supposer que dans l'une d'elles se trouve la phrase traduite par Jean de Meun ; elle gloserait celle-ci du texte grec : αὐτοὶ τοσαύτην προσθήκην συνεισενεγκεῖν, ὅσην σχεδὸν ὁ προγεγονὼς ἀπ' ἐκείνων χρόνος μέχρι τοῦ καθ' ἡμᾶς δύναιτ' ἂν περιποιῆσαι .. (1). Mais il est plus probable que Jean de Meun a été trompé par sa mémoire, ou que son manuscrit de l'Almageste avait un prologue dans lequel il a trouvé la sentence qu'il rapporte.

Quant aux deux autres citations, il ne m'a pas été possible de retrouver l'ouvrage d'où elles sont tirées. Il est très vraisemblable que notre auteur les attribuait aussi à l'Almageste.

CICÉRON.

Trois ouvrages de Cicéron : *De Senectute*, *De Amicitia* et *De Inventione rhetorica*, ont été mis à contribution par Jean de Meun.

Le premier de ces traités lui a inspiré une digression sur la jeunesse et la vieillesse. Jean ayant dit que le principe de l'amour est la génération et non pas le plaisir, ajoute que ce dernier sentiment est le prince de tous les vices, la racine de tous les maux,

> Si com Tulles le determine,
> Ou livre qu'il fist de Vieillesse,
> Qu'il loe et vant plus que Jonesse (v. 5151-3) (2).

---

(1) « Nous entreprendrons de les présenter avec la brièveté dont cette matière est susceptible et d'une manière facile à saisir par ceux qui déjà y sont initiés. » Édit. et trad. Halma, Prohème (*Composition mathématique de Claude Ptolémée* (Paris, 1813, 2 vol. in-4°).

(2) C'est au chapitre XXXIX (Éd. J. Sommerbrodt) que Cicéron énumère les suites funestes des plaisirs des sens.

Partant de cette citation, il établit un parallèle entre les deux âges. A l'exemple de l'auteur latin, il représente les jeunes gens comme les esclaves de leurs passions ; il reproche même, très hardiment, à ceux de son siècle, une faute que les Romains ne connaissaient pas : l'abandon à la porte d'un couvent de la liberté qu'ils ont reçue de la nature (v. 5165 et suiv.). Mais tandis que Cicéron peint la vieillesse avec les couleurs les plus gaies, Jean de Meun en fait un sombre tableau :

> Travail et Dolor la herbergent...(v. 5244).

Les deux philosophes pourtant ne sont pas en contradiction. L'un, quelque peu idéaliste, ne parle que des vieillards qui, pendant leur jeune âge, ont su résister aux passions et, par l'accomplissement de leurs devoirs, éviter les remords tardifs de la conscience et acquérir l'estime de tous (1). Il semble même oublier que l'indigence et les infirmités corporelles ne sont pas toujours des effets de la volonté mal appliquée. L'autre, plus positif, plus vrai, plus humain, considère la majorité des cas, et envisage la vie telle qu'elle est dans la réalité.

Jean connaissait aussi très bien le *De Amicitia*. Sa dissertation sur l'amitié abonde en réminiscences de ce traité. Il cite d'ailleurs une fois Cicéron, mais il lui doit plus que cette mention ne semble le dire. On le constatera facilement en jetant les yeux sur le tableau suivant, où sont placés en regard du texte latin les vers français qui expriment les mêmes idées. Si l'on compare ensuite le passage tout entier du Roman de la Rose au *De Amicitia*, on reconnaîtra que Jean, qui ne suit pas le plan de Cicéron, qui laisse de côté un certain nombre de ses arguments, qui en développe d'autres, n'a pas fait ici œuvre de plagiaire, mais s'est souvenu d'un livre qu'il avait dans la mémoire plutôt que sous les yeux :

Amitié est nommee l'une :	Est enim amicitia nihil aliud
C'est bonne volenté commune	nisi omnium divinarum humana-
De gens entr'eus sans descordance,	rumque rerum cum benevolentia
Selon la Dieu benivoillance ;	et caritate consensio.
Et soit entr'eus communité	(Ch. VI.)
De tous lors biens en charité.	
(v. 5406-11.)	

(1) Sed in omni ratione mementote eam me senectutem laudare quae fondamentis adulescentiae constituta sit. Ex quo efficitur id quod ego magno quondam cum assensu omnium dixi miseram esse senectutem quae se oratione defenderet (ch. LXII).

Ne soit l'un d'aidier l'autre lent. (v. 5414.)	... ne exspectemus quidem, dum rogemur. Studium semper adsit, cunctatio absit. . (Ch. XIII.)
Et loiaus, car riens ne vaudroit Li sens ou loiauté faudroit. (v. 5416-17.)	.. nisi in bonis amicitiam esse non posse... (Ch. V.) ... nec sine virtute amicitia esse ullo pacto potest... (Ch. VI.)
Que l'un quanqu'il ose penser Puisse a son ami recenser Com a soi seul seurement, Sans soupçon d'encusement. (v. 5418-21.)	Quid dulcius quam habere quicum omnia audeas sic loqui ut tecum? (Ch. VI.)
Teus mors avoir doivent et seulent Qui parfetement amer veulent. (v. 5422-23.)	Dispares enim mores disparia studia sequuntur, quorum dissimilitudo dissociat amicitias. (Ch. XX.)
Ne puet estre homs si amiables, S'il n'est si fers et si estables Que por Fortune ne se mueve. (v. 5424-26.)	Sunt igitur firmi et stabiles et constantes eligendi. (Ch. XVII.)
Et de son duel la moitié porte, Et de quanqu'il puet le conforte, Et de la joie a sa partie, Se l'amor est a droit partie. (v. 5464-67.)	Qui esset tantus fructus in prosperis rebus, nisi haberes qui illis aeque ac tu ipse gauderet? Adversas vero ferre difficile esset sine eo qui illas gravius etiam quam tu ferret. (Ch. VI.) Et secundas res splendidiores facit amicitia et adversas partiens communicansque leviores. (Ch. VI.)
Par la loi de ceste amitié, Dit Tulles, dans un sien ditié, Que bien devons faire requeste A nos amis, s'ele est honeste; Et lor requeste refaison, S'ele contient droit et raison. (v. 5468-73.)	Haec igitur lex in amicitia sanciatur ut neque rogemus res turpes nec faciamus rogati. (Ch. XII.) Haec igitur prima lex amicitiae sanciatur ut ab amicis honesta petamus, amicorum causa honesta faciamus. (Ch. XIII.)
Fors en deus cas qu'il en excepte S'en les voloit a mort livrer,	Sit inter eos omnium rerum, consiliorum, voluntatum, sine ulla

Penser devons d'eus delivrer ;
Se l'en assaut lor renomee,
Gardons que ne soit diffamee.
En ces deus cas les loist defendre,
Sans droit et sans raison atendre :
Tant com amor puet escuser,
Ce ne doit nus homs refuser.
(v. 5475-83.)

exceptione communitas, ut etiam
si qua fortuna acciderit, ut minus
justae amicorum voluntates adju-
vandae sint, in quibus eorum aut
caput agatur aut fama, declinan-
dum de via est, modo ne summa
turpitudo sequatur.
(Ch. XVII)

D'une autre amor te vueil retraire,
Qui est a bonne amor contraire,
Et forment refait a blasmer ;
C'est fainte volenté d'amer
En cuer malade du meshaing
De convoitise, de gaaing.
(v. 5490-95.)

Mihi quidem videntur qui utili-
tatum causa fingunt amicitias ama-
bilissimum nodum amicitiae tol-
lere.
(Ch. XIV.)

Ceste amor est en tel balance,
Si tost com el pert l'esperance
Du proufit qu'ele vuet ataindre,
Faillir li convient et estaindre.
(v. 5496-99)
C'est l'amor qui vient de Fortune,
Qui s'esclipse comme la lune.
(v. 5504-5.)

Coluntur tamen simulatione,
dumtaxat ad tempus. Quod si forte,
ut fit plerumque, ceciderunt, tum
intellegitur quam fuerint inopes
amicorum.
(Ch. XV.)

Car ne puet bien estre amoreus
Cuers qui n'aime les gens por eus;
Ains se faint et les vet flatant
Por le proufit qu'il en atent.
(v. 5500-3.)

Nam utilitates quidem etiam ab
iis percipiuntur saepe qui simulatione amicitiae coluntur et obser-
vantur temporis causa.
(Ch. VIII.)
Habendum est nullam in amici-
tiis pestem esse majorem quam
adulationem, blanditiam, adsenta-
tionem. (Ch. XXV.)

Vingt pages plus loin, Jean de Meun rappelle de nouveau une phrase du *De Amicitia* :

Neïs Tulles, qui mist grant cure
En cerchier secrés d'escripture,
Ne pot tant son engin desbatre
C'onc plus de trois pere ou de quatre,
De tous les siecles trespassés,
Puis que cis mons fu compassés,

> De si fines amors trovast ;
> Si croi que mains en esprovast
> De ceus qui a son tens vivoient,
> Qui si ami de bouche estoient (v. 6128-37).

Vers le milieu du douzième siècle, Aelred, abbé du monastère cistercien de Rieval, en Angleterre, écrivit, sous le titre : *De Spirituali Amicitia*, un traité qui n'est autre que celui de Cicéron, modernisé et arrangé à l'usage des chrétiens. Les idées, souvent même les propres expressions du philosophe latin, y sont reproduites, mais les exemples et les citations puisés dans l'histoire de l'antiquité grecque ou romaine sont remplacés par des exemples et des citations extraits de l'Écriture sainte.

Or, Jean de Meun a connu le *De Spirituali Amicitia*, il en a même fait une traduction française, aujourd'hui perdue. Dès lors, on peut se demander s'il a aussi connu le *De Amicitia*, ou s'il n'a pas plutôt emprunté les mentions qu'il en fait à l'ouvrage d'Aelred, de même qu'il a cité Homère et Aristote d'après la Consolation de Boèce. Mais si plusieurs des passages imités ou cités dans le Roman de la Rose se trouvent à la fois dans le *De Amicitia* et le *De Spirituali Amicitia*, il en est d'autres qui ne sont pas dans ce dernier traité et que Jean de Meun a dû prendre directement dans celui de Cicéron.

Au *De Inventione rhetorica*, le Roman de la Rose ne doit qu'une petite anecdote (v. 17121-33), celle de Zeuxis, prenant pour modèle d'une statue les cinq plus belles jeunes filles qu'il put trouver,

> Si com Tulles le nous remembre,
> Ou livre de sa Retorique,
> Qui moult est science autentique (v. 17131-33)

SALLUSTE.

Comme s'il prévoyait les attaques auxquelles son livre devait être plus tard en butte, notre auteur s'excuse d'avoir employé quelques expressions

> Semblant trop baudes ou trop foles (v. 16100),

il en rejette la faute sur son sujet, et invoque pour sa défense l'autorité de Salluste, dont il traduit (v. 16115-30) cette phrase de la Conjuration de Catilina : « Ac mihi quidem, tametsi haudquaquam par gloria sequitur scriptorem et auctorem rerum, tamen in primis arduum videtur res gestas scribere; primum quod facta dictis exaequanda sunt... (1). »

VIRGILE.

Jean de Meun connaissait bien Virgile et l'appréciait justement, en le considérant comme un maître dans la connaissance du cœur féminin :

> Virgiles meïsmes tesmoingne,
> Qui moult congnut de lor besoingne,
> Que ja fame n'iert tant estable
> Qu'el ne soit diverse et muable (v. 17262-65).

Plus loin, à propos des vers de la première Géorgique consacrés au récit de l'invention des arts, il fait cette remarque curieuse, que Virgile s'est inspiré d'un ouvrage grec :

> Car es livres gregois trova
> Comment Jupiter se prova (21049-50).

Le passage est, en effet, une imitation d'Hésiode (2).

Dans les vers sybillins de la quatrième églogue, où Virgile chante la naissance d'un enfant qui doit ramener l'âge d'or sur la terre, Jean de Meun, comme tous ses contemporains, comme Dante lui-même, a vu une prédiction de l'avènement prochain du Christ. C'est là une interprétation très ancienne, née chez les premiers auteurs apologétiques, admise par la plupart des pères de l'Église, et sortie bientôt de la littérature ecclésiastique pour faire partie des croyances populaires (3). Au moyen âge, Virgile était rangé par tous, clercs ou laïques, au nombre des prophètes qui ont annoncé la venue du Messie; aujourd'hui, cette croyance n'a pas encore complètement disparu.

---

(1) *De Catilinae conjuratione*, ch. III. — Cette phrase a été reproduite par Aulu-Gelle (*N. A.*, IV, 15), mais il n'y a aucune raison de supposer que Jean de Meun l'ait prise dans les *Nuits attiques* plutôt que dans le livre même de Salluste.

(2) Ἔργα καὶ Ἥμερα, v. 42 et suiv.

(3) Cf. D. Comparetti, *Virgilio nel medio evo*, I, 133, et II, 81 et suiv. (Livourne, 1872, 2 vol. in-8°).

Jean de Meun nomme six fois Virgile, traduisant ou paraphrasant de lui les vers suivants :

Bucoliques, III, 92, 93...	Roman de la Rose,	v. 17523-53.
— IV, 7-9......	id.,	v. 20101-108.
— IX, 69......	id.,	v. 22325-34.
Géorgiques, I, 125-146...	id.,	v. 21047-112.
Énéide, IV, 569, 570	id.,	v. 17262-65.
— VI, 563.........	id.,	v. 9757-61.

Il lui a fait d'autres emprunts, sans le nommer :

C'est d'après le quatrième chant de l'Énéide qu'il raconte la perfidie d'Énée à l'égard de Didon et la mort de la malheureuse reine de Carthage (v. 14115-51).

Les vers 14409-15 font allusion à la mort de Palinure, racontée à la fin du cinquième chant du même poème.

Deux fois Jean de Meun rappelle la lutte d'Hercule contre Cacus (v. 16509-24, 22630-41), qu'il connaissait évidemment par le huitième chant de l'Énéide, bien qu'il ne le dise pas. Ovide et Properce ont aussi raconté la mort du fameux brigand du Palatin, mais le rôle que Jean de Meun fait jouer à la Peur dans la défaite de Cacus ne peut se rapporter qu'au récit de Virgile, et en particulier à ces vers :

> Tum primum nostri Cacum videre timentem
> Turbatumque oculis : fugit ilicet otior Euro
> Speluncamque petit ; pedibus timor addidit alas (v. 222-24).

D'ailleurs, certains vers du roman sont littéralement traduits de Virgile :

> D'Ercules vous peust membrer,
> Quant il volt Cacus desmembrer.
> Trois fois a la porte assailli,
> Trois fois hurta, trois fois failli,
> Trois fois s'assist en la valee
> Tout las, pour avoir s'alenee,
> Tant ot soffert paine et travail (v. 22630-36).

> . . . . ter saxea tentat
> Limina nequidquam, ter fessus valle resedit (En., VIII, 231, 2).

HORACE.

Jean de Meun aime à jeter, çà et là, dans ses pages, quelque sentence tirée des œuvres d'Horace. Il ne manque jamais de citer son auteur (1), qu'il connaît bien, et sur qui il a porté ce jugement, dont un critique a déjà remarqué la justesse (2) :

> . . . . Oraces,
> Qui tant ot de sens et de graces (v. 6470-71).

Il a traduit les vers suivants :

Roman de la Rose, v. 6470-6474...	Satire, I, II, 24.
— v. 10297-10304.	Épître, I, XVI, 60-62.
— v. 14864-14875.	Satire, I, III, 107-108 (3).
— v. 14964-14969.	Épître, I, X, 24.
— v. 16178-16180.	Épître, II, III, 333.
— v. 19512-19521.	Épître, I, XVIII, 86-87.

Il est à remarquer que toutes ces citations se rapportent aux Épîtres et aux Satires, et que Jean de Meun ne fait aucune allusion aux Odes.

TITE-LIVE.

Environ cent vers du Roman de la Rose sont empruntés aux Annales de Tite-Live. Le récit de la mort de Virginie (v. 6324-93) est tiré du troisième livre de la première décade (4). Il est probable que cette imitation est faite de mémoire, car Jean commet une inexactitude, en disant que Virginius a coupé la tête à sa fille :

> A sa belle fille Virgine
> Tantost a la teste copee,
> Et puis au juge presentee,
> Devant tous, en plain consistoire (v. 6371-74).

Tite-Live dit : « Pectus deinde puellae transfigit respectansque ad tribunal : Te, inquit, Appi, tuumque caput sanguine hoc consecro » (ch. 48).

---

(1) Une fois, pourtant, il se contente de dire : Si come tesmoigne la letre (v. 16178).
(2) D. Nisard, Hist. de la littérature française, I, p. 122 (1ʳᵉ edit.).
(3) La même idée est exprimée dans l'ode IV, IX, 25.
(4) Chap. 44-58.

C'est aussi d'après Tite-Live que Jean raconte la mort de Lucrèce (v. 9361-9403) (1).

Enfin, il cite l'historien latin parmi les auteurs qui ont eu sur les femmes des appréciations peu flatteuses :

> Et ce dist Titus Livius,
> Qui bien congnut queus sont li us
> Des fames, et queus les manieres,
> Que vers lor meurs nules prieres
> Ne valent tant come blandices,
> Tant sont decevables et nices,
> Et de flechissable nature (v. 17274-80).

OVIDE.

« Ovide fut un des poètes les plus goûtés au moyen âge (2). » Parmi ses ouvrages « il en est deux surtout qui non seulement ont été sans cesse lus et commentés dans les écoles, mais encore ont pénétré dans la littérature vulgaire; c'est l'Art d'aimer et les Métamorphoses (3). » Ces deux poèmes, et aussi, mais dans une proportion bien plus faible, les Remèdes d'amour, les Héroïdes, les Élégies, n'ont pas fourni moins de deux mille vers à Jean de Meun. En voici la liste :

Roman de la Rose, v.	8197-8202.	Art d'aimer, I, v.	443-444.
—	8203-8236.	—	659-652.
—	8342-8347.	—	719-720.
—	8400-8409.	—	707-710.
—	8420-8457.	—	663-678.
—	8458-8467.	—	715-716.
—	8534-8545.	—	149-155.
—	9776-9777.	—	99.
—	14066-14079	—	632-636.
—	8470-8487.	Art d'aimer, II, v.	190-202.
—	8518-8527.	—	203-208.
—	8530-8533.	—	211.
—	8951-8996.	—	261-270.
—	9013-9016.	—	13.

(1) Tite-Live, I, ch. 58 et suiv.
(2) G. Paris, *Histoire littéraire*, XXIX, p. 455.
(3) *Ibid.*, p. 456.

Roman de la Rose, v.	9061-9087.	Art d'aimer, II, v.	111-122, 143-144.
—	9088-9105.	—	273-276.
—	10435-10471.	—	539-546, 557.
—	10514-10521.	—	167-168.
—	10526-10539.	—	391-394.
—	10540-10553.	—	373-378.
—	10554-10565.	—	409-414.
—	10600-10615.	—	631-639.
—	10616-10641.	—	319-336.
—	14542-14551.	—	396.
—	14560-14561.	—	279-280 (1).
—	14787-14815 / 18997-19064	—	561-592.
—	15104-15145.	—	557-596.
—	15238-15249.	—	725-729.
—	15340-15353.	—	99-107.
—	22446-22449	—	667.
—	8237-8262.	Art d'aimer, III, v.	483-498.
—	13694-13797.	—	57-75.
—	13731-13737.	—	618.
—	14049-14063.	—	591-592.
—	14115-14213.	—	31-40.
—	14190-14245.	—	163-166.
—	14246-14253.	—	199-231.
—	14260-14314.	—	271-292.
—	14324-14325.	—	553 (2).
—	14328-14335.	—	751-752.
—	14349-14352.	—	755-756.
—	14390-14415.	—	765-768.
—	14416-14439.	—	59-88.
—	14458-14469.	—	387-432.
—	14470-14515.	—	298-310.
—	14515-14522.	—	133-134.
—	14523-14541.	—	419-425.
—	14572-14619.	—	433-482.
—	14620-14636.	—	675.
—	14650-14655.	—	579.
—	14728-14741.	—	461-462.

(1) Ou Elégie I, VIII, 61 (Conf. p. 124).
(2) Ou Élégie I, VIII, 103.

Roman de la Rose, v. 14742-14769.   Art d'aimer, III, v. 601-606.
—   14770-14786.   —   675-680.
—   14787-14815.   —   561-592.
—   15146-15153.   —   683-685.
—   15154-15169.   —   593-594.
—   15170-15226.   —   607-610.
—   15227-15237.   —   807-808.
—   15250-15255.   —   797-803.
—   15259-15265.   —   752.
—   15266-15267.   —   579.
—   15282-15339.   —   611-658.
—   19652-19687.   —   405-408.

—   8736-8737.   Rem. d'amour, v. 749.
—   14312-14320.   —   689-690.

—   9106-10492.   Métamorphoses, I.   (1).
—   18535-18582.   —   I,   300 et s.
—   18845-18956.   —   I.
—   21113 21336.   —   I,   115 et s.
—   9200-9203.   —   II,   8-9.
—   20668-20682.   —   III.
—   21745-21773.   —   IV,   680-803.
—   20210-20240.   —   IV,   460 et s.
—   21745-21773.   —   IV,   610-803.
—   14170-14203.   —   V,   1-397.
—   16610-16685.   —   X,   534 et s.
—   21802-22210.   —   X,   243 et s.

—   14644-14727.   Élégies,   I, VIII.

—   14153-14156.   Héroïdes,   II.
—   14156-14169.   —   V,   25-32.
—   9941-9952.   —   IX,   25.
—   14562-14566.   —   XI,   191-192.

—   9706-9786.   Épîtres,   XVI, 288

M. Gaston Paris (2) considère le type de la vieille, peinte par Jean de Meun, comme venant en droite ligne d'une élégie

---

(1) Voyez ci-dessous, page 125.
(2) *La littérature française*, § 114.

d'Ovide ; évidemment la huitième du premier livre des Amours. Ce jugement n'est exact que dans une certaine mesure, et suivant l'aspect sous lequel on regarde ce portrait disparate. Je vais essayer de montrer comment ce personnage a été dessiné et de déterminer quels traits lui ont été fournis par la Dipsas d'Ovide.

D'abord, il importe de remarquer que ce n'est pas Jean de Meun qui a introduit la duègne dans le Roman de la Rose, c'est dans la première partie du poème que Jalousie confie la rose à la garde de cette vieille. Quel rôle Guillaume aurait-il fait jouer à ce personnage s'il avait pu continuer son œuvre, il est impossible de le dire exactement ; il est certain du moins que, dans sa pensée, la vieille devait trahir Jalousie pour servir les amours des deux jeunes gens.

Quelles qu'aient été d'ailleurs les intentions de Guillaume, Jean de Meun, en reprenant son poème, trouvait la jeune fille confiée à la garde d'une vieille femme au courant de toutes les ruses dont savent user les amants (1). Pour le portrait de cette duègne, dont Guillaume n'avait pu qu'indiquer les premières lignes, Jean a-t-il pris comme modèle la *lena* d'Ovide ? On remarquera que la vieille du roman et celle de l'élégie se trouvent dans deux situations bien différentes : celle-ci est au service, sinon d'une courtisane, tout au moins d'une femme qui a un amant ; l'autre est gouvernante d'une jeune fille chaste et honnête. Leurs intentions ne sont pas moins opposées : l'une cherche à éconduire l'amant attitré pour le remplacer par des amoureux riches et faciles à duper ; l'autre, au contraire, prend en mains les intérêts de l'amant, plaide sa cause près de sa pupille, et travaille à ménager une entrevue entre les deux jeunes gens.

Étant donné cette différence des situations occupées par les deux vieilles et des buts qu'elles se proposent, Jean de Meun n'avait rien à tirer de l'élégie d'Ovide ; mais l'unité de conception est ce qui manque le plus à notre poème ; la vieille de Jean sera aussi bavarde, aussi raisonneuse et aussi savante que les autres personnages du roman, dût-elle, dans ses longs discours, se montrer sous des aspects tout à fait contradictoires, et nuire à l'objet de sa mission.

Après avoir plaidé très adroitement la cause de l'amant et fait accepter de sa part à la jeune fille une couronne de fleurs, elle fait à son élève un cours d'amour, qui ne dure pas moins de deux

---

(1) Conf. p. 28.

mille vers, et dont le premier résultat devrait être, si l'élève était docile, d'évincer immédiatement celui que la vieille s'est chargée de défendre. Comme pour celle-ci l'art d'aimer est surtout l'art d'être aimé sans payer de retour, et plus encore, l'art de faire des dupes, Jean pouvait emprunter pour elle les traits de Dipsas. Mais la plupart des conseils donnés par cette vieille débauchée à l'amante d'Ovide ont été reproduits et développés dans le *De arte amandi*, surtout dans le troisième livre, et c'est dans ce dernier poème que le trouvère les a pris pour les prêter à la duègne de Bel-Accueil. Environ six cents vers du discours de la vieille sont traduits ou imités du troisième livre de l'Art d'aimer, sans compter ceux qui ont été simplement inspirés par cette imitation. D'autres passages sont empruntés aux deux premiers livres du même poème, aux Héroïdes, aux Métamorphoses, à Virgile, à Horace, voire même à Platon. Un seul est imité directement de la huitième élégie, c'est celui où la vieille recommande à la jeune fille de n'avoir à l'égard de ses amants d'autre désir que celui de les « plumer », et lui en indique les divers moyens (v. 14639-14699). Il y a dans ce passage quelques vers qui sont assez fidèlement traduits pour ne laisser aucun doute sur leur origine :

> Servus et ad partes solers ancilla parentur,
>   Qui doceant apte quid tibi possit emi,
> Et sibi pauca rogent. . . . .
> Et soror, et mater, nutrix quoque carpat amantem ·
>   Fit cito per multas praeda petita manus (v. 87-92).

> Mais au plumer raffiert maniere :
> Ses valez et sa chamberiere,
> Et sa seror, et sa norrice,
> Et sa mere, se moult n'est nice,
> Por qu'il consentent la besoingne,
> Facent tant tuit que cil lor doingne
> Sorcot, ou cote, ou gans, ou mofles.
> . . . .
> Molt est plus tot proie achevee
> Quant par plusors mains est levee (v. 14656-71).

De même le distique

> Cum multa abstuleris, ut non tamen omnia donet,
>   Quod nunquam reddas commodet ille roga (v. 101-102),

est incontestablement la source de ces vers :

> Et s'ele voit qu'il s'aperçoive
> Qu'il li doint plus que il ne doive,
> Et que forment grevé cuide estre
> Des grans dons dont il la suet pestre,
> Et sentira que de doner
> Ne li ose més sermoner,
> Lors li doit prier qu'il lui preste,
> Et li jurt qu'ele est toute preste
> De le li rendre a jor nomé
> Tel com il li avra doné ;
> Més bien est par moi desfendu
> Que ja més riens n'en soit rendu (v. 14688-99).

Ces soixante vers sont les seuls dont on puisse affirmer qu'ils ont été directement tirés de la huitième élégie. Mais les quarante-deux vers qui suivent (v. 14700-741), ne faisant que répéter l'idée précédemment exprimée, peuvent, pour cette raison, être rattachés à la même source.

Pour quelques passages, il est difficile de décider si l'inspiration vient de l'élégie ou de l'Art d'aimer ; par exemple, les vers 14559-61 (1) reproduisent aussi bien celui-ci de l'élégie :

> Qui dabit, ille tibi magno sit major Homero (v. 61),

que ces deux autres de l'Art d'aimer :

> Ipse licet Musis venias comitatus, Homere,
>   Si nihil attuleris, ibis Homere, foras (II, 279-280).

Bref, Jean de Meun a relativement très peu emprunté à l'élégie d'Ovide pour le discours de la vieille ; cependant, comme dans une partie de ce discours l'entremetteuse professe la théorie exposée par Dipsas, que la jeune fille doit considérer ses charmes comme une source de revenus, et en tirer le plus grand profit possible, on peut, en ne regardant que ce côté du caractère de la vieille, considérer celle-ci comme descendant en droite ligne de la *lena* d'Ovide.

Tout le monde connaît les vers où Jean de Meun expose l'ori-

---

(1) Voyez ci-dessous, p. 161.

gine des rois et des princes. L'inspiration première de ce passage vient d'Ovide. Traduisant l'Art d'aimer, notre auteur avait rencontré ce vers : « Aurea nunc vere sunt saecula... (II, v. 277); » il en avait pris occasion de faire, en s'aidant de la première Métamorphose, une longue description de l'âge d'or, de l'âge où sur le gazon vert, étoilé de fleurs, à l'ombre des arbres touffus,

> Sans rapine et sans convoitise,
> S'entracoloient et baisoient
> Cil cui li geu d'Amors plaisoient (v. 9181-83).

Temps heureux, où les mille soucis de la propriété n'étaient pas connus;

> N'encor n'avoit fet roi ne prince
> Mesfais, qui l'autrui tolt et pince;
> Trestuit pareil estre soloient,
> Ne riens propre avoir ne voloient (v. 9194-97).

Les hommes savaient alors que l'amour et le pouvoir ne peuvent aller de compaignie (v. 9200-203) (1).

Après une longue satire contre le mariage (v. 9204-10242), à laquelle cette maxime d'Ovide (2) a servi de point de départ, Jean revient à son idée, que

> . . . . li ancien,
> Sans servitute et sans lien,
> Paisiblement, sans vilenie,
> S'entreportoient compaignie (v. 10243-46).

Ils n'avaient pas encore appris à traverser les mers pour explorer les pays lointains (3); ils vivaient heureux dans le coin de terre où ils étaient nés, lorsque la Fraude, l'Orgueil, l'Avarice, l'Envie et tous les vices, traînant à leur suite la Pauvreté, avec son affreux cortège de misères, firent irruption au milieu d'eux (4). On se mit à éventrer la terre, pour arracher de ses entrailles les

---

(1) Voyez ci-dessous, la fin du paragraphe relatif à la Clef d'Amours.
(2) *Métam.*, II, 8-9.
(3) *Métamorphose*, I, 132-134.
(4) *Ibid.*, v. 129-131,

métaux et les pierres précieuses (1). Les hommes, devenus méchants, ne s'entendirent plus; la vie en commun cessa; on dut faire le partage des terres (2). De là, des querelles sans nombre. Pour y mettre fin, les nouveaux propriétaires résolurent de confier à l'un d'entre eux la garde de leurs biens (v. 10251-10356) :

> Un grant vilain entr'eus eslurent,
> Le plus ossu de quanqu'il purent,
> Le plus corsu et le greignor,
> Si le firent prince et seignor.
> Cil jura qu'a droit les tendroit
> Et que lor loges desfendroit,
> Se chascuns endroit soi lui livre
> Des biens dont il se puisse vivre.
> Ainsinc l'ont entr'eus acordé (v. 10357-65).

Mais il arriva un temps où cet unique gardien ne put à lui seul résister aux voleurs devenus trop nombreux :

> Lors restut le peuple assembler,
> Et chascun endroit soi tailler,
> Por serjans au prince bailler.
> . . . .
> De la vint li commencemens
> As rois, as princes terriens,
> *Selonc l'escrit as anciens;*
> Car par l'escrit que nous avons
> Les fais des anciens savons,
> Si les en devons mercier,
> Et loer et regracier (v. 10372-84).

Le poète revient à la première Métamorphose et continue la description de l'âge de fer (v. 10385-10492) (3).

Quel est cet écrit des anciens dont parle Jean de Meun? Sont-ce les Métamorphoses? Ovide ne fait aucune allusion à l'origine des pouvoirs publics. Il est difficile, en lisant le passage du roman

---

(1) *Métamorphose*, I, v. 137-140.
(2) *Ibid.*, v. 135-136.
(3) Comme preuve qu'Ovide servait encore ici de modèle à Jean de Meun, je citerai, entre autres détails, cette comparaison :

> Que ce qui commun ert devant
> Comme le soleil et le vent (v. 10407-408).

Communemque prius ceu lumina solis et auras (*Mét.*, I, v. 135).

que je viens d'analyser, de ne pas penser au cinquième livre du *De Natura rerum*. Mais des auteurs latins dont les ouvrages nous sont parvenus, Lucrèce est celui qu'on connaissait le moins au moyen âge. Après Raban Maur, qui le cite encore, on ne trouve plus son nom mentionné nulle part avant la Renaissance des lettres. Ce n'est pas une raison de croire, *a priori*, que Jean ne pouvait connaître son poème, puisque les manuscrits qui en sont venus jusqu'à nous ont traversé le moyen âge. Mais on ne trouve dans le Roman de la Rose ni le nom de Lucrèce, ni le titre de son poème, ni aucun vers dont on puisse affirmer qu'il a été directement emprunté au *De Natura rerum*.

J'ai fait remarquer précédemment combien Jean de Meun aime à faire parade de sa connaissance des littératures grecque et latine ; il cite avec plaisir les auteurs anciens dont il reproduit les idées. En se contentant d'une expression aussi vague que celle d' « écrit as anciens, » il laisse voir, je crois, qu'il aurait été fort embarrassé de préciser davantage. Sa théorie sur l'origine des pouvoirs publics était sans doute une opinion courante dans les écoles de son temps, et qu'on attribuait aux anciens. Elle se trouve déjà, d'ailleurs, dans Isidore de Séville : « Inde et in gentibus principes regesque electi sunt ut terrore suo populos a malo coercerent atque ad recte vivendum legibus subderent (1). »

LUCAIN.

Lucan redist, qui moult fu sages,
C'onques vertu et grant pooir
Ne pot nus ensemble veoir (v. 6395-97).

. . . . . . virtus et summa potestas
Non coeunt (Pharsale, VIII, 494-5).

C'est la seule allusion au poème de Lucain qui soit faite dans le Roman de la Rose.

SUÉTONE.

Comme preuves des vicissitudes de la Fortune, et pour montrer en même temps que la puissance ne fait pas l'homme de bien,

---

(1) *Liber Sententiarum*, III, xi, vii, 1. — Miles de Dormans est aussi hardi que Jean de Meun : « Etsi centies negent reges, regnant suffragio populorum » (cité dans l'*Histoire littéraire*, XXIV, p. 238).

Jean de Meun, qui imite ici Boèce (1), rappelle les aventures de plusieurs personnages attachés à la roue de la capricieuse déesse. Il cite, en première ligne, l'exemple de Néron, faisant mourir Sénèque. C'est le seul crime du tyran, dit-il, qu'il racontera : le récit des autres serait trop long. Il laissera de côté l'incendie de Rome, le meurtre des sénateurs, celui du frère, de la mère de l'empereur, le viol de sa sœur, et d'autres forfaits encore.

Jean a pu connaître la plupart de ces crimes par le livre des *Douze Césars*, qu'il mentionne quelques pages plus loin (v. 7192 et suiv.). Il ne me paraît pourtant pas douteux qu'en les énumérant il ait imité quelques vers d'un autre ouvrage qu'il connaissait également bien, la Consolation de Philosophie. L'ordre dans l'énumération de Jean de Meun et dans celle de Boèce est absolument identique :

> Car je metroie trop a dire
> Les fais Neron, le cruel home,
> Comment il mist les feus a Rome
> Et fist les senators occiere.
> Cis ot les cuers plus durs que pierre
> Quant il fist occire son frere,
> Et si fist desmembrer sa mere... (v. 6924-30).

> Novimus quantas dederit ruinas,
> Urbe flammata patribusque coesis,
> Fratre qui quondam ferus interempto
> Matris effuso maduit cruore... (Cons., l. II, m. vi).

Mais notre auteur fait allusion à d'horribles circonstances de la mort d'Agrippine, qu'il ne trouvait pas toutes dans Boèce ni dans Suétone :

> Et si fist desmembrer sa mere,
> Por ce que par li fust veüs
> Li lieus ou il fu conceüs,
> Et puis qu'il la vit desmembree,
> Selonc l'istoire remembree,
> La beauté des membres jugea
> Hé Dieus ! com ci felon juge a !
> Onc des ieus lerme n'en issi,
> Car li livres le dit ainsi (v. 6930-38).

(1) *De Consolatione philosophiae*, l. II, pr. vi et mèt. vi; l. III, pr. v.

Boèce dit seulement :

> Matris effuso maduit cruore,
> Corpus et visu gelidum pererrans,
> Ora non tinxit lacrymis, sed esse
> Censor extincti potuit decoris (Cons., l. II, m. vi).

Et Suétone : « Ad visendum interfectae cadaver accurrisse, contrectasse membra, alia vituperasse, alia laudasse, sitique interim oborta bibisse (1). »

Jean de Meun n'a pas inventé les détails qu'il a ajoutés aux récits des deux auteurs latins. Pendant tout le moyen âge on a cru et répété que Néron avait fait ouvrir le ventre de sa mère pour voir où il avait pris naissance. C'est un passage de Tacite (2), celui de Suétone que je viens de rappeler, et un autre de Dion Cassius (3), qui ont donné naissance à cette légende (4).

Dans les neuf vers du roman que je viens de citer, l'auteur invoque une fois le témoignage de l' « istoire » et une fois celui du « livre. » Cette histoire, où il est écrit que Néron « la beauté des membres jugea, » pourrait être celle des Douze Césars : « Contrectasse membra, alia vituperasse, alia laudasse. » Mais Suétone a jugé inutile de remarquer que l'empereur, à la vue du cadavre, n'a pas versé de pleurs, son livre ne peut donc pas être celui qui dit :

> Onc des ieus lerme n'en issi.

Les deux allusions se rapportent, au contraire, très bien aux deux derniers vers que j'ai cités de la Consolation.

Boèce ne dit pas, comme Suétone et Jean de Meun (5), que Néron, après avoir examiné le corps de sa mère, se fit apporter à boire; mais cette circonstance, vraie ou fausse, était très connue au moyen âge; il n'est pas besoin de supposer que notre auteur l'a prise directement dans le livre des Douze Césars.

---

(1) *Nero*, XXXIV.
(2) *Annales*, XIV, IX.
(3) *Hist. rom.*, LXI, XIV.
(4) Voir, dans les *Mélanges d'archéologie et d'histoire* de l'École fr. de Rome, mon article : *Notice du ms. Ottobonien 2523*, p. 34.
(5)
> Mais si com il jugeoit des membres,
> Commanda il que de ses chambres
> Li feist l'en vin aporter,
> Et but pour son cors deporter (v. 6939-42).

Ni Boèce, ni surtout Suétone ne pouvaient, comme Jean de Meun, accuser Néron d'avoir outragé sa sœur (1); il n'en avait pas; c'est cependant un crime qu'on lui a reproché souvent au moyen âge, en le prenant peut-être au dossier de Caligula. « Sororem suam stupro polluit, » dit Baudouin de Ninove (2). Dans une chronique inédite de la Bibliothèque nationale de Turin, on lit : « Nero successit, matrem eviscerat, sororem stuprat... (3). »

Se contentant de rappeler ces crimes, Jean ne veut en raconter qu'un, un de ceux qu'on a reprochés le plus amèrement à Néron au moyen âge, la mort de Sénèque. Les raisons qu'on donnait de ce meurtre sont curieuses; pour les uns, l'empereur, se rappelant les coups reçus de Sénèque, quand il était enfant, conçut contre lui une haine implacable et le fit mettre à mort par vengeance (4); d'autres disent qu'il était mécontent parce que le peuple estimait Sénèque plus sage que lui (5); d'autres, parce que celui-ci lui reprochait continuellement le meurtre de sa mère (6). Nulle part je n'ai rencontré le motif indiqué par Jean de Meun, que Néron, jugeant indigne d'un empereur l'habitude qu'il avait prise dans son enfance de se lever en présence de son maître, ne trouva d'autre moyen de la perdre que de se débarrasser de Sénèque.

Quant à la mort même du vieux philosophe, Jean la raconte comme on la racontait de son temps : L'empereur laisse à Sénèque le choix de sa mort, — erreur accréditée par Boèce (7), — et Sénèque se fait ouvrir les veines dans un bain.

Rien, dans ce qui précède, ne prouve que Jean ait connu Suétone; mais, quelques pages plus loin, il revient à Néron, précipité

---

(1) Sa seror ravoit il eüe (v. 6944).
(2) Cité par M. Graff : *Roma nelle imaginazioni del medio evo*, II, 290.
(3) *Ibid.*
(4) In cronicis legitur quod idem Seneca venarum incisione, haustu veneni periit. Fertur autem relatio quod ipse Nero, Senecam aliquando respiciens et verbera que sibi a pueritia intulerat ad memoriam reducens, infremuerit ac, tanquam injuriarum ultionem expetere de illo cupiens, sed tanquam preceptori utcumque deferens, ut quodvis mortis genus sibi eligeret optionem concesserit. Ipse autem Seneca, quasi suave genus arbitrans in balneo mori, incisionem vene eligit (Vincent de Beauvais, *Speculum historiale*, X, 9).
(5) Herman von Fritzlar, cité par M. Graff.
(6) *Aquila volante*, cité par M. Graff.
(7) Nero Senecam familiarem praeceptoremque suum ad eligendae mortis coegit arbitrium (*De Cons. phil.*, III, pr. v).

lui-même du haut de la roue de Fortune, et fait le récit de ses derniers moments (v. 7149-7224) d'après un livre

> Dit des Douze Cesariens,
> Ou sa mort trovons en escrit,
> Si com Suetonius l'escript,
> Qui la loi crestiene apele
> Fauce religion novele
> Et malfaisant... (v. 7192-97).

JUVÉNAL.

Juvénal a fourni les vers suivants à la seconde partie du Roman de la Rose :

Roman de la Rose, v.	9038-9043.	Satire VI, 53 54.
—	9455-9458.	— VI, 165.
—	9458-9465.	— VI, 47-49.
—	9486-9495.	— VI, 28-32.
—	9891-9915.	— VI, 133-135.
—	22439-22445.	— I, 37-39.

Toutes ces citations sont accompagnées du nom du satirique latin. C'est encore à un vers du même auteur que Jean songeait, bien qu'il ne l'ait pas dit, lorsqu'il écrivait qu'il y a moins d'honnêtes femmes « que de blancs corbeaux » (v. 9446) :

> Felix ille tamen corvo quoque rarior albo (Sat. VII, 202).

Le reproche que le mari jaloux fait à sa belle-mère de favoriser l'inconduite de sa femme (v. 10063-10107) est probablement inspiré aussi par les vers 232-242 de la satire VI.

SOLIN.

Le nom de Solin est mentionné deux fois dans la seconde partie du Roman de la Rose :

> Ce fu cis, bien le dit Solin,
> Qui par les respons Apolin
> Fu jugiés du mont li plus sages (v. 6593-95).

« Perfectam prudentiam soli Socrati oraculum Delphicum adjudicavit. » (*Collectanea rerum memorabilium*, p. 32, l. 9-10) (1).

---

(1) Je cite d'après l'édition de M. T. Mommsen : *C. Julii Solini Collectanea rerum memorabilium*. Berolini, 1864, in-8°.

> Car Hercules avoit, selonc
> L'auctor Solin, sept piés de lonc,
> N'onc ne pot a quantité graindre
> Nus hons, si com il dit, ataindre (v. 9937-40).

« ... licet ergo plerique definiant nullum posse excedere longitudinem pedum septem, quod mensuram istam Hercules fuerit... » (*Ibid.*, p. 25, l. 8-11).

Voici d'autres vers qui, pour n'être pas accompagnés du nom de Solin, n'en sont pas moins tirés directement de son livre :

> A Socratès seras semblables,
> Qui tant fu fers et tant estables
> Qu'il n'iert liés en prosperités
> Ne tristes en aversités.
> . . . .
> Ce fu cis a qui li visages,
> De tout quanque li avenoit,
> Tous jors en un point se tenoit (v. 6583-98).

« Inter alia Socratis magna praeclarum illud est, quod in eodem vultus tenore etiam adversis interpellantibus perstitit » (*Ibid.*, p. 21, l. 11-14).

> Eraclitus, Diogenès
> Refurent de teus cuers que nès
> Por povreté ne por destresce
> Ne furent onques en tristesce ;
> Tuit ferm en un propos sostindrent
> Tous les meschiés qui lor avindrent (v. 6605-10).

« Heraclitus et Diogenes Cynicus nihil umquam de rigore animi remiserunt, calcatisque turbinibus fortuitorum, adversus omnem dolorem vel misericordiam uniformi duravere proposito » (*Ibid.*, p. 21, l. 14-17).

CATON.

Le livre de Caton dont parle Jean de Meun, et dans lequel il est écrit

> Que la premeraine vertu
> C'est de metre en sa langue frain (v. 7801-2),

n'est autre qu'un recueil de distiques moraux, qui a joui au moyen âge, sous le nom de Caton, d'une très grande popularité, et qui, à partir du douzième siècle, a été souvent traduit en français. Les deux vers que je viens de citer sont la traduction de celui-ci :

Virtutem primam esse puta compescere linguam (1).

SAINT AUGUSTIN.

Ce que Faux-Semblant dit de l'obligation pour les moines de travailler (v. 12339 et suivants) est tiré d'un traité de saint Augustin, intitulé : *De opere monachorum ad Aurelium, episcopum Carthaginensem*. Mais cette citation est faite d'après Guillaume de Saint-Amour (2). Le nom de l'illustre évêque d'Hippone ne se retrouve pas ailleurs dans le roman, mais peut-être faut-il voir une allusion à un passage de la Cité de Dieu dans ces quatre vers :

Voire Hercules, voire Sanson,
Si rorent cil dui, ce pense on,
Si com en escrit le recors,
Resemblables forces de cors (v. 9933-36).

« Mortuo autem Latino, regnavit Aeneas tribus annis, eisdem in supradictis locis manentibus regibus, nisi quod Sicyoniorum jam Pelasgus erat et Hebraeorum judex Samson ; qui, cum mirabiliter fortis esset, putatus est Hercules (3). »

CLAUDIEN.

Jean cite une seule fois Claudien, sous le nom de Claudius. Il rappelle (v. 7091-7106) les premiers vers des invectives contre Rufin, dans lesquels le poète latin dit que, voyant la vertu persécutée, le crime florissant au milieu de la joie, il a pu douter un instant des dieux, mais qu'il a reconnu bientôt que si les méchants s'élèvent si haut, c'est pour tomber d'une plus lourde chute (4).

---

(1) Premier vers du IIIe distique.
(2) Voyez, ci-dessous, le paragraphe relatif à cet auteur, p. 158.
(3) *De Civitate Dei*, l. XVIII, ch. XIX.
(4) *In Rufinum*, I, 1-23.

MYTHOGRAPHES.

Autrefois, dit Jean de Meun, Jupiter mutila Saturne, jeta dans la mer les dépouilles de sa virilité, et de ces débris naquit la déesse Vénus,

Car li livres le dit ainsi (v. 6277) (1).

Les livres disent, au contraire, que ce crime a été commis par Saturne sur la personne de Coelus. Un seul a confondu cette fable avec celle de la Titanomachie, d'après laquelle Jupiter enchaîna son père et le précipita dans le Tartare ; c'est le premier des trois Mythographes dont les écrits ont été retrouvés par Angelo Mai, en 1832 :

« Jupiter patri naturalia resecavit et in mare projecit, et ex eis nata est Venus, dea libidinis » (Myt., I, 102) (2).

L'épisode de la mort de Crésus, tel qu'il est raconté dans le Roman de la Rose (v. 7232-7358), a pour point de départ une allusion de Boèce (3), mais ses développements, en particulier le rôle de Phanie, fille du roi de Lydie, ne se trouvent que dans les Mythographes (I, 196, et II, 190).

Le second de ces auteurs est aussi le seul qui fasse naître, comme le Roman de la Rose (v. 17865-75), les trois Furies du mariage d'Achéron et de la Nuit (II, 12).

Il est donc certain que Jean de Meun a connu les deux Mythographes, et que le livre du premier est celui dont il fait mention au vers 6277.

Le même livre est probablement celui qu'il appelle l'« istoire », en parlant de la descente de Thésée aux enfers pour y délivrer Pyrithoüs (Rom., v. 8898-8904 ; Myt., I, 48).

Enfin, c'est encore à ces auteurs (I, 8 ; II, 97) qu'il a dû emprunter ce qu'il dit de Cérès et de Triptolème (v. 10930-36), bien que la même anecdote soit rapportée, en termes identiques, par Servius, dans ses gloses des Géorgiques (I, 163).

Peut-être est-ce dans quelque recueil semblable à ceux dont je viens de parler que Jean de Meun a trouvé une représentation

---

(1) Vers 6271-77 et vers 20964-68.

(2) Cf. aussi n° 105 : « Jupiter adultus, cum Saturnus quodam die ad usum corporis exiret, illato cultro amputavit naturalia ejus, quae in mare projecit, ex quibus Venus nata est. »

(3) Cf. ci-dessus, p. 105, et plus bas, p. 137, n. 2.

d'Atropos ayant trois mamelles, pour abreuver les trois gueules de Cerbère; à moins qu'il n'ait lui-même imaginé la figure (v. 20737-753), en développant cette idée, qu'il a pu trouver dans le premier Mythographe (fab. 57), et qu'il a lui-même exprimée, que la chair des morts sert de pâture au chien de Pluton :

> Cis mastins li pent as mameles,
> Qu'el a tribles, non pas jumeles.
> Ses trois groins en son sein li muce,
> Et la groignoie, et tire et suce.
> N'onc ne fu ne ja n'iert sevrés,
> Si ne quiert il estre abevrés
> D'autre let, ne ne li demande
> Estre peus d'autre viande,
> Fors seulement de cors et d'ames ;
> Et el li giete homes et fames
> A monceaus en sa trible gueule (v. 20749-59).

MACROBE.

Jean de Meun ne cite pas une seule fois Macrobe, mais il fait une allusion très explicite au Commentaire sur le songe de Scipion, lorsqu'il parle des hommes qui, à la suite d'une trop grande contention de la pensée, croient voir en réalité les objets de leurs méditations,

> Si com fist Scipion jadis,
> Qui vit enfer, et paradis,
> Et ciel, et air, et mer, et terre,
> Et tout quanque l'en i puet querre (v. 19302-305).

On peut considérer tout ce passage du roman (v. 19262-19360) comme le développement des lignes suivantes : « Est enim ἐνύπνιον quotiens cura oppressi animi corporisve sive fortunae qualis vigilantem fatigaverat talem se ingerit dormienti : animi, si amator deliciis suis aut fruentem se videat aut carentem, si metuens quis imminentem sibi vel insidiis vel potestate personam, aut incurrisse hanc ex imagine cogitationum suarum aut effugisse videatur ; corporis, si temeto ingurgitatus aut distentus cibo vel abundantia, praefocari se aestimet vel gravantibus exonerari, aut contra si, esuriens cibum aut potum sitiens, desiderare, quaerere vel etiam invenisse videatur ; fortunae, cum se quis aestimat vel potentia vel magistratu aut augeri pro desiderio aut exui pro timore » (Comm., I, III, 4).

C'est surtout dans son exposé du système planétaire (v. 17848-65) que Jean se montre le disciple de Macrobe. Il est vrai que, sans le connaître, il aurait pu, sur bien des points, être d'accord avec lui, ayant étudié, dans la traduction et le commentaire du Timée de Chalcidius et dans les œuvres d'Alain de Lille, la théorie platonicienne, dont le Commentaire de Macrobe n'est souvent qu'une reproduction; mais lorsqu'il dit que le soleil est placé au centre des sept planètes, comme leur chef, distribuant sa lumière aux étoiles et à la lune, il traduit, sans aucun doute, ce passage : « mediam fere regionem sol obtinet dux et princeps et moderator luminum reliquorum (Comm., I, xvii, 3).

Platon place le soleil plus bas, immédiatement au-dessus de la lune.

La théorie de Jean (v. 17750-17769) sur la véritable année sidérale est aussi empruntée à Macrobe (II, xi, 10), bien que les deux auteurs ne soient pas d'accord sur la durée de la révolution céleste. Pour l'un, cette révolution s'accomplit en trente-six mille ans; pour l'autre, elle n'est que de quinze mille ans. Il y a là une simple erreur de chiffres, qui remonte soit au manuscrit du Commentaire dont Jean s'est servi, soit seulement aux manuscrits du Roman de la Rose que les éditeurs ont consultés.

La comparaison de la lune, qui réfléchit la lumière du soleil, avec le verre étamé, qui reflète les images placées devant lui (v. 17792-17817), est déjà dans Macrobe : « luna speculi instar lumen quo illustratur emittit » (I, xviii, 12).

BOÈCE.

J'ai dit déjà quelle influence la Consolation de Philosophie a eue sur l'esprit général du Roman de la Rose (1); voici en détail quels sont les vers qui traduisent ou paraphrasent le texte de Boèce :

Rom. de la Rose, v. 5558-5681. Cons. Phil., liv. II, pr. viii.
— 5754-5761. — (2).

---

(1) Voyez pages 94 et suiv.
(2) Jean rappelle que la patrie de l'homme n'est pas en ce monde :
   Ce puet l'en bien des clers enquerre,
   Qui Boèce de Confort lisent (v. 5757-58).
A ce propos il recommande la lecture de la Consolation philosophique, pleine de sentences utiles, et dont une bonne traduction rendrait d

Rom. de la Rose, v.	6920-6946.	Cons. Phil., liv.	II, mèt. vi (1).
—	6988-7028.	—	II, mèt. vi.
—	7036-7049.	—	III, pr. xii.
—	7079-7090.	—	III, pr. vi.
—	7117-7148.	—	II, pr. i.
—	7225-7590.	—	II, pr. ii (2).
—	9692-9705.	—	III, pr. viii (3).
—	18038-18534.	—	V, pr. iii, iv, v, vi.
—	18722-18809.	—	II, pr. v.

Les arguments donnés par Boèce dans sa dissertation sur la prescience divine et le libre arbitre se trouvent dans d'autres ouvrages plus anciens ou plus modernes que le sien, qui ont traité le même sujet; comme, d'autre part, Jean de Meun a interverti l'ordre de ces arguments, on pourrait ne pas reconnaître, à une simple lecture, que notre auteur s'est servi directement de la Consolation ; je vais placer en regard de quelques vers pris au commencement, à la fin, et çà et là dans le cours de la discussion, le passage correspondant du traité latin ; on se rendra compte facilement que le texte français n'est que la traduction de l'autre.

> Autrement cil qui bien feroient
> Ja loier avoir n'en devroient,
> Ne cil qui de pechier se paine
> Ja més n'en devroit avoir paine (v. 18050-53)

« ... frustra enim bonis malisque praemia poenaeque proponuntur... » (l. V. pr. iii).

Ne Dieu prier riens ne vaudroit (v. 18108).

« ... nec deprecandi ulla ratio est... » (l. V, pr. iii).

grands services à ceux qui ne sont pas à même de la lire dans l'original. On sait que Jean de Meun a fait lui-même cette traduction quelques années plus tard, et qu'il eut de nombreux imitateurs.

(1) Voyez page 128.
(2) Ici Jean de Meun a longuement développé son modèle, en ajoutant de nouveaux exemples à ceux de Boèce. — Pour les principaux développements, voyez les paragraphes relatifs à Homère et aux Mythographes.
(3) Voyez page 109.

> C'est necessité en regart,
> Et non pas necessité simple,
> Si que ce ne vaut une guimple ;
> Et se chose a venir est vaire,
> Donc est ce chose necessaire,
> Car tele verité possible
> Ne puet pas estre convertible
> Avec simple necessité (v. 18165-72).

« Duae sunt etenim necessitates, simplex una... altera conditionis... Quod enim quisque novit, id esse aliter ac notum est nequit. Sed haec conditio minime secum illam simplicitatem habet » (l. V, pr. vi).

> Més cist mauvesement deslient
> Le neu de ceste question (v. 18219-20).

« ... credunt hunc quaestionis nodum posse dissolvere... » (l. V, pr. iii).

> Qui rest dolor a recenser
> Et pechiés neïs de penser (v. 18248-49).

« ... quod sentire non modo nefas est, sed etiam proferre... » (l. V, pr. iii).

> Car qui la diffinicion
> De pardurableté deslie,
> Ce est possession de vie
> Qui par fin ne puet estre prise,
> Trestoute ensemble, sans devise (v. 18431-35).

« Æternitas igitur est interminabilis vitae tota simul et perfecta possessio » (l. V, pr. vi).

Les vers 18722-18809, dans lesquels Jean montre combien les animaux pourraient nuire à l'homme, si la nature leur avait donné la parole et la raison, sont un développement de cette phrase de Boèce : « Humanae quippe naturae ista condicio est, ut tum tantum ceteris rebus, cum se cognoscit, excellat, eadem tamen infra bestias redigatur, si se nosse desierit, nam ceteris animantibus sese ignorare naturae est, hominibus vitio venit (l. II, pr. v).

JUSTINIEN.

Jean de Meun avait-il étudié le droit? A trois reprises différentes, il fait part au lecteur de ses connaissances juridiques. Une fois, c'est un article des *Institutes* de Justinien qu'il cite :

> S'uns laronceaus emble deniers,
> Robe a perche, blé en greniers,
> Por quatre tans au mains iert quites,
> Selonc les lois qui sont escrites ;
> Et soit pris en present forfait (v. 8117-21) (1).

Plus loin, il fait allusion soit à un texte du *Digeste*, soit à quelque commentaire de ce texte :

> Onc si despite ne vi gens
> Com ceus que l'en voit indigens
> Por tesmoings neïs les refuse
> Chascuns qui de droit escript use,
> Por ce qu'il sont en loi clamés
> Equipolens as diffamés (v. 8935-40) (2).

Enfin, il rappelle une prescription du *Code Justinien*; mais cette dernière citation, de laquelle on a inféré que notre auteur était homme de loi (3), est faite de seconde main ; elle est empruntée à Guillaume de Saint-Amour :

> Et si desfent Justiniens,
> Qui fist nos livres anciens,
> Que nus hons, en nule maniere,
> Poissans de cors, son pain ne quiere,
> Por qu'il le truisse a gaaingnier... (v. 12268 et suiv.) (4)

---

(1) *Inst.*, liv. IV, tit. I, art. 5 : « Poena manifesti furti quadrupli est... »
(2) *Dig.*, liv. XXII, tit. v, art. 3 : « Callistratus libro quarto de cognitionibus : Testium fides diligenter examinanda est, ideoque in persona eorum exploranda erunt in primis condicio cujusque... an locuples vel egens sit, ut lucri causa quid facile admittat... Lege Julia de vi cavetur ne hac lege in reum testimonium dicere liceret qui... quive palam quaestum faciet feceritve. »
(3) F. Michel, *Le Roman de la Rose*, t. II, p 20, note 1.
(4) *Cod.*, liv. XI, tit. XXIV : « De Mendicantibus validis. » - Cf ci dessous, p. 157.

VALÉRIUS.

Jean de Meun a emprunté plusieurs de ses traits satiriques contre les femmes à un certain Valérius, dont il cite plusieurs fois le nom (1). Qui était ce personnage ? On n'a aucun renseignement sur son compte. Fabricius (2) l'appelle, à tort, *Valerianus*; un certain nombre de manuscrits le confondent avec Valère Maxime, mais son style est d'une époque postérieure à celle où vivait l'auteur des *Dits et Faits mémorables*. Il était chrétien ; le seul écrit qu'on connaisse de lui, celui que Jean a mis à contribution, ne laisse aucun doute à cet égard. C'est une lettre, dans un style très prétentieux, visant à l'érudition, adressée à un ami, du nom de Rufin, pour le dissuader de prendre femme. Cette lettre était très populaire au moyen âge, comme l'atteste le grand nombre des copies qu'on en a faites alors. Elle a été quelquefois attribuée à saint Jérôme, et elle est imprimée à la suite des ouvrages de ce Père dans la Patrologie latine de Migne (3). Les vers du Roman de la Rose traduits de Valérius sont les suivants :

Roman de la Rose, v. 9404-5.... Valérius, IX (4)
—   9438-43...   — VIII (5).
—   9468-77...   — VIII (6).
—   9478-85...   — XXX (7).
—   9496-9509.   — XIV (8).
—   9941-52...   — XXIV (9).

(1) Vers 9440, 9470, 9478, 10168.
(2) *Bibliotheca latina*, VI, p. 571 (2ᵉ édit. de Florence).
(3) Tome XXX, col. 254-261. Epître, XXXVI · *Valerius Rufino ne ducat uxorem*.
(4) Voyez ci-dessous, p. 141, l. 21 et suiv.
(5) « Optima femina, quae rarior est phoenice, amari non potest sine amaritudine metus et sollicitudinis et frequentis infortunii » (VIII).
(6) « Malae autem, quarum tam copiosa sunt examina, ut nullus sit expers malignitatis earum, cum amantur, amare puniunt et afflictioni vacant usque ad divisionem corporis et spiritus » (VIII).
(7) « Amice, det tibi Deus omnipotens feminae fallacia non falli » (XXX).
(8) « Phoroneus rex, qui legum thesauros populis publicare non invidit, sed is primus Graecorum studia deauravit, die qua viam universitatis ingressus est, ait Leontio fratri suo : Ad summam felicitatem nihil mihi deesset si uxor mihi semper defuisset. Cui Leontius : Et quomodo uxor obstat? At ille : Mariti omnes sciunt » (XIV).
(9) Dejanira Tirynthium vestivit interula... Duodecim inhumanos labores

Roman de la Rose, v. 10166-70... Valérius, XXIII (1).
— 17976-88... — III (2).

Jean de Meun ne doit pas seulement à Valérius les passages qu'il a traduits de sa lettre, mais aussi l'idée première de certains épisodes, dont il a cherché le développement dans d'autres ouvrages. Entre les citations empruntées à Valérius, il a intercalé un long extrait de Théophraste, le récit de la mort de Lucrèce, d'après Tite-Live, des vers de Juvénal, une phrase de Solin. Voici comment ces citations ont été amenées.

Valérius termine sa lettre en donnant à son ami ce dernier conseil : « Lege Aureolum Theophrasti et Medeam Nasonis, et vix pauca invenies impossibilia mulieri (XXX). » Notre poète, en quête d'épigrammes contre les femmes, s'est empressé de suivre cette recommandation ; il a lu ce qui restait du livre de Théophraste et l'a traduit (3). S'il n'a pas raconté ici les aventures de Médée, c'est sans doute qu'il a trouvé cet épisode mieux à sa place dans la partie de son roman (v. 14115-55) où, traduisant l'Art d'aimer d'Ovide, il rencontrait ce distique :

> Phasida jam matrem fallax dimisit Iason :
> Venit in Æsonios altera nupta sinus (*A. Am.*, III, 33-34).

Auparavant, Valérius avait dit : « Vexilla pudicitiae tulerunt cum Sabinis Lucretia et Penelope et paucissimo comitatu tropaea retulerunt. Amice, nulla est Lucretia, nulla est Penelope, nulla est Sabina (IX). » Au milieu de sa citation de Théophraste, Jean de Meun s'interrompt pour dire que les deux meilleures femmes ont été Pénélope et Lucrèce. Il en profite pour raconter la mort de cette dernière, d'après Tite-Live (4). Mais ce qui prouve que l'idée de cette digression lui a été suggérée par Valérius, c'est

---

consummavit Alcides. A tertio decimo, qui omnem inhumanitatem excessit, superatus est. Sic fortissimus hominum aeque dolendus ut gemebundus occubuit » (XXIV).

(1) Audax est ad omnia quae amat vel odit femina, et artificiosa cum nocere vult, quod semper est et frequenter ; cum juvare parat, obest » (XXIII).

(2) « Ego autem, in Domino sperans, adjicio quod Ulyssis imitator eris, non Empedoclis, qui per suam philosophiam (ne dicam melancholiam, id est atram bilem) victus, Ætnam sibi mausoleum elegit, et parabolam quam audis ad veteres attulit » (III).

(3) Voir page 110.

(4) Voir p. 119.

qu'il la termine par les paroles mêmes de la lettre à Rufin :

> Si n'est il més nule Lucrece,
> Ne Penelope nule en Grece,
> Ne prodefame nule en terre,
> S'il iert qui les seust requerre.
> Ainsinc le dient li paien (v. 9404-11) (1).

Valérius ayant avancé que l'honnête femme est plus rare que le phénix (VIII), Jean répète cette comparaison ; puis, croyant renchérir, il en emprunte d'analogues à Juvénal :

> Mains que de fenis ! par ma teste,
> Par comparoison plus honneste,
> Voire mains que de blans corbeaus (v. 9444-46).
> . . . .
> C'est oisel clersemé en terre,
> Si legierement connoissable
> Qu'il est au cine noir semblable (v. 9455-57) (2).

Ainsi amené à relire la sixième satire de Juvénal, il y trouve d'autres traits à l'appui de sa thèse et ne manque pas de les citer (v. 9458-65 et v. 9486-95).

Plus loin (v. 9941-52), Jean de Meun emprunte à Valérius une allusion à la mort d'Hercule, victime de Déjanire, et à ce propos il cite une phrase de Solin sur le héros grec (3).

Ainsi, les vers du roman traduits de la lettre à Rufin sont loin de représenter tout ce que Jean doit à Valérius.

GEBER ET ROGER BACON (4).

Les cinquante vers (v. 16953-17000) dans lesquels Jean de Meun représente l'Art à genoux devant la Nature, cherchant, sans

---

(1) Ce dernier vers peut laisser supposer que notre auteur considérait Valérius comme étant païen.

(2) Cette citation pourrait aussi avoir été fournie à Jean de Meun par Jean de Salisbury, qui cite le vers de Juvénal dans son Polycratique, quelques lignes après le passage de Théophraste.

(3) Voir p. 140, n. 9.

(4) Djabar al Koufi, dont le nom, en Occident, a été transformé en Geber, vivait au milieu du huitième siècle. Tous les médecins arabes postérieurs au neuvième siècle le considéraient comme leur maître. Il occupe le premier rang parmi les alchimistes. Plusieurs de ses œuvres ont été traduites en latin au moyen âge. Bien que Bacon n'ait vécu qu'au treizième siècle, il m'a paru naturel de traiter de lui en même temps que de son maître Geber.

y réussir, à pénétrer ses secrets et à reproduire ses créations, sont intimement liés à ceux qui suivent et qui exposent la doctrine du grand œuvre. Un des reproches les plus souvent formulés au moyen âge contre les alchimistes par leurs adversaires était de vouloir substituer l'art à la nature, à quoi ceux-ci répondaient que s'ils cherchaient à connaître les secrets de la nature, ce n'était pas pour contrefaire ses œuvres, mais pour l'aider dans ses enfantements. Ces objections et ces réponses, ainsi que les rapports de l'art et de la nature, sont développés en tête de plusieurs anciens traités d'alchimie, notamment dans la *Summa perfectionis Magisterii* (1), de l'arabe Geber. Roger Bacon a écrit une épître sur le même sujet : *De secretis operibus Artis et Naturae et de nullitate Magiae* (2). Or, il me paraît évident que Jean de Meun a connu la somme de Geber; et il semble aussi qu'il a lu les traités du moine anglais, entre autres l'*Alchimia major* (3) et le *Breve Breviarium de dono Dei* (4). Je vais analyser le passage du roman sur l'art et l'alchimie, en rapprochant de cette analyse les passages correspondants des traités que je viens de citer.

« L'alchimie, » dit Jean de Meun, « ne peut changer les espèces, si préalablement elle ne les décompose en leurs éléments primitifs; et si elle peut arriver à cette décomposition, il faut encore qu'elle sache, dans le mélange des éléments, garder les proportions dont dérive la forme, qui établit entre les substances des différences spécifiques (v. 17000-17018). »

« Distincte sunt rerum species et diversitates, quia diverse sunt et distincte elementorum ad invicem in commixtione proportiones... Ignota igitur miscibilium proportione qua adipiscitur forma et rei perfectio, quomodo mixtum vel miscendum formas sciemus? Sed ignoramus solis, lune (5), necnon elementorum proportionem, ergo formare ipsa ignorare debemus... Et si proportionem elementorum scires, modum tamen mixtionis ad invicem eorum ignoras, quoniam in cavernis et mineris et absconsis locis hec natura procreat... Et si hoc debite scires, in mixtionis tamen actione ignorares calorem equare agentem, quo mediante res ista

---

(1) Imprimée dans la *Bibliotheca Chemica curiosa* de Manget, t. I, p. 519 et suiv. (Genève, 1702, 2 vol. in-f°).

(2) Hamburgi, 1618. In-8°.

(3) Imprimée dans la *Bibliotheca Chemica* de Manget et dans *Sanioris medicinae magistri D. Rogerii Baconis angli de Arte chymiae scripta cui accesserunt opuscula alia ejusdem authoris*. Francofurti, 1608. In-16.

(4) *Sanioris medicinae...*, p. 95-264.

(5) Le soleil et la lune, dans la langue des alchimistes, sont l'or et l'argent.

perficitur... Hec omnes persuasiones predicte sunt sophistarum artem nostram simpliciter fore negantium » (*Summa perfectionis Magisterii*, ch. VI).

« Néanmoins, » continue l'auteur du roman, « il est certain que l'alchimie est un art véritable, à condition qu'on le pratique sagement; car, quoi qu'il en soit des espèces, les éléments qui les composent peuvent se combiner de mille façons, et par ces différentes combinaisons produire des espèces différentes » (v. 17019-31).

Geber répond aux objections que j'ai reproduites plus haut : « Species mutatur in speciem secundum hanc viam, cum individuum speciei unius in alterius speciem mutatur. Videmus namque vermem et naturaliter et per artificium nature in muscam mutari, que ab eo differt specie, et vitulum strangulatum in apes transmutari, et frumentum in lolium, et canem transmutari in vermem, per ebullitionis putrefactionem... » (*Summa,* ch. VIII).

Jean de Meun donne aussi des exemples de changements d'espèces : il rappelle la transformation artificielle de la fougère en verre, et la transformation naturelle de la vapeur en grêle pendant l'orage (v. 17032-48). Or le premier de ces exemples est cité dans l'*Alchimia major* de Bacon : « Vitrum fit per c. annos in ventre terre de sua natura, et nos facimus ipsum in parva hora per magisterium (p. 43). De même dans le *Breve Breviarium de dono Dei :* « Ignem testem invoco inferiorem qui omnia corpora inferiora, vegetabilia quidem et sensibilia, convertit in cinerem, et de cinere vitrum facit, puta de filice facit cinerem et de cinere vitrum ; de plumbo quoque facit cinerem et de cinere vitrum » (*Breve Br.*, p. 130-131).

« De la même façon, » poursuit Jean de Meun, « on pourrait transformer les métaux en les purifiant, car tous sont composés des mêmes éléments diversement combinés,

> Car tuit, par diverses manieres,
> Dedens les terrestres minieres,
> De soufre et de vif argent nessent,
> *Si com li livre le confessent* (v. 17049-60).

« Ergo similiter possumus facere aurum et argentum de auro vivo et sulphure in parva hora, sicut fit in terra per centenos annos (*Alchimia major*, p. 43)... Ubique fere *in libris eorum* (philosophorum) alchymicis atque naturalibus reperitur metalla omnia ex sulphure et argento vivo naturaliter atque materialiter esse composita » (*Breve Br.*, p. 99).

> Qui se sauroit donc soutillier
> As esperiz aparillier,
> Si que force d'entrer eussent
> Et que voler ne s'en peussent,
> Quant il dedens les cors entrassent... (v. 17061-65).

« Tota igitur illorum probatio hec est : Si corpora, filii doctrine, vultis convertere, tunc, si per aliquam medicinam fieri hoc sit possibile, per spiritus ipsos fieri necesse est; sed ipsos, non fixos corporibus, utiliter adherere non est possibile, immo fugiunt et immunda relinquunt illa ; ipsos autem fixos, non est possibile ingredi, cum terra facti sint, que non infunditur ; et tamen inclusi corporibus fixi apparent, non tamen sunt... » *(Summa*, ch. X).

> Més que bien purgiés les trovassent,
> Et fust li sofres sans ardure,
> Por blanche ou por rouge tainture.
> Son voloir des metaus auroit
> Qui ainsinc faire le sauroit (v. 17066-70).

« Qui querit ex eo (sulphure) opus elicere, illud per se preparando non eliciat, quoniam cum commixto perficitur, et sine illo protelatur magisterium usque ad desperationem, et cum suo compari sit tinctura, et dat pondus completum unicuique metallorum, et ipsum feditate depurat et illustrat et perficit cum magisterio, sine quo nullum horum prestat, sed potius corrumpit et denigrat... » *(Summa*, ch. X).

> Car d'argent vif fin or font nestre
> Cil qui d'alquemie sunt mestre,
> Et pois et color li ajoustent
> Por choses qui gaires ne coustent (v. 17071-74).

« Quisquis tamen metallum radicitius citrinat et ad equalitatem perducit et mundat, ex omni genere metallorum aurum facit... » *(Summa*, ch. XVII).

Il me semble assuré que Jean de Meun a pris dans les trois ouvrages de Geber et de Bacon, dont je viens de donner des extraits, tout ce qu'il dit de l'alchimie. Rien n'indique qu'il en ait connu davantage, ni surtout qu'il ait jamais pratiqué cette science. Cependant les alchimistes, depuis l'apparition du Roman de la Rose, l'ont toujours considéré comme un des leurs, et plusieurs traités d'alchimie ont été publiés sous son nom, entre autres *Le miroir* d'*Alchymie* et les *Remontrances ou la Complainte de Nature à l'alchimiste errant* (1).

ABOU-MASCHAR.

Au nombre des prophètes qui ont annoncé la naissance de la vierge, Jean de Meun range Albumazar. Celui-ci aurait dit :

> Que dedens le virginal signe
> Nestroit une pucele digne,
> Qui sera, ce dist, virge et mere,
> Et qui aletera son pere,
> Et ses maris lez li sera,
> Qui ja point ne la touchera (v. 20111-20116) (2).

Albumazar, ou plutôt Abou-Maschar Djafar ibn-Mohammed, vivait au neuvième siècle. Casiri (3) lui attribue une cinquantaine d'ouvrages, dont quelques-uns ont été traduits en latin au moyen âge. J'ai vainement cherché la prétendue prophétie dans l'*Introductorium in Astronomiam* (4), dans le *De magnis conjunctionibus annorum revolutionibus ac eorum perfectionibus* (5), et dans les *Flores astrologiae* (6), les seuls traités que Jean de Meun me paraît avoir pu connaître : elle ne s'y trouve pas.

ALHAZEN.

> Alhacen, li niés Hucaym,
> Qui ne refu ne fous ne gars,
> Cis fist le livre des Regars.
> De ce doit cil science avoir,
> Qui vuet de l'arc en ciel savoir ;
> Car de ce doit estre jugierres
> Clers natureus et cognoissierres,
> Et sache de geometrie,
> Dont necessaire est la mestrie,
> Au livre des Regars prover.
> . . . .

---

(1) Brunet, *Manuel*, sous *Meun*.
(2) Cf. v. 20109-20122.
(3) Casiri, *Bibliotheca arabico-hispana Escurialensis...*, I, 351 (Madrid, 1760-70, 2 vol. in-f°).
(4) Augustae-Vind., 1489. In-4°.
(5) Aug.-Vind., 1489. In-4°.
(6) Aug.-Vind., 1488. In-4°.

> Més ne voil or pas metre cure
> En ci declairier la figure
> Des mircors, ne ne dirai
> Comment sont reflechi li rai,
> Ne lor angles ne voil descrivre :
> Tout est aillors escrit ou livre (v. 18969-19187).

Alhazen ben Alhazen ibn Alhaitam est mort au Caire en 1038. Il a composé de nombreux traités, dont on trouvera la liste dans la *Bibliotheca arabico-hispana Escurialensis* de Casiri (1). Le livre des Regards, dont parle Jean de Meun, a été traduit en latin et imprimé, au seizième siècle, sous le titre de *Opticae thesaurus Alhazeni arabis* (2)... Il n'y est nullement question de l'arc-en-ciel.

ABAILART ET HÉLOÏSE.

On sait que Jean de Meun a traduit la correspondance d'Abailart et d'Héloïse; cette traduction est conservée dans un manuscrit, assez fautif, de la première moitié du quatorzième siècle (3). Il est difficile de dire si elle est antérieure au Roman de la Rose; du moins, il est certain que notre auteur connaissait déjà ces lettres lorsqu'il écrivit son poème : « A l'appui d'un long plaidoyer contre le mariage, il rappelle l'histoire des deux amants, et le passage mérite d'être remarqué, ne serait-ce que pour se trouver dans un poème composé plus de trente ans avant le plus ancien manuscrit conservé des lettres originales (4). » Ce passage comprend soixante-douze vers, dont quarante-six (v. 9510-9555) sont tirés de la première lettre d'Abailart (5), et les vingt-six autres (v. 9556-9581), de la seconde lettre d'Héloïse (6).

JEAN DE SALISBURY.

J'ai dit déjà que Jean de Meun a pris dans le Polycratique un fragment du livre des Noces de Théophraste; à la vérité, on pourrait supposer qu'il l'a trouvé dans un ouvrage de saint Jérôme, où Jean de Salisbury l'a lui-même copié, mais cette hypo-

---

(1) I, 415.
(2) Basileae, per Episcopios, 1572. In-f°.
(3) Conf. *Histoire littéraire*, XXVIII, p. 402.
(4) *Ibid.*, XXVIII, p. 401.
(5) Éd. Cousin, *Doc. inédits*, 1, 12.
(6) Éd. Cousin, *ibid.*, I, 75.

thèse est d'autant moins probable que, précédemment, notre auteur a déjà fait un emprunt au Polycratique, et cette fois en indiquant sa source :

> Car ainsinc le dist Athalus,
> Qui des eschez controva l'us,
> Quant il traitoit d'aritmetique ;
> Et verras en Policratique
> Qu'il s'enflechi de la matire,
> Et des nombres devoit escrire,
> Ou ce beau jeu joli trova,
> Que par demonstrance prova (v. 7427-34).

« Attalus Asiaticus, si gentilium historiis creditur, hanc ludendi lasciviam dicitur invenisse, ab exercitio numerorum paululum deflexa materia » (*Polyc.*, liv. I, ch. v).

C'est encore certainement au même ouvrage que Jean de Meun fait allusion dans ces vers :

> Puis ge voler avec les grues,
> Voire saillir outre les nues,
> Com fist li cine Socratès (v. 6146-48)?

« Socrates sibi ex ara Veneris, que Academie erat, vidit offerri cygnum, collum inserentem celo, rostro tangentem sidera, regionem que Aplane dicitur penetrantem et transcendentem aspectus omnium, et tanta vocis sonoritate et letitia canentem ut totum mulceret orbem. Sequenti die, Aristides ab Academia parvulum filium Platonem Socrati obtulit, litteris et moribus imbuendum, quo viso, mentis viribus ex corporis dispositione conceptis : « Hic est, inquit, cygnus quem nostro Apollini Venus academica consecravit » (*Polyc.*, II, xvi).

Les quelques vers (17989-95) dans lesquels Jean de Meun rappelle la mutilation volontaire d'Origène sont encore traduits du passage où Jean de Salisbury fait allusion au même fait (1).

ALAIN DE LILLE.

J'ai dit déjà qu'aucun auteur n'a exercé sur la seconde partie du

---

(1) « Philosophus acutissimus et litteratissimus christianus et ferventissimus in fide Origenes, sicut ecclesiastica refert historia, se ipsum castravit, fornicationem efficacissime fugiens, immo et omnem que fingi posset precavens suspicionem, ut exinde sine nota cum virginibus habitaret » (*Polyc.*, VIII, vi).

Roman de la Rose une influence aussi grande qu'Alain de Lille (1). Voici les emprunts que Jean lui a faits :

Rom. de la Rose, v. 4896-4992. *De Planctu*, col. 455 A-456 B (2).
— 6657-6910. *Ant.*, l. VII, ch. 8 ; l. VIII, ch. 1.
— 7904-7935. *De Planctu*, col. 451 B-D.
— 16827-21637. — *passim*.
— 19967-19985. Sermon du S.-Esprit, col. 221.

Dans l'épisode qui commence au vers 16827 et va presque jusqu'à la fin du poème, Jean commence par nous montrer Nature dans sa forge, travaillant à la reproduction des espèces : c'est une imitation d'Alain : il compare les œuvres de l'Art à celles de la Nature et dit un mot de l'alchimie : ce passage n'est pas d'Alain, mais il se rattache intimement au précédent. Il essaie ensuite de faire le portrait de Nature et, à l'instar d'Alain, nous la montre regrettant d'avoir créé l'homme, qui transgresse ses lois, et s'en confessant comme d'une faute à son chapelain. Génius, avant d'entendre sa confession, lui conseille de garder son sang-froid, au lieu de s'emporter, comme le font si souvent les femmes ; et, à ce propos, il fait contre le beau sexe une satire de quatre cents vers, absolument en dehors du sujet. Nature commence enfin sa confession et fait un exposé des connaissances cosmogoniques, métaphysiques, astronomiques, etc., de Jean de Meun, empruntées à Alain, à Boèce, à Macrobe, Aristote, Platon, Chalcidius, etc., et termine en se plaignant, comme dans le *De Planctu*, de l'homme, qui, seul de tous les êtres créés, n'observe pas ses lois. Génius la console, puis revêt les habits pontificaux, et, en présence de l'armée d'Amour, fulmine, toujours comme dans le *De Planctu*, un anathème terrible contre ceux qui ne suivent pas les lois naturelles de l'amour.

Jean de Meun ayant fait beaucoup d'additions à son modèle, empruntées à l'Écriture sainte, à Platon, à Aristote, à Cicéron, à Tite-Live, à Virgile, à Ovide, à Horace, à Ptolémée, à Boèce, à Valérius, à Alhazen, je vais donner, pour faciliter la comparaison entre le roman et le *De Planctu*, l'indication des endroits plus directement imités par Jean de Meun :

Rom. de la Rose, v. 16827-16860. — *De Planctu*, col. 456 D et suiv.

Ce que Jean de Meun dit de ses efforts inutiles pour peindre

---

(1) Voyez page 95 et suiv.
(2) Je cite d'après la Patrologie latine de Migne, t. CCX.

Nature (v. 17147-17184) paraît inspiré par le portrait si chargé, si recherché, presqu'incompréhensible, qu'en a donné Alain (*De Planctu*, col. 432 et suiv.).

Rom. de la Rose, v.	17189 et suiv.	— *De Planctu*,	col. 449 D.
—	17666-17735.	—	453 B-D.
—	17738-17750.	—	448 D-449 A.
—	17832-17847.	—	448 D-449 A.
—	18810 et suiv.	—	449 A.
—	19895 et suiv.	—	449.
—	20123-20149.	—	449 A.
—	20255 et suiv.	—	476 et suiv.
—	20409 et suiv.	—	481 B-482.

Les vers 19967-19985 sont tirés d'un sermon sur l'Esprit-Saint attribué à Alain : « Vel orbis terrarum dicitur homo, qui cum omni creatura aliquam habet similitudinem : esse cum lapidibus, vivere cum arboribus et herbis, sentire cum brutis, rationari cum spiritibus (1).

   Compains est a toutes les choses.
  . . . .
   Il a son estre avec les pierres,
   Et vit avec les herbes drues,
   Et sent avec les bestes mues,
   Encor puet il trop plus en tant
   Qu'il avec les anges entant.
  . . . .
   C'est uns petis mondes noveaus (v. 19967-85) (2).

GUILLAUME LE CLERC.

Pour le tableau si vivant, si vigoureux, aujourd'hui encore si

---

(1) *Patrol. latine*, t. CXX, col. 221.

(2) L'expression : *petis mondes noveaus* rend plus exactement celle de Chalcidius : *mundum brevem*, que celle d'Alain : *orbis terrarum*. Jean de Meun traduit *brutis* d'Alain par *bestes mues*; or *animalia muta* est l'expression dont Chalcidius se sert constamment pour désigner les animaux par opposition à l'homme. Je crois donc qu'ici le trouvère a imité simultanément les deux auteurs. (Cf. p. 109.) — Proclus dit de même : « μικρὸς κόσμος ὁ ἄνθρωπος » (*In Timaeum*, p. 2); et Isidore de Séville : « Homo ex rerum universitate compositus quasi alter in brevi quodam modo creatus est mundus » (*Sent.*, I, 10).

exact, de la courtisane et de son *amant de cœur* (v. 15404-15485), Jean de Meun paraît s'être souvenu d'une ébauche de Guillaume le Clerc. Voici l'esquisse de cet auteur ; elle se trouve dans le Besant de Dieu :

> Certes j'ai veü et oï
> Que femme aveit dous ameors,
> L'un li faseit totes henors
> Et li autres la honisseit
> Et la chaceit et la bateit,
> Et el soffreit et mielz amot
> Le ribaut qui la defolot
> Que le biau bacheler corteis,
> Qui ne feist rien sor son peis,
> Més volontiers la maintenist
> Come son cors, s'ele volsist (1).

RAOUL DE HOUDAN.

Le chemin qui « a non Trop-Doner », ouvert par Fole-Largesse pour conduire au château où Jalousie tient enfermé Bel-Accueil (v. 8636-8712), est une fiction imitée de la Voie de Paradis, de Raoul de Houdan, dont j'ai donné plus haut l'analyse (2).

HUON DE MÉRI.

La bataille livrée par les barons de l'armée d'Amour aux portiers de la tour où Bel-Accueil est enfermé est directement imitée du Tournoiement d'Antechrist (3). Les armes dont se servent Franchise, Pitié, Délit, Hardement, Danger, Honte, Peur, dans le Roman de la Rose, ressemblent trop à celles que Huon de Méri a données aux chevaliers du tournoi pour qu'il y ait aucun doute possible sur ce point. La massue de Danger a été prise « ou bois de Refus » (R. R., v. 16255) ; Franchise apporta sa lance « de la forest de Churie » (R. R., v. 16266), comme la lance de Prouesse, dans le Tournoiement d'Antechrist, vient du bois de Renommée (4).

---

(1) *Le Besant de Dieu*, éd. E. Martin, vers 556-567.
(2) Voyez p. 50 et p. 66.
(3) *Li Tornoiemenz Antecrit*, von Huon de Méri, p. p. G. Wimmer. Marburg, 1888. (*Ausgaben und Abhandlungen*, LXXVI.)
(4)   De los ert li fuz de sa lance
       El bois de Renommee pris. (T. d'Ant., v. 1708-9).

L'armement de Pitié, dans le roman, ressemble tout à fait à celui de Paix et de Miséricorde, dans le Tournoiement :

> Pitié, qui a tout bien s'acorde,
> Tenoit une misericorde
> En leu d'espee, en trestous termes,
> Decorant de plors et de lermes.
> Ceste, se li actor ne ment,
> Perceroit pierre d'aiment,
> Por qu'ele fust bien de li pointe ;
> Car ele a trop ague pointe.
> Ses escus ert d'alegement,
> Tous bordés de gemissement,
> Plains de sospirs et de complaintes.
> Pitié, qui ploroit lermes maintes,
> Point le vilain de toutes pars (R. R., v. 16328-40).

> Ensi armé, ensi rengié
> Erent Pés et Misericorde :
> Une trenchant misericorde
> Ot chascune a son costé ceinte,
> Si ot fait a sa lance peinte
> Atachier un blanc penoncel,
> Qui trop furent parant et bel,
> Car lacié les out et poliz
> Pitié, et lavez et blanchiz,
> Es lermes qu'ele avoit plorees (T. d'Ant., v. 1960-69).

De même que l'écu de Largesse est losangé

> De promesses et de beaus dons,
> A un cartier de guerredons (T. d'Ant., 1645-46);

de même les barons d'Amour lancent des flèches barbelées,

> De grans promesses empenees
> Que de servises, que de dons,
> Por tost avoir lor guerredons ;
> Car il n'i entra onques fust
> Qui tout de promesses ne fust,
> D'un fer ferrees fermement
> De fiance et de serement (R. R., v. 16747-53).

Il serait aussi inutile que facile de multiplier ces rapprochements. Ceux qui précèdent prouvent amplement que Jean connaissait le Tournoiement d'Antechrist : il s'en est inspiré notamment pour les vers 16241-16826, 22224-22343.

ANDRÉ LE CHAPELAIN.

Bien qu'il ne soit fait aucune mention d'André le Chapelain dans le Roman de la Rose, Jean de Meun lui a pourtant emprunté une définition de l'amour, qu'il a traduite, sans en indiquer la provenance :

« Amor est passio quedam innata, procedens ex fixione et immoderata cogitatione forme alterius sexus, ob quam quidem aliquis super omnia cupit alterius potiri amplexibus, et omnia de utriusque voluntate in ipsis amoris amplexibus compleri... Hoc autem est precipue in amore notandum quod amor nisi inter diversorum sexuum personas esse non potest... Ad hoc totus tendit conatus amantis et de hoc illius assidua cogitatio perseverat ut ejus quam amat fruatur amplexibus. Optat etiam ut omnia cum ea compleat Amoris mandata, id est ea que in amoris tractatibus reperiuntur inserta (1). »

> Amors, se bien suis apensee,
> C'est maladie de pensee
> Entre deus personnes annexes,
> Franches entre eux, de divers sexes,
> Venans as gens par ardor nee
> De vision desordenee,
> Por eus acoler et baisier,
> Et por eus charnelment aisier.
> Amors autre chose n'atant,
> Ains s'art et se delite en tant.
> De fruit avoir ne fait il force,
> En deliter, sans plus, s'esforce (R. R., v. 4994-5005).

Les vers 5284-5320 paraissent aussi imités, ou tout au moins inspirés, du chapitre intitulé *De amore per pecuniam acquisito*. Ce sont, je crois, les seuls emprunts faits au livre d'André par l'auteur de notre roman.

GUILLAUME DE SAINT-AMOUR.

Jean de Meun, pour se justifier du « chapitre » où il a révélé la

---

(1) André le Chapelain, ch. I.

confession de Faux-Semblant, proteste que son intention n'a jamais été

> De parler contre home vivant,
> Sainte religion sivant,
> Ne qui sa vie use en bone œuvre,
> De quelque robe qu'il se cueuvre (v. 16191-94).

Il a simplement voulu démasquer les hypocrites ; c'est contre eux qu'il a dirigé ses traits, tant pis pour ceux qui en ont été blessés. D'ailleurs il n'a rien dit

> Qui ne soit en *escrit* trové,
> Et par experiment prové,
> Ou par raison au mains provable (v. 16233-35),

et il est prêt à se rétracter, si la sainte Église trouve qu'il a avancé des erreurs.

Les écrits où il a trouvé les mordants reproches qu'il adresse aux ordres mendiants par la bouche de Faux-Semblant, sont ceux de Guillaume de Saint-Amour, et cette protestation même (v. 16180-16240) derrière laquelle il cherche à s'abriter contre les représailles des adversaires qu'il a si énergiquement pris à parti, est empruntée au fameux défenseur de l'Université. Voici comment se termine le prologue du traité *de Periculis novissimorum temporum* :

« Protestamur autem ab initio quod omnia que hic, ad cautelam et instructionem Ecclesie universe, non contra personam aliquam, nec contra statum aliquem per Ecclesiam approbatum, sed contra peccata malorum et pericula Ecclesie generalis, dicturi sumus, non ex inventione nostra, sed ex veritate Sacre Scripture collegimus. Nichilominus tamen omnia ecclesiastice correctioni supponimus, si quid in eis visum fuerit corrigendum » (p. 20).

On sait dans quelles circonstances Guillaume de Saint-Amour fut appelé à prendre la plume ou à monter en chaire, soit pour protéger l'Université de Paris contre les empiétements des dominicains et des franciscains, soit pour se défendre lui-même contre leurs calomnies (1). Ses sermons et ses traités ont été réunis

---

(1) Voir l'introduction à l'édition des œuvres de Guillaume : *De libris et doctrina magistri Guillielmi de Sancto Amore*; la *Vie de saint Louis*, par Le Nain de Tillemont, t. VI, p. 135-228 (Société de l'Histoire de France); l'*Histoire littéraire*, XIX, 197-215.

et imprimés au dix-septième siècle en un volume (1), qui comprend, outre une longue introduction de l'éditeur :

1° Un commentaire inachevé sur le premier psaume;

2° De Phariseo et Publicano concio;

3° Tractatus brevis de Periculis novissimorum temporum ex Scripturis sumptus;

4° De quantitate eleemosyne questio;

5° De valido mendicante questio;

6° Casus et articuli super quibus accusatus fuit magister Guillielmus de Sancto Amore a fratribus predicatoribus, cum responsionibus ad singula;

7° Collectiones catholice et canonice scripture ad defensionem ecclesiastice herarchie et ad instructionem et preparationem simplicium fidelium Christi;

8° Tabula de signis per que pseudopredicatores discerni possunt a veris;

9° Sermo in die sanctorum apostolorum Jacobi et Philippi.

Victor Le Clerc (2) a depuis attribué, avec beaucoup de vraisemblance, à Guillaume de Saint-Amour un traité *De Antichristo et ejus ministris ac de ejusdem adventus signis propinquis simul et remotis*, qui est conservé dans les manuscrits sous les noms de Nicolas Oresme ou de saint Bonaventure, et que Martène et Durand ont publié dans l'*Amplissima collectio* (3).

La plupart de ces ouvrages eurent un grand retentissement pendant la seconde moitié du treizième siècle; les sermons avaient été prononcés en public, les traités avaient été écrits en collaboration avec les maîtres et les étudiants de l'Université; pour les personnes qui ne savaient pas le latin on avait traduit en français le livre *De Periculis*.

Pendant le plus fort de la querelle, Jean de Meun était probablement trop jeune pour y prendre part, mais quelques années plus tard, lorsqu'il vint s'asseoir sur les bancs de l'Université, les ressentiments étaient loin d'être oubliés; Guillaume de Saint-Amour vivait encore; il était revenu d'exil, à la grande satisfaction des étudiants, et avait repris la plume contre ses ennemis. A

---

(1) *Magistri Guillielmi de S. Amore opera omnia quae reperiri potuerunt*. Constantiae (*lisez* Lutetiae), ad insigne Bonae Fidei, apud Alithophilos (*lisez* Valérien de Flavigny).

(2) *Histoire littéraire*, XXI, p. 468-476.

(3) *Veterum scriptorum et monumentorum... amplissima collectio*, t. IX, col. 1271-1446.

l'époque où il rédigeait le *Liber de Antichristo et ejus ministris*, Jean de Meun était peut-être son élève.

Quoi qu'il en soit, notre auteur embrassa avec passion la cause de ses maîtres, et, dans le Roman de la Rose, attaqua courageusement leurs redoutables adversaires :

> Qui grocier en vodra, si grouce,
> Qui correcier, si s'en corrouce,
> Car ge ne m'en²teroie mie,
> Se perdre en devoie la vie,
> Ou estre mis, contre droiture,
> Comme sains Pous, en chartre oscure,
> Ou estre bannis du roiaume
> A tort, com fu mestre Guillaume
> De Saint Amour, qu'Ypocrisie
> Fist essilier por grant envie (12424-33).

Jean ne fut ni mis à mort, ni jeté en prison, ni banni du royaume, ni poursuivi en aucune façon. En 1632, lorsque parut l'édition imprimée des œuvres de Guillaume de Saint-Amour, un arrêt du conseil privé du roi fit « défenses à tous imprimeurs et libraires d'exposer en vente, vendre ni débiter ledit livre, à peine de vie, et à tous autres d'iceluy retenir ni avoir par devers eux, à peine de trois mille livres d'amende contre ceux qui s'en trouveront saisis. » Voilà quel progrès la liberté de la parole avait fait en trois siècles et demi !

A cause de cet arrêt, l'édition des œuvres de Guillaume de Saint-Amour étant très rare (1), au lieu d'y renvoyer simplement, je reproduirai un certain nombre des passages que Jean de Meun a copiés. Dans ces passages se trouvent des citations tirées surtout des Saintes Écritures ; la manière dont elles sont introduites et l'application qui en est faite dans le roman prouvent que c'est bien Guillaume de Saint-Amour qui les a fournies à Jean.

R. R., 12117-24 = *De Periculis*, p. 33 : « Juxta illud Proverbium 27 : Diligenter agnosce vultum pecoris tui... Constat autem quod animos actusque singulorum non potest agnoscere pastor nisi per confessiones illorum. »

---

(1) Avant cette édition, le Discours du Pharisien et du Publicain et le Sermon des Périls des temps nouveaux avaient été déjà imprimés dans l'*Antilogia Papae* (Bâle, 1555). Dans l'édition de Bâle, comme dans le Roman de la Rose, il est dit que l'Évangile éternel parut en 1255, tandis que l'édition de Constance, avec les meilleurs manuscrits, donne la date de 1254.

R. R., 12200-13 = *De Peric.*, p. 49 : « Et Proverb. 30 : Mendicitatem et divitias ne dederis mihi. Et infra : Ne egestate compulsus furer, et perjurem nomen Domini. Glossa : Ne copia vel inopia rerum transeuntium in oblivionem decidam eternorum. »

R. R., 11217-35 = *De Peric.*, p. 51 : « Quod autem Dominus mendicaverit, vel ejus apostoli, nunquam reperitur... Item quod Christus non potuerit mendicare ab illis quibus predicabat, patet sic : constat enim quod ille pastor erat... Sed pastorem sive predicatorem sumere sumptus ab eis quos tanquam gregem pascit, non est mendicitas, sed potestas. Postquam vero Dominus, qui apostolis de loculis suis necessaria ministrabat, ut dictum est, ab ipsis apostolis corporaliter recessit per mortem et resurrectionem, ipsi non ad mendicandum se converterunt ; sed licet apostoli predicatores essent et sumptus habere deberent ab illis quibus predicabant, nihil tamen ab eis querebant, nec mendicabant, sed arte sua licita victum querebant, quando unde viverent non habebant (1). »

R. R., 12240-49 = *De Peric.*, p. 48 : « Item quod vivere tales debeant de labore corporis ; immo etiam omnes christiani qui non habent aliunde unde vivant, dum tamen sint validi corpore, non obstante etiam si vacent operibus spiritualibus, que sunt meliora. »

R. R., 12250-55 = *De Peric.*, p. 49 : « Vende omnia que habes et da pauperibus et sequere me ; nimirum bene operando, non autem mendicando... Qui frequenter ad alienam mensam convenit otio deditus, aduletur necesse est pascenti se. »

R. R., 12268-75 = *De Peric.*, p. 52 : « Quod autem non liceat mendicare validis corpore, cautum est expresse in jure humano. C. De Mendicantibus validis, l. unica (2). »

R. R., 12289-97 = *Collectiones scripturae sacrae*, p. 218 : « Item videtur quod mendicantes validi... recipiendo eleemosynas pauperum, id est pauperibus illis ex charitate debitas, qui aliter vivere nequeunt, sacrilegium committunt... judicium sibi manducant et bibunt. »

R. R., 12306-316 = *De Peric.*, p. 48 : « Dicit apostolus, I Tessal., 4 : Operemini manibus vestris, sicut precipimus vobis, et nullius aliquid desideretis. Glossa : nedum rogetis vel tollatis. »

R. R., 12317-23 = *De Peric.*, p. 67 : « Illorum munera recipiunt qui magis dant propter importunitatem tollendam vel presentem

---

(1) Voir aussi *Responsiones ad objecta*, p. 93.
(2) Cf. ci-dessus, p. 139.

verecundiam quam propter Deum... qui propter presentem pudorem dat aliquid vel ut tedio interpellantis careat, et rem et meritum perdit. »

R. R., 12330-41 = *De Peric.*, p. 49-50 : « Qualiter ergo vivendum est, inquies, viro perfecto, postquam reliquerit omnia? Respondemus : aut operando corporaliter manibus, aut intrando monasterium, ubi habeat necessaria vite. »

R. R., 12362-416 = *Responsiones*, p. 90-91 : « Et ut de materia ista, videlicet in quibus casibus liceat victum vel necessaria vite querere, me breviter expediam, sic dico : Qui non habet scientiam operandi, nec habet ignorantiam affectantem, potest mendicare, donec sciat operari. Item qui habent impotentiam naturalem, ut pueri et senes et infirmi, possunt licite mendicare. Item qui habent impotentiam ex consuetudine, ut pote, sicut dicit Augustinus, *De opere monachorum*, qui non melius, sicut multi putant, sed, quod verum est, languidius educati, id est delicate nutriti sunt, et ideo laborem operum corporalium sustinere non possunt, si mendicare voluerint, credenda est eorum infirmitas et ferenda. Item qui non invenerunt qui opera eorum velint conducere, mendicare possunt. Item qui operantur quod possunt et opus non sufficit eis ad victum, tales ad supplementum sui victus mendicare possunt... Item si quis vult erudire animum suum ad ea que sunt sibi necessaria in militia christiana, potest, secundum Augustinum, *De opere monachorum*, victum mendicare, ne opprimatur egestate, ut si horis quibus ad erudiendum animum ita vacatur illa opera corporalia geri non possint. Item illi qui distracti sunt tali occupatione militie christiane ut aliud agere non possint, licite possunt victum querere, vel potestate sumendo, vel mendicando, secundum Augustinum, *De opere monachorum*, et si plures inveniantur casus per scripturas authorum aut per inconcussam rationem, paratus sum assentire. »

C'est à propos de ce passage que Jean de Meun parle de Guillaume de Saint-Amour, sans dire toutefois qu'il vient de le traduire littéralement :

> En tous ces cas et en semblables,
> Se plus en trovés raisonables,
> Sor ceus que ci presens vous livre,
> Qui de mendiance vuelt vivre,
> Faire le puet, non autrement,
> Se cil de Saint Amor ne ment,
> Qui disputer soloit et lire

Et preeschier ceste matire
A Paris, avec les devins (v. 12408-16).

Les vers 12539-575 traduisent les versets 2-7, ch. XXIII, de l'Évangile selon S. Mathieu, dont plusieurs sont aussi reproduits et glosés au commencement du sermon *De Phariseo et Publicano*. C'est évidemment cette citation que Jean de Meun a reproduite, mais en se reportant au texte de S. Mathieu, pour rétablir l'ordre des versets intervertis dans le sermon, et ajouter ceux que Guillaume de Saint-Amour avait laissés de côté.

R. R., v. 12656-57 = Autre verset de S. Mathieu (ch. V), souvent cité par Guillaume de Saint-Amour, notamment dans le traité *De Peric.*, p. 28.

R. R., v. 12730-62 = *De Peric.*, p. 38-39 : « Secundum signum est quod illa doctrina que predicabitur tempore Antichristi, videlicet Evangelium eternum, Parisius, ubi viget Sacre Scripture studium, jam publice posita fuit ad explicandum, anno Domini 1254 (1), unde certum est quod jam predicaretur nisi esset aliud quod eam detineret... Ibi enim comparatur Evangelium Christi ad Evangelium eternum, et invenitur minus perfectionis habens et dignitatis quam Evangelium eternum, quanto minus lucet luna quam sol, quanto minus valet testa quam nucleus ; et multe tales sunt ibi scripte comparationes, quibus probatur minus valere Evangelium Christi quam Evangelium eternum. »

R..R., 16180-240 = *De Peric.*, p. 20 (2).

Il m'aurait été facile de multiplier ces rapprochements ; je me suis contenté des plus décisifs, de ceux qui témoignent le plus clairement d'une imitation directe, et prouvent que Jean de Meun, en écrivant la confession de Faux-Semblant, avait sous les yeux les ouvrages de Guillaume de Saint-Amour. L'imitation est moins évidente dans les autres détails de cette confession ; ceux-ci, d'ailleurs, étaient devenus des lieux communs, non seulement dans les écrits, mais aussi dans les conversations des nombreux adversaires des ordres mendiants ; cependant, comme ils se trouvent tous, bien que diversement présentés, dans les écrits de Guillaume de Saint-Amour, on peut considérer ces écrits comme la source directe « du chapitre » tout entier où Faux-Semblant se fait connaître aux barons de l'armée d'Amour, c'est-à-dire des vers 11697-12946. On peut même considérer comme dérivant de

---

(1) Cf. ci-dessus, p. 156, n. 1.
(2) Voyez ci-dessus, p. 154.

la même source les 350 vers suivants, dans lesquels l'auteur nous montre Faux-Semblant et Abstinence-Contrainte mettant en action, pour arriver à l'assassinat de Male-Bouche, les théories précédemment exposées par Faux-Semblant, et les vers 20277-20300, où Nature dépeint ces mêmes personnages à son chapelain Génius.

CLEF D'AMOURS.

Lorsque j'ai tenté, plus haut, de montrer, par des rapprochements entre la Clef d'Amours et la première partie du Roman de la Rose, que ces deux poèmes ont des liens étroits de parenté, je me suis gardé de décider quel est le plus ancien, tout en confessant que les vers de Guillaume de Lorris me paraissaient avoir été écrits avant ceux de la Clef d'Amours. Ici encore je me contenterai de signaler entre ce dernier poème et celui de Jean de Meun des ressemblances établissant que l'un des deux poètes a imité l'autre, sans décider auquel appartient le mérite de l'originalité. Mais la seconde partie du Roman de la Rose ayant été composée plus de quarante ans après la première, les chances cette fois sont plus nombreuses pour que le modèle ait été la Clef d'Amours.

Jean et l'auteur de la Clef, traduisant l'Art d'aimer d'Ovide, ont naturellement une foule d'idées communes, exprimées dans les mêmes termes; de cet accord, il n'y a rien à tirer pour la question qui nous occupe. Mais il arrive aussi que, même où ils s'écartent un peu du texte latin, ils ont encore des expressions, parfois des pensées identiques, que leur modèle commun ne suffit pas à expliquer. Ce distique, par exemple :

> Seu ludet numerosque manu jactabit eburnos,
> Tu male jactato, tu male jacta dato (*A. Am.*, II, 203, 204),

est ainsi rendu :

> Se elle a les jeux agreables
> Des deiz, des eschés et des tables,
> Joue o li en tele maniere
> Que tu aiez du gieu le piere (Cl. d'A., p. 53).

> Se Bel Acuel poés trover,
> Que vous puissiés o li joer
> As eschiés, as dés ou as tables,
> Ou a autres gieus delitables,
> Du gieu adés le pis aiez (R. R., v. 8518-22).

Ovide recommande à la femme mariée, qui veut écrire à son amant, de ne faire porter ses tablettes que par une suivante ou un esclave intelligents et sûrs : « Gardez-vous bien, » ajoute-t-il, « de confier ces gages de votre tendresse à un amant jeune et nouveau » :

> Ancillae puerive manus ferat apta tabellas,
> Pignora nec juveni credite vestra novo (*A. Am.*, III, 485-6).

Jean de Meun et l'auteur de la Clef ont pris ce *juvenis novus* pour le messager, tandis que c'est l'amant lui-même. Le contresens est assez facile pour que les deux traducteurs aient pu le faire indépendamment l'un de l'autre, mais le commentaire qu'ils ont ajouté au précepte est moins naturel :

> Par enfans pas ne lez envoie,
> Se ton conseil ne lui desploie,
> Quar encussee seriez,
> Se tout a lour gré ne fesiez,
> Ou tost seroit treit de lour bouchez
> Ton secré, qui si près te touche,
> Pour promettre ou bel apeller,
> Quer enfant ne soit riens celer (Cl. d'A., p. 105).

> Més en enfans ne vous fiés,
> Car vous seriés conchiés :
> Il ne sont pas bon messagier ;
> Tous jors vuelent enfans ragier,
> Gengler ou mostrer ce qu'il portent
> As traitors qui les enortent,
> Ou font nicement lor message,
> Por ce qu'il ne sont mie sage ;
> Tout seroit tantost publié
> Se moult n'estoient vezié (R. R., v. 8253-62).

En traduisant ce distique :

> Ipse licet Musis venias comitatus, Homere,
> Si nihil attuleris, ibis, Homere, foras (*A. Am.*, II, 279-280),

les deux trouvères joignent le nom d'Ovide à celui d'Homère (1).

---

(1)   S'Ovide ou Homer i venoit,
   Et touz sez biaux ditiez tenoit,
   S'il n'aportoit aucune chose,
   Tost li seroit la porte close (Cl. d'A., p. 57).
Voyez, page 106, le passage correspondant de Guillaume.

Ovide recommande à l'amant d'attendrir sa maîtresse en pleurant ; s'il ne peut pas verser de larmes, qu'il mouille ses yeux avec sa main :

> Si lacrimae, neque enim veniunt in tempore semper,
> Deficiunt, uda lumina tange manu (*A. Am.*, I, 661-2).

Les deux traducteurs connaissaient un autre moyen de provoquer les larmes :

> Et se tu ne pues avoir lermes
> En poins devissés et en termes,
> Tu porras .i. oignon tenir,
> Qui tantost les fera venir,
> Ou tu porras, selon m'entente,
> A la fin que l'oignon ne sente,
> Moiller tes ex en autre guise
> Issi sera ta dame prise (Cl. d'A., p. 42).

> Et se vous ne poés plorer,
> Covertement, sans demorer,
> De vostre salive prengniés,
> Ou jus d'oignons, et les prengniés,
> Ou d'aus ou d'autres liquors maintes,
> Dont vos paupieres seront ointes ;
> S'ainsinc le faites, vous plorrés
> Toutes les fois que vous vorrés (R. R., v. 8215-22).

C'est surtout dans le chapitre où, toujours d'après Ovide, sont enseignés les soins à donner à la toilette et la manière de se comporter à table, que les ressemblances sont frappantes entre les deux poèmes. L'auteur de la Clef conseille aux femmes qui ont une belle poitrine de ne pas la cacher :

> Et se tu as belle poitrine
> Et biau cole, ne l'encourtine,
> Méz soit ta robe escolletee
> Si que chescun y musse et bee ;
> Lors te pren bien garde et t'avise
> Que ta cote ne ta chemise,
> Ne le cole de ta peliche,
> Ne te face tenir pour niche (Cl. d'A., p. 87-88).

Jean de Meun dit, dans les mêmes termes :

> S'ele a beau col et gorge blanche,
> Gart que cil qui sa robe trenche

> Si trés bien la li escolete
> Que sa char pere blanche et nete
> Demi pié darriers et devant :
> Si en sera plus decevant (R. R., v. 14254-59).

Le poète latin avait dit simplement :

> Pars humeri tamen ima tui, pars summa lacerti
> Nuda sit, a laeva conspicienda manu (A. Am., III 307-308).

Aux conseils d'Ovide, relatifs à la propreté du corps, l'auteur de la Clef ajoute celui-ci :

> Tes mains tienges saines et nettes,
> Qu'il n'i ait roignes ne bubettes (Cl. d'A., p. 13).
> . . . .
> Se il avoit en tes mains rogne,
> Nerté ou autre villanie,
> Par quoi tu fusses enhaïe,
> Pour tenir les blanches et saines,
> Te faut avoir ganz ou mitaines (Cl d'A., p. 88-89).

Et Jean :

> Et s'el n'a mains beles et nettes
> Ou de sirons ou de bubetes,
> Gart que lessier ne les i vueille ;
> Face les oster a l'agueille,
> Ou ses mains en ses gans repoingne,
> Si n'i perra bube ne roingne (R. R., v. 14264-69) (1).

« A table, dit Ovide, prenez les mets du bout des doigts ; gardez que votre main mal essuyée ne laisse autour de votre bouche des empreintes de graisse » :

> Carpe cibos digitis, est quiddam gestus edendi,
> Ora nec immunda tota perunge manu (A. Am., III, 755-756).

> Quant seras a la table assise,
> Aies de mengier bele guise,
> Si petis morceaus met en bouche
> Que tes levres nul n'en atouche.
> Tes levres ne soient pas ointes
> Ne tes doiz moillié jusqu'es jointes,

---

(1) Ovide avait dit :

> Exiguo signet gestu quodcumque loquetur
> Cui digiti pingues et scaber unguis erunt (A. Am., III, v. 275-6).

> Que se issi te contenez,
> Vivement blasmee en serez.
> Ains que verre ou henap manies,
> Vuil jeu que tes levres essuies,
> A la fin que dedens ne mettes
> Ne peressis ne maillettes (sic).
> En sausse doiz petit moullier,
> Pour toi garder de toouillier,
> Et se du tout t'en pues tenir,
> Grant honor t'en porra venir (Cl. d'A., p. 119-120).

> Et quant ele iert a table assise,
> Face, s'el puet, a tous servise.
> . . . .
> Et bien se gart qu'ele ne moille
> Ses dois es broez jusqu'as jointes,
> Ne qu'el n'ait pas ses levres ointes
> De sopes, d'aus ne de char grasse,
> Ne que trop de morseaus n'entasse,
> Ne trop gros nes mete en sa bouche.
> Du bout des dois le morsel touche
> Qu'el devra moillier en la sauce,
> Soit vert ou cameline ou jauce,
> Et sagement port sa bouchee,
> Que sus son piz goute n'en chee.
> . . . .
> Et gart que ja henap ne touche,
> Tant com el ait morsel en bouche ;
> Si doit si bien sa bouche terdre,
> Qu'el n'i lest nule gresse aerdre,
> Au mains en la levre desseure,
> Car quant gresse en cele demeure,
> Ou vin en perent les maillettes,
> Qui ne sont ne beles ne nettes (R. R., v. 14336-73).

Je ne signalerai plus de commun aux deux poèmes que l'expression « chambre de Vénus », pour désigner cette partie du corps féminin qu'Ovide se contente d'appeler « *pars illa* » (1) ; et une pensée tirée des Métamorphoses :

> Amours et segnourie ensemble
> Ne puet durer or ce me semble (Cl. d'A., p. 60).

---

(1)   Ut jam decipiant, quid perditis? Omnia constant :
   Mille licet sumant, deperit inde nihil.

> Qu'onques amor et seignorie
> Ne s'entrefirent compaignie,
> Ne ne demorerent ensemble ;
> Cil qui mestrie les dessemble (R. R , v. 9200-203).

Ici le Roman de la Rose rend plus exactement que la Clef d'Amours le texte latin :

> Non bene conveniunt, nec in una sede morantur
> Majestas et amor (*Mét.*, II, v. 8 et 9).

Il est difficile d'expliquer tant de ressemblances entre deux ouvrages, si l'on n'admet pas que le plus ancien, quel qu'il soit, ait fourni à l'autre les traits communs.

TROUVÈRES.

Les mentions de Charlemagne (v. 8670) (1) ; de Roland (v. 9932) ; d'Arthur et d'Alexandre (v. 13607); de Renouart au Tinel (v. 16284, 19828); de Tibert (v. 11836); de Belin et d'Ysengrin (v. 11891-93), sont trop vagues pour qu'il y ait quelque chose à en tirer. Au contraire, on peut voir une allusion à la chanson de Roland dans ces quatre vers :

> Lors avrés le cuer plus dolant
> Qu'onques Charles n'ot por Rolant,
> Quant en Ronceval mort reçut,
> Par Guenelon, qui les deçut (v. 8614-17) (2).

LÉGENDE DU PHÉNIX.

Jean de Meun raconte en une vingtaine de vers (16911-16930)

> Conteritur ferrum, silices tenuantur ab usu;
> Sufficit et damni pars caret illa metu (*A. Am.*, III, 89-92).

> Par limer suet le fer user,
> Més ceu ne vous puet escuser,
> Quer la chambre Venus la sage
> N'a nule poour de damage (Cl. d'A., p. 82).

Jean de Meun n'a pas exprimé cette idée; mais, en une autre circonstance, il dit :

> Et comme bone baisselette,
> Tiengne la chambre Venus nete. (R. R., v. 14276-77).

(1) On peut supposer qu'en écrivant ce vers, Jean de Meun songeait à la *Chanson des Saisnes* de Jean Bodel (*La Chanson des Saxons*, par Jean Bodel, p. p. F. Michel. Paris, 1839, 2 vol.).

(2) Conf. *La Chanson de Roland*, ed. L. Gautier, laisse CCVII.

la légende du phénix. Il ne suit, dans son récit, aucun des auteurs classiques. Dans le poème *de Phoenice*, attribué à Lactance, dans celui de Claudien et dans d'autres ouvrages, l'oiseau vit mille ans ; dans le Roman de la Rose, son existence est réduite à cinq siècles, comme dans la Métamorphose XVe d'Ovide (1); mais l'idée du bûcher et celle de la renaissance du phénix, connues de Jean, ne l'étaient pas d'Ovide; l'une se trouve exprimée, pour la première fois, dans les Sylves de Stace (2) : l'autre dans les Épigrammes de Martial (3).

Les pères de l'Église ayant fait un mythe chrétien de cette légende, elle devint très populaire au moyen âge, et Jean de Meun lui-même aurait été fort en peine probablement de dire comment il l'avait connue. Deux vers :

> Un autre fenis en revient,
> Ou cil meismes, se Dé vient (v. 16921-16922),

montrent qu'il connaissait l'ancienne légende, d'après laquelle, lorsque le phénix est mort, un autre lui succède, et la nouvelle, qui symbolise le mystère de la résurrection, et suivant laquelle c'est le même oiseau qui renaît.

LÉGENDE DE DAME ABONDE.

Une partie curieuse du Roman de la Rose est celle où l'auteur s'attache à réfuter quelques superstitions populaires de son époque. Les savants, médecins ou psychologues, qui depuis quelques années dirigent leurs études sur certains problèmes très graves de pathologie mentale, trouveraient dans ces vers des observations intéressantes. Je ne parle ni de ces tours de magie blanche que Jean se complaît à énumérer, et qu'on faisait, au treizième siècle comme au dix-neuvième, à l'aide de miroirs habilement disposés (v. 19088-19131, 19141-19181); ni de ce cas extraordinaire d'hallucination qu'il a trouvé dans le livre des Météores d'Aristote (v. 19132-19140) ; ni enfin des rêves et des extases auxquels sont sujets les esprits très préoccupés, et qui

> Font aparoir en leurs pensees
> Les choses qu'il ont porpensees,

---

(1) Vers 392 et suiv.
(2) Silve II, iv, 37.
(3) Épig., V, vii, 1. — Cf. F. Piper, *Mythologie und Symbolik der christlichen Kunst*, I, i, 448 (Weimar, 1847, in-18).

> Et les cuident tout proprement
> Veoir defors apertement (v. 19294-97) (1).

Ce passage me paraît un développement d'une phrase de Macrobe. Mais, ce qui est plus original, Jean de Meun décrit très explicitement ce qu'on appelle aujourd'hui le dédoublement de la personne humaine, et qu'il explique par deux causes : le *sommeil du sens commun* (v. 19239-61) et la *frénésie* (v. 19262-77). Je ne crois pas que notre auteur ait emprunté à aucun ouvrage ce qu'il dit relativement à ces phénomènes et je ne m'en occuperai pas autrement.

Je n'ai pas trouvé davantage de source immédiate à ce qu'il raconte de la croyance populaire aux pérégrinations nocturnes de *dame Abonde* (v. 19360-431), bien que certaines expressions de son récit, comme « li tiers enfant de nacion », pour « le tiers du monde », puissent paraître traduites du latin.

Les vieilles femmes, dit-il, croient que des sorcières errent la nuit, conduites par dame Abonde, voyageant au gré de la destinée, entraînant à leur suite le tiers des âmes, et pénétrant dans les maisons par toutes les ouvertures, par les chatières, par les crevasses. Au retour de cette course, l'âme qui trouve son corps déplacé ne peut plus rentrer en lui.

Le nom d'Abonde ne se rencontre, en dehors du Roman de la Rose, que dans un écrit de Guillaume d'Auvergne, qui l'explique ainsi : « Nominationes ipsorum demonum ex malignitatis operibus eorumdem sumpte sunt... Striges seu Lamie, a stridore et laniatione, quia parvulos laniant et lacessere putabantur et adhuc putantur a vetulis insanissimis ; sic et demon qui pretextu mulieris cum aliis de nocte domos et cellaria dicitur frequentare, et vocant eam Satiam, a satietate, et dominam Abundiam, pro abundantia quam eam prestare dicunt domibus quas frequentaverit ; hujusmodi etiam demones, quas dominas vocant vetule, penes quas error iste remansit et a quibus solis creditur et somniatur ; dicunt has dominas edere et bibere de escis et potibus quos in domibus inveniunt, nec tamen consumptionem aut imminutionem eas facere escarum et potuum, maxime si vasa escarum sint discooperta et vasa poculorum non obstructa eis in nocte relinquantur. Si vero operta vel clausa inveniunt seu obstructa, inde nec comedunt nec bibunt, propter quod infaustas et infortunatas

---

(1) Conf. vers 19278-19301.

relinquunt, nec satietatem nec abundantiam eis prestantes (1). »

Et plus loin : « De illis vero substantiis que apparent in domibus, quas dominas nocturnas et principem earum Abundiam [vocant], pro eo quod domibus quas frequentant abundantiam bonorum temporalium prestare putantur, non aliter tibi sentiendum est neque aliter quam quemadmodum de illis audivisti. Quapropter eo usque invaluit stultitia hominum et insania vetularum ut vasa vini et receptacula ciborum discooperta relinquant et omnino nec obstruant neque claudant eis noctibus quibus eas ad domos suas credunt adventuras, ea de causa videlicet ut cibos et potus quasi paratos inveniant et eos absque difficultate apparitionis pro beneplacito sumant. »

Si Guillaume d'Auvergne et Jean de Meun seuls nous ont laissé le nom d'Abonde, d'autres auteurs ont parlé de la même fée, qu'ils connaissaient sous d'autres noms, surtout sous ceux de Diane et d'Hérodiade. Dans un capitulaire de l'an 867, on lit : « Illud etiam non est omittendum quod quaedam sceleratae mulieres, retro post Satanam conversae, daemonum illusionibus et phantasmatibus seductae, credunt se et profitentur nocturnis horis cum Diana, paganorum dea, et innumera multitudine mulierum equitare super quasdam bestias, et multa terrarum spatia intempestae noctis silentio pertransire, ejusque jussionibus velut dominae obedire, et certis noctibus ad ejus servitium evocari (2). »

Jean de Salisbury, dans le Polycratique, fait allusion à la même croyance : « Quale est quod noctilucam quamdam, vel Herodiadem, vel presidem noctis, dominam concilia et conventus de nocte asserunt convocare (3). »

Augier, évêque de Conserans (vers 1280), dit de même : « Nulla mulier de nocturnis equitare cum Diana, dea paganorum, vel cum Herodiade seu Bensozia et innumera mulierum multitudine profiteatur (4). »

Les ouvrages que je viens de citer ne disent pas, comme le Roman de la Rose, que le tiers du monde appartient à la fée, mais ce renseignement se trouve dans d'autres. Dans le *Volumen Proloquiorum* de Rathier, qui vivait au dixième siècle, on lit :

---

(1) Guillaume d'Auvergne, *Secunda pars Universi*, p. 1036 (Guillelmi Alverni, episcopi Parisiensis... opera omnia. Paris, 1674. 2 vol. in f°).
(2) Baluze, *Capitularia*, II, col. 248, B (éd. de Venise).
(3) *Polycraticus*, II, XVII.
(4) Cité par Ducange, au mot *Diana*. On lit de même dans le Pénitentiel de Barthélemy, évêque d'Exeter (1161-1186) : « Et si aliqua est quae dicat se cum daemonum turba, in similitudine mulierum transformatam, certis

« Quis enim eorum qui hodie in talibus usque ad perditionem animae in tantum decipiuntur ut etiam eis quas ait Gen. Herodian, illam Baptistae Christi interfectricem, quasi reginam, immo deam proponant; asserentes tertiam totius mundi partem illi traditam, quasi haec merces fuerit prophetae occisi, cum potius sint daemones, talibus praestigiis infelices mulierculas hisque multum vituperabiliores viros quia perditissimos decipientes (1)? »

L'auteur d'*Ysengrinus* raconte que Hérode ayant fait décoller Jean-Baptiste, parce qu'il était aimé de Hérodiade, qui avait juré de n'avoir jamais d'autre époux que lui, la jeune fille se fit apporter la tête de son bien-aimé pour la couvrir de larmes et de baisers :

>Oscula captantem caput aufugit atque resufflat :
> Illa per impluvium turbine flantis abit.
>Ex illo nimium memor ira Johannis eandem
> Per vacuum coeli flabilis urget iter,
>Mortuus infestat miseram nec vivus amarat,
> Non tamen hanc penitus fata perisse sinunt :
>Lenit honor luctum, minuit reverentia poenam,
> Pars hominum maestae tertia servit herae,
>Quercubus et corilis a noctis parte secunda
> Usque nigri ad galli carmina prima sedet;
>Nunc ea nomen habet Pharaildis, Herodias ante,
> Saltria, nec subiens nec subeunda pari (2).

Ces différents témoignages montrent combien était populaire la croyance à une sorte de divinité qui errait de nuit dans les airs, escortée d'une grande quantité de femmes, et exerçant sa puissance sur le tiers des humains. Comme le nom de la fée, les détails de la légende devaient naturellement varier suivant les pays ; si l'on trouve entre le récit de Jean de Meun et celui de Guillaume d'Auvergne certaines analogies qu'on ne rencontre pas ailleurs, par exemple le nom de dame Abonde et la croyance qu'elle pénétrait dans les habitations, cette coïncidence provient de ce que les deux auteurs vivaient à peu près à la même époque dans une même ville.

---

noctibus equitare super quasdam bestias et in eorum consortio annumeratam esse ; haec talis omni modo, scopis correcta, ex parrochia ejiciatur » (Wright, *Reliquiae antiquae*, p. 286).

(1) Martène et Durand, *Amplissima collectio*, IX, 798.

(2) *Ysengrinus*, II, 83-94 (p. p. E. Voigt. Halle, 1884. In-8°). Voir, sur cette confusion de plusieurs légendes en une seule, J. Grimm, *Deutsche Mythologie*, I, 260-266 et *passim* (éd. 1844).

III

CONCLUSION DE LA SECONDE PARTIE.

Jean de Meun ne savait pas le grec. — Il était très familier avec la langue et la littérature latines. — Il comprenait la poésie latine mieux que ses contemporains. — Il imite à s'y méprendre le style d'Ovide. — Il fait parade de sa connaissance de l'antiquité — Tout en cherchant à citer les auteurs anciens, il emprunte aux modernes sans les nommer. — Ses procédés à l'égard des auteurs qu'il met à contribution : exemples tirés des ouvrages dont il s'est le plus servi. — Il se borne rarement au rôle de simple traducteur. — Il imite, abrège ou paraphrase plus souvent. — Enfin, il a des parties originales.

Tels sont les résultats de l'enquête minutieuse à laquelle je me suis livré sur le travail de Jean de Meun. Quelles conclusions est-il permis d'en tirer ?

La première, c'est que Jean ne connaissait pas le grec. Ce n'est pas là une révélation inattendue ; on sait qu'en France, au treizième siècle, cette langue n'était connue que de nom, et que, à part peut-être quelques exceptions très rares, personne alors n'aurait pu traduire une page de Platon. Mais il n'était pas inutile de montrer que Jean de Meun n'a aucun droit à être rangé parmi ces honorables exceptions. Il affirme, en effet, que dans sa jeunesse il a étudié Homère ; il cite l'Iliade, Pythagore, Platon, Aristote, Théophraste, Ptolémée, et laisserait volontiers croire qu'il était en relations directes avec ces auteurs. En réalité, il avait lu, dans une traduction latine, une partie du Timée, le livre des Météores d'Aristote, peut-être l'Almageste ; quant à Homère, à Pythagore, à Théophraste, j'ai dit comment il a connu les vers qu'il cite d'eux.

Jean de Meun était, au contraire, très familier avec la littérature latine ; il avait lu tout ce qu'on pouvait en lire de son temps, c'est-à-dire, à peu de choses près, ce qui nous en est parvenu. Ses nombreuses citations ne sont pas faites de seconde main, ni puisées à des *Flores*, comme il arrive souvent à cette époque, mais directement tirées des originaux.

Dire de Jean qu'il comprenait parfaitement la langue latine et qu'il n'a pas commis d'erreur en traduisant, ce n'est pas lui faire un compliment ; il vivait à une époque et dans un monde où cette langue était d'un usage aussi fréquent que la langue maternelle. Mais ce qui est vraiment à son honneur, d'autant plus que c'était alors une chose très rare, c'est son intelligence de la littérature antique. Au moyen âge, en général, on ne comprenait pas, ou, pour m'exprimer plus prudemment, on comprenait autrement que nous les chefs-d'œuvre de la littérature latine ; on ne les appréciait pas avec ce que nous appelons aujourd'hui le sens littéraire. On y goûtait les faits historiques, les sentences morales, celles surtout qui avaient la forme d'un proverbe ; on y cherchait des arguments, des idées pour soutenir une thèse ; on leur demandait d'instruire, plutôt que de plaire ; on expliquait Virgile dans les classes pour apprendre de lui les règles de la prosodie et de la grammaire, mais on ne sentait pas la finesse d'observation, la connaissance du cœur féminin, la délicatesse des sentiments, la pureté, l'élégance du style, et mille beautés de toutes natures qui font le mérite de ses œuvres. Il y avait naturellement des exceptions, il y avait des natures d'élite que les charmes de la vraie poésie ne laissaient pas insensibles. Jean de Meun était du nombre. Ses appréciations sur les auteurs anciens sont rares, mais lorsqu'il en émet une, si courte qu'elle soit, elle est juste. Platon est l'homme qui a le mieux parlé des dieux ; Virgile est le poète qui a connu le cœur féminin ; Ovide, celui qui a le mieux connu l'art de le tromper ; c'est la finesse qui caractérise Horace.

C'est moins encore dans ses jugements que dans ses imitations que Jean se montre un connaisseur plein de goût de la littérature classique. Lorsqu'il traduit, par exemple, un passage d'Ovide, il n'écarte pas, *a priori*, comme les autres imitateurs de son époque, les ornements poétiques, tels que métaphores, comparaisons, allusions mythologiques, et autres agréments du style, qui font de l'*Art d'aimer* un poème et non un traité didactique.

Jean de Meun s'était à ce point pénétré de la poésie latine, qu'en lisant certaines pages de son poème, dont on chercherait vainement l'original, on les croirait volontiers traduites de quelque poète ancien. Qu'on en juge par l'épisode suivant. Amour, ne pouvant s'emparer de la tour où Bel-Accueil est enfermé, envoie demander du secours à sa mère. Les messagers viennent à Cythère.

> Citeron est une montaigne
> Dedens un bois, en une plaigne,
> Si haute que nule arbaleste,
> Tant soit fort ne de traire preste,
> N'i trairoit ne bojon ne vire.
> Venus, qui les dames espire,
> Fist la son principal manoir (v. 16599-605).

Vénus ayant entendu la requête de son fils, s'apprête à venir à son secours.

> Lors fist sa mesnie apeler,
> Son char comande a ateler,
> Qu'el ne volt pas marchier les boes.
> Beaus fu li chars a quatre roes,
> D'or et de perles estelés.
> En leu de chevaus, atelés
> Ot es limons huit colombeaus
> Pris en son colombier, moult beaus.
> Toute lor chose ont aprestee.
> Adonc est en son char montee
> Venus, qui Chasteé guerroie.
> Nus des colons ne se desroie,
> Lor eles batent et s'en partent,
> L'air devant eus rompent et partent,
> Vienent en l'ost. Venus venue,
> Tost est de son char descendue.
> Contre li saillent a grant feste,
> Son filz premier, qui par sa heste
> Avoit ja les trives cassees... (v. 16714-32).

Je n'ose pas citer, à cause de son étendue, un autre passage bien plus caractéristique. C'est la description d'un orage et du retour du beau temps (v. 18845-18958). Malgré quelques longueurs et un peu de mièvrerie, on pourrait croire à la traduction fidèle d'une page des Métamorphoses. Il y a bien des réminiscences d'Ovide, il y en a de Virgile, d'Horace, mais pas plus que dans les descriptions de ces trois poètes on n'en trouve de leurs prédécesseurs.

Jean de Meun est très fier de connaître les auteurs de l'antiquité; il fait parade de cette érudition, et cherche même, par une petite supercherie, dont j'ai cité plusieurs exemples, à la faire paraître plus grande qu'elle n'est, en laissant entendre qu'il connaît aussi la littérature grecque. Toutes les fois qu'il peut placer un vers, une phrase d'un ancien, il s'empresse de le faire; souvent même il le fait sans en avoir trouvé l'occasion. Telles de ses citations sont à ce point hors de propos qu'elles seraient ridicules, s'il n'était permis de supposer qu'il a voulu faire une parodie. Ainsi, dans son chapitre sur les verres grossissants, il montre comment Mars et Vénus auraient pu, à l'aide d'une lentille, éviter certaine aventure fort désagréable, qu'il a précédemment racontée. C'est, je crois, avec la même intention plaisante qu'il rappelle l'accident de Palinure aux femmes qui dorment à table ; et que, dans une situation trop scabreuse pour que je la précise, il compare ses efforts à ceux d'Hercule, essayant de pénétrer dans l'antre de Cacus.

L'empressement excessif de Jean de Meun à citer les noms des auteurs anciens toutes les fois que directement ou indirectement il leur fait le moindre emprunt, contraste avec le soin qu'il prend de dissimuler des dettes bien plus importantes contractées envers des auteurs modernes. La seconde de ces deux fautes, qui s'expliquent par un même sentiment de vanité, est plus grave que la première. Je ne chercherai pas à l'excuser, tout au plus plaiderai-je les circonstances atténuantes, en faisant remarquer, d'une part, que la propriété littéraire n'existait pas au moyen âge comme aujourd'hui, et, d'autre part, qu'aujourd'hui même ces petites supercheries sont beaucoup plus fréquentes qu'on ne semble le croire. Pour n'en citer qu'un exemple, curieux et typique entre tous, je choisirai celui de Victor Hugo, copiant son Aymerillot dans un roman obscur de 1843 (1), et laissant croire qu'il en a puisé l'inspiration dans nos vieilles chansons de geste (2).

Mes recherches ne pouvaient guère me renseigner sur la personne même de Jean de Meun ; j'ai pu cependant montrer, en indiquant la source de deux passages du roman, combien étaient mal fondées les suppositions de ceux qui, sur la foi de ces deux passages, ont prétendu, les uns que Jean avait étudié le droit, les autres qu'il s'était adonné à l'alchimie (3).

Faut-il conclure aussi de ces recherches que Jean était un traducteur, ou tout au moins un compilateur, plutôt qu'un poète original ?

Les passages de quelque étendue, littéralement traduits, sont

---

(1) *Le château de Dannemarie*, de Jubinal (*Musée des familles*, t. X).
(2) Cf. L. Demaison, *Aymeri de Narbonne*, t. I. p. cccxxix (Soc. des Anc. textes).
(3) Voyez p. 139, et p. 145.

rares dans le Roman de la Rose. Je n'en ai trouvé que trois. C'est d'abord une longue et puérile série de contrastes sur l'amour :

> Amors ce est pais haïneuse,
> Amors est haine amoreuse,
> C'est loiautés la desloiaus,
> C'est la desloiautés loiaus... (v. 4910 et suiv).

Ces antithèses, destinées à peindre les désordres de l'âme sous l'influence de la passion, plaisaient aux troubadours et aux trouvères. M. Paul Meyer en a cité des exemples parmi les preuves des rapports qu'il a signales entre la littérature lyrique du Midi et celle du Nord (1). La litanie de Jean de Meun a dû paraître à beaucoup le fin du fin, et si ces admirateurs l'avaient sue traduite d'Alain de Lille, notre auteur aurait sans doute perdu à leurs yeux beaucoup de son originalité. Cette perte nous sera d'autant plus insensible que nous partageons moins l'admiration des Bernard de Ventadour, des Guiraut de Borneil, des Charles d'Orléans pour ces subtilités.

Je regrette davantage, pour Jean de Meun, de n'avoir pas pu lui laisser la poétique description, souvent et justement admirée, du palais de Fortune (2). Mais ici encore il s'est borné au rôle de traducteur fidèle : l'auteur est Alain de Lille.

Jean de Meun s'est approprié, sans scrupule, ces deux morceaux, il les a donnés comme siens, et rien dans les vers qui les précèdent ou les suivent ne trahit son larcin.

Il a été plus loyal à l'égard de Théophraste, bien qu'il ait essayé de s'attribuer un mérite qu'il n'avait pas, en feignant d'avoir lu un livre du philosophe grec dont il connaissait seulement, par l'intermédiaire de Jean de Salisbury, le fragment qu'il a traduit (3).

Ces trois morceaux, pour lesquels Jean ne peut revendiquer aucune part d'originalité, ne comprennent pas, réunis, plus de 400 vers. C'est peu dans son œuvre immense. Les autres passages qu'il a traduits ne dépassent pas les limites de simples citations. Je considère, en effet, comme des imitations, plutôt que comme des traductions, les parties de son poème où, tout en reproduisant des chapitres d'ouvrages antérieurs, il les modifie

(1) *Romania*, XIX, p. 7 et suiv.
(2) Voyez p. 96.
(3) Voyez p. 110.

par des additions, des suppressions, des développements, par une façon nouvelle d'exprimer la même idée ou par tout autre procédé. Dans ces imitations, la distance de la copie au modèle est très variable et l'originalité de l'imitateur est généralement en rapport inverse avec sa fidélité. A tel des auteurs qu'il met à contribution, Jean se contente d'emprunter seulement une idée, pour la développer lui-même ; d'un autre, au contraire, il traduit littéralement, comme nous venons de le voir, des pages entières, sans y rien changer ; plus souvent il démarque son modèle, soit en modifiant l'ordre des arguments, soit en y intercalant des pensées prises ailleurs. Il y a si peu d'uniformité dans cette manière de travailler que certains épisodes paraissent avoir été écrits à part et réunis plus tard au roman. Il est donc difficile de caractériser dans son ensemble le procédé d'imitation de l'auteur ; on peut dire cependant qu'en général il manque de discrétion et de personnalité. Son œuvre, vue à travers les idées modernes sur la propriété littéraire, apparaîtrait souvent comme un long plagiat. Lui-même, d'ailleurs, reconnaît qu'il n'a guère fait que « réciter » ce que d'autres avaient écrit avant lui, se bornant à y ajouter quelques idées personnelles :

> D'autre part, dames honorables,
> S'il vous semble que je di fables,
> Por menteor ne m'en tenés ;
> Més as actors vous en prenés,
> Qui en lor livres ont escrites
> Les paroles que g'en ai dites,
> Et ceus avec que g'en dirai,
> Que ja de riens n'en mentirai,
> Se li prodome ne mentirent,
> Qui les anciens livres firent.
> . . . .
> Ge n'i fais riens fors reciter,
> Se par mon gieu, qui poi vous couste,
> Quelque parole n'i ajouste,
> Si com font entre eus li poëte,
> Quant chascuns la matire traite
> Dont il li plest a entremetre,
> Car, si com tesmoigne la letre,
> Profit et delectation,
> C'est toute lor entention (v. 16153-80).

Cette appréciation des parties du roman dirigées contre les femmes peut s'appliquer au poème entier.

Les auteurs à qui Jean doit le plus sont Ovide, Boèce, Alain de Lille et Guillaume de Saint-Amour.

Il a fait passer presqu'en entier dans son roman le *De arte amandi*, ne laissant guère que des allusions mythologiques, qui n'auraient pas été comprises de ses lecteurs ; des situations trop spéciales à la civilisation antique pour être applicables à la société chrétienne du treizième siècle ; et ce que Guillaume de Lorris avait déjà pris. Jean de Meun, au lieu de garder au traité d'Ovide sa forme didactique, l'a décomposé, chargeant un ami de faire connaître au jeune homme les recommandations qui s'adressent à lui, et confiant à une duègne le soin d'enseigner les autres à la jeune fille. Ni l'ami, ni la duègne ne se croient obligés de répéter à la lettre les leçons d'Ovide. Sans rien perdre de ce qu'ils ont appris à son école, ils reproduisent ses préceptes à mesure que l'occasion s'en présente dans leurs discours, en développant les uns, abrégeant les autres, rajeunissant celui-ci, traduisant celui-là, en ajoutant de nouveaux, enfin appropriant le tout aux circonstances présentes. Ovide, par exemple, recommande à la courtisane, à celle surtout qui a la peau très blanche, de laisser à découvert l'extrémité de l'épaule et la partie supérieure du bras gauche. La robe à manches du moyen âge ne se prêtant pas à cet artifice, Jean de Meun en conseille un autre, comme nous l'avons vu plus haut (1).

Jean, comme son maître, donne à la coquette des recommandations sur la manière dont elle devra se comporter à table. Ovide avait dit :

>   Sera veni, positaque decens incede lucerna :
>   Grata mora est Veneri ; maxima lena mora est.
>   Etsi turpis eris, formosa videbere potis,
>   Et latebras vitiis nox dabit ipsa tuis.
>   Carpe cibos digitis : est quiddam gestus edendi ;
>   Ora nec immunda tota perunge manu,
>   Neve domi praesume dapes ; sed desine citra
>   Quam cupias paulo, quam potes esse minus.
>   Priamides Helenen avide si spectet edentem,
>   Oderit et dicat : « Stulta rapina mea est. » (*A. Am.*, III, 751-760.)

Le trouvère dit à son tour :

>   Si rafiert bien qu'el soit a table
>   De contenance convenable :

---

(1) Page 162.

Més ains qu'el s'i voise seoir,
Face soi par l'ostel veoir
Et a chascun entendre doingne
Qu'ele fait mout bien la besoingne.
Aille et viengne avant et arriere,
Et s'asice la derreniere,
Et se face un petit atendre,
Ains qu'el puisse a seoir entendre.
Et quant ele iert a table asise,
Face, s'el puet, a tous servise :
Devant les autres doit taillier,
Et du pain entor soi baillier ;
Et doit, por grace deservir,
Devant le compaignon servir,
Qui doit mengier en s'escuele ;
Devant li mete cuisse ou ele,
Ou buef ou porc devant li taille,
Selonc ce qu'il auront vitaille,
Soit de poisson ou soit de char.
N'ait ja cuer de servir eschar,
S'il est qui soffrir le li voille ;
. . . . (1)
Et boive petit a petit,
Combien qu'ele ait grant apetit ;
Ne boive pas a une alaine
Ne henap plain, ne cope plaine,
Ains boive petit et sovent,
Qu'el n'aut les autres esmovant
A dire que trop en engorge,
Ne que trop boive a gloute gorge ;
Més delicement le coule.
Le bort du henap trop n'engoule,
Si comme font maintes norrices,
Qui sont si gloutes et si nices
Qu'el versent vin en gorge cruese
Tout ainsinc com en une huese,
Et tant a grans gors en entonent,
Qu'el s'en confondent et estonent (v. 14325-89).

La comparaison de ces deux passages marque la différence des situations faites à la femme par la société païenne et par la société chrétienne. Il en est de même du rapprochement des deux passages qui suivent.

Ovide insiste sur le chapitre des repas et met son élève

(1) La plupart des vers que j'omets ici sont cités plus haut, p. 164.

en garde contre le danger de s'enivrer ou de s'endormir à table :

> Aptius est deceatque magis potare puellas :
> Cum Veneris puero non male, Bacche, facis.
> Hoc quoque qua patiens caput est ; animusque pedesque
> Constent ; nec quae sint singula, bina vide.
> Turpe jacens mulier multo madefacta Lyaco ;
> Digna est concubitus quoslibet illa pati.
> Nec somnis posita tutum succumbere mensa :
> Per somnos fieri multa pudenda solent.
> (*A. Am.*, III, 761-768.)

Ces dangers sont moins graves dans les repas du treizième siècle que dans les orgies du temps de l'empire romain :

> Et bien se gart que ne s'enivre,
> Car en home ne en fame ivre
> Ne puet avoir chose secree ;
> Car puis que fame est enivree,
> Il n'a point en li de defense,
> Ains jangle tout quanqu'ele pense,
> Et est a tous abandonee
> Quant a tel meschief s'est donee.
> Et se gart de dormir a table,
> Trop en seroit mains agreable.
> Trop de ledes choses avienent
> A ceus qui tel dormir maintienent.
> Ce n'est pas sens de someiller
> Es leus establis a veillier ;
> Maint en ont esté deceu,
> Et maintes fois en sont cheu,
> Devant ou derriers ou de coste ;
> Brisent ou bras ou teste ou coste.
> Gart que tels dormirs ne la tiengne.
> De Palinurus li soviengne,
> Qui governoit la nef Enee.
> Veillant l'avoit bien governee,
> Més quant dormirs l'ot envaï,
> Du governail en mer chaï,
> Et des compaignons noia près,
> Qui mout le plorerent après (v. 14390-14415).

Je n'insisterai pas sur ces comparaisons ; le lecteur pourra, s'il lui plaît, les continuer, à l'aide de la table de concordances que j'ai donnée plus haut (1).

(1) Page 119-129.

C'est encore à Ovide, dans une de ses élégies, et surtout dans son *Art d'aimer*, que Jean de Meun a pris une partie des traits de son entremetteuse ; mais ces traits, il les a rajeunis, il leur a donné une vie nouvelle, il les a faits siens ; puis, les combinant avec ceux qu'il trouvait dans d'autres ouvrages ou dans ses observations personnelles, il a peint ce fin portrait, qui laisse loin en arrière celui de la *lena* à peine ébauché par Ovide, et a mérité d'être considéré comme le prototype d'un personnage de notre littérature classique.

J'ai parlé déjà de ce portrait ; je ne répéterai pas ce que j'en ai dit ; mais pour montrer combien Jean de Meun sait être original, même dans ses imitations, je citerai une page qui ne doit rien à Ovide, et que Regnier n'a pas reproduite. C'est la peinture énergique de la passion que l'entremetteuse a éprouvée dans sa jeunesse, alors qu'elle exerçait le métier de courtisane, pour un personnage aujourd'hui trop connu, mais qu'on ne s'attendait peut-être pas à trouver sous le règne de saint Louis. J'ai rapproché déjà de cette peinture quelques vers de Guillaume le Clerc, mais sans prétendre qu'elle ait été inspirée par le trouvère normand, ce qui ne lui enlèverait, d'ailleurs, rien de son mérite.

La citation pourra paraître un peu longue, mais elle est curieuse, et, prise dans un poème de 23,000 vers, elle n'a rien d'exagéré.

> Les grans dons que cil me donoient
> Qui tuit a moi s'abandonoient,
> Au mieus amé abandonoie.
> L'en me donoit, et ge donoie,
> Si que n'en ai riens retenu.
> Doner m'a mis au pain menu.
> Ne me sovenoit de viellesce,
> Qui or m'a mis en tel destresce.
> De povreté ne me tenoit ;
> Le tens ainsinc com il venoit
> Lessoie aler, sans prendre cure
> De despens faire par mesure.
> Se je fuisse sage, par m'ame,
> Trop eüsse esté riche dame,
> Car de trop grans gens fui acointe,
> Quant g'iere ja mignote et cointe,
> Et bien en tenoie aucuns pris.
> Més quant j'avoie des uns pris ;
> Foi que doi Dieu et saint Tibaut,
> Trestout donoie a un ribaut,

Qui trop de bonte me faisoit;
Mes c'iert cis qui plus me plaisoit.
Les autres tous amis clamoie,
Més lui tant solement amoie ;
Mes sachiés qu'il ne me prisoit
Un pois, et bien me le disoit.
Mauvés iert, onques ne vi pire,
Onc ne me cessa de despire :
Putain commune me clamoit
Li ribaus, qui point ne m'amoit.
Fame a trop pauvre jugement,
Et je fui fame droitement.
Onc n'amai home qui m'amast,
Més se cis ribaus m'entamast
L'espaule, ou ma teste eust quasse,
Sachiés que ge l'en merciasse.
Il ne me seust ja tant batre
Que sor moi nel feïsse embatre;
Qu'il savoit trop bien sa pés faire,
Ja tant ne m'eust fait contraire;
Ne ja tant m'eust mal menee,
Ne batue ne trainee,
Ne mon vis blecié ne nerci,
Qu'ainçois ne me criast merci,
Que de la place se meüst,
Ja tant dit honte ne m'eust,
Que de pés ne m'amonestast,
Et que lors ne me rafaitast ;
Si ravions et pés et concorde.
Ainsinc m'avoit pris a sa corde,
Car trop estoit fiers rafaitieres,
Li faus, li traïtres, li lerres.
Sans celi ne pousse vivre,
Celi vosisse tous jors sivre ;
S'il foist, bien l'alasse querre
Jusqu'a Londres en Engleterre.
Tant me plut et tant m'abeli
Qu'a honte me mist, et je li,
Car il menoit les grans aveaus
Des dons qu'il ot de moi tant beaus ;
Ne n'en metoit nus en espernes,
Tout jooit as dés en tavernes ;
N'onques n'aprist autre mestier,
N'il ne l'en iert lors nul mestier,
Car tant li livroie a despendre,
Et ge l'avoie bien ou prendre.

> Tous li mondes iert mes rentiers,
> Et il despendoit volentiers,
> Et tous jors iert en ribaudie,
> Trestout frioit de lecherie.
> Tant par avoit la bouche tendre
> C'onc ne volt a nul bien entendre ;
> N'onc vivre ne li abelit,
> Fors en oiseuse et en delit.
> En la fin l'en vi mal bailli,
> Quant li don me furent failli.
> Povres devint et pain querant,
> Et je n'oi vaillant un seran,
> N'onques n'oi seignor espousé ;
> Lors m'en vin, si com dit vous é,
> Par ces buissons gratant mes temples (v 15404-15485).

Jean de Meun doit encore à son poète favori plusieurs épisodes, tirés surtout des Métamorphoses, qu'il a encadrés dans son roman. En parlant de ces imitations, Paulin Paris a dit : « On est tenté de croire que le jeune poète s'était déjà exercé sur la plupart de ces fragments avant de penser à les intercaler dans la continuation de l'œuvre de Guillaume ; ils y forment autant d'épisodes assez mal amenés, que l'on pourrait déplacer sans le moindre inconvénient, et qui sont comme autant de repos ou d'intermèdes (1). » De simples allusions, au lieu de ces épisodes, n'auraient pas été hors du sujet ; mais le public auquel le roman était destiné ne les aurait pas comprises. Pour les mettre à sa portée, Jean de Meun a dû les expliquer, en résumant des épisodes d'Ovide, pour la mort d'Adonis, pour le déluge de Deucalion et de Pyrrha, pour l'abandon d'Œnoé par Paris, de Médée par Jason ; ou des récits de Virgile, de Tite-Live, de Suétone, pour la mort de Didon, de Lucrèce, de Virginie, de Néron. Une fois seulement il s'est amusé à développer un de ces récits, la légende de Pygmalion, et cette fois véritablement il semble avoir perdu de vue le Roman de la Rose. Il a fait un hors-d'œuvre ; on sent qu'il n'a pas su résister au plaisir de conter cette gracieuse allégorie ; il le reconnaît lui-même, car, au moment où, entraîné par son sujet, il va raconter l'histoire des enfants de Pygmalion, il s'arrête en disant :

> Mais c'est trop loing de ma matire,
> Por c'est bien drois qu'arriers m'en tire (v. 22207-208).

---

(1) *Histoire littéraire*, XXIV, p. 46.

L'unité du roman si souvent violée n'avait plus rien à perdre à cette nouvelle infraction. Au lieu donc de la regretter, nous nous féliciterons qu'elle nous ait conservé un charmant petit poème, qui aurait eu beaucoup de chances de se perdre avec tant d'autres, si l'auteur l'avait publié à part.

Ici, Jean suit le récit d'Ovide, mais en l'étendant considérablement. Cinquante vers avaient suffi au poète latin, le trouvère en emploie quatre cents. Toutefois, il faut tenir compte de la dimension de ces vers. Jean ajoute des détails charmants à ceux d'Ovide. En voici un, par exemple, qui est tout entier de lui. Pygmalion compare son malheur à celui des amants dont les vœux ne sont pas exaucés ; eux, du moins, ont l'espoir d'un baiser « et d'autre chose » ; lui n'a même pas le droit d'espérer. S'il veut donner un baiser à son amie ; elle lui glace les lèvres... Tout à coup il s'arrête, il craint d'avoir offensé, par ce reproche, celle qui le fait tant souffrir :

> « Ha ! trop ai parlé rudement ;
> Merci, douce amie, en demant,
> Et pri que l'amende en pregniés ;
> Car de tant com vous me daingniés
> Doucement regarder et rire,
> Ce me doit bien, ce croi, soffire. » (v. 21896-901).

Le délire du pauvre artiste est aussi peint très heureusement :

> Amors li tolt sens et savoir,
> Si que trestout s'en desconforte ;
> Ne set s'ele est ou vive ou morte.
> Soef a ses mains la detaste,
> Et croit, ausinc com se fust paste,
> Que ce soit sa char qui lui fuie,
> Més c'est sa main qu'il i apuie (v. 21913-19).

Pygmalion a revêtu sa statue de riches étoffes ; il l'a couverte de pierreries ; il lui a ceint la tête d'une couronne de fleurs ; il est en extase devant elle : soudain, dans un transport d'ivresse, il lui passe un anneau d'or au doigt,

> Et dit, com fins loiaus espous :
> « Bele douce, ci vous espous,
> Et deviens vostres, et vous moie.
> Ymeneus et Juno m'oie ;

Qu'il voillent a nos noces estre.
Ge n'i quier plus ne clerc ne prestre,
Ne de prelaz mitres ne croces ;
Car cil sont li vrai dieu des noces »
Lors chante a haute vois serie,
Tout plains de grant renvoiserie,
En leu de messe chançonetes
De jolis secrés d'amoretes ;
Et fait ses instrumens soner,
Qu'en n'i oist pas Dieu toner ;
Qu'il en a de trop de manieres,
Et plus en a les mains plenieres
C'onques n'ot Amphions de Thebes.
. . . .
Et espringue et sautele et bale,
Et fiert du pié par mi la sale ;
Et la prent par la main, et dance ;
Més mout a au cuer grant pesance
Qu'el ne vuet chanter ne respondre,
Ne por prier ne por semondre.
Puis la rembrace et si la couche,
Et puis la baise et si l'acole ;
Més ce n'est pas de bone escole
Quant deus personnes s'entrebaisent
Et li baisier as deus ne plaisent.
Ainsinc s'ocist, ainsinc s'afole,
Sorprins de sa pensee fole,
Pymalions li deceüs,
Por sa sorde ymage meus (v. 22001-22056).

La stupeur de Pygmalion, à la vue de son marbre qui s'assouplit, s'échauffe et prend vie, n'est pas moins gracieusement racontée. Ici encore Jean de Meun soutient la comparaison avec son modèle. Pygmalion revient du temple, où il est allé invoquer Vénus :

Ut rediit, simulacra suae petit ille puellae,
Incumbensque toro dedit oscula. Visa, tepere est.
Admovet os iterum, manibus quoque pectora tentat :
Tentatum mollescit ebur, positoque rigore
Subsidit digitis, ceditque, ut Hymettia sole
Cera remollescit, tractataque pollice multas
Flectitur in facies, ipsoque fit utilis usu.
Dum stupet et dubie gaudet fallique veretur,
Rursus amans rursusque manu sua vota retractat.
Corpus erat : saliunt tentatae pollice venae.

Tum vero Paphius plenissima concipit heros
Verba quibus Veneri grates agat; oraque tandem
Ore suo non falsa premit, dataque oscula virgo
Sensit et erubuit, timidumque ad lumina lumen
Attollens pariter cum coelo vidit amantem (*Métam.*, X, 280-294).

N'est plus au temple sejornés,
A son ymage est retornés
Pymalions a mout grant heste,
Puis qu'il ot faite sa requeste,
Car plus ne se pooit tarder
De li tenir et regarder.
A li s'en cort les saus menus,
Tant qu'il est jusque la venus.
Du miracle riens ne savoit,
Més es dieus grant fiance avoit;
Et quant de plus près la regarde,
Plus art son cuer et frit et larde.
Lors voit qu'ele ert vive et charnue,
Si li debaille la char nue,
Et voit ses beaus crins blondoians
Comme ondes ensemble ondoians;
Et sent les os, et sent les veines,
Qui de sanc ierent toutes pleines,
Et le pous debatre et mouvoir.
Ne set se c'est mençonge ou voir;
Arrier se trait, ne set que faire,
Ne s'ose més près de li traire,
Qu'il a paor d'estre enchantés.
« Qu'est-ce, dit il, sui ge tentés?
Veillé ge pas? Nennil, ains songe,
Més onc ne vi si apert songe.
Songe! par foi non fais, ains veille,
Dont vient donques cele merveille?
Est ce fantosme ou anemis
Qui s'est en mon ymage mis? »
Lors li respondi la pucele,
Qui tant iert avenant et bele,
Et tant avoit blonde la cosme :
« Ce n'est anemis ne fantosme,
Dous amis, ains sui vostre amie,
Preste de vostre compaignie
Recevoir, et m'amor vous offre,
S'il vous plaist recevoir tel offre. »
Cil ot que la chose est acertes,
Et voit les miracles apertes;

> Si se trait près et s'asseüre.
> Por ce que c'est chose seure,
> A li s'otroie volentiers,
> Com cil qui ert siens tous entiers.
> A ces paroles s'entralient,
> De lor amors s'entremercient,
> N'est joie qu'il ne s'entrefacent;
> Par grant amor lors s'entrembracent,
> Com deus colombeaus s'entrebaisent;
> Mout s'entraiment, mout s'entreplaisent.
> As dieus ambdui graces rendirent,
> Qui tel cortoisie lor firent,
> Espeeiaument a Venus,
> Qui lor ot aidié plus que nus (v. 22117-22170).

C'est à Ovide que Jean de Meun a fait les plus nombreux emprunts; c'est lui qu'il imite en général de plus près. On vient de voir que, même alors, il ne se borne pas au rôle de traducteur.

Boèce a aussi contribué largement au Roman de la Rose; outre des citations semées çà et là, il a fourni en partie les matériaux d'un sermon sur la Fortune et d'une dissertation sur l'accord du libre arbitre et de la prescience divine. Nous allons voir quel parti notre auteur a tiré de ces matériaux.

Raison parle au jeune homme de l'amour et de l'amitié; elle cherche à le mettre en garde contre les faux amis, qui s'attachent aux pas de l'homme riche et l'abandonnent dans la mauvaise fortune. Cette idée lui sert de transition pour passer à son discours sur la Fortune :

> Et puis qu'a Fortune venons,
> Et de s'amor sermon tenons,
> Dire t'en voil fiere merveille,
> N'onc, ce croi, n'ois sa pareille;
> Ne sai se tu le porras croire,
> Toutesvoies est chose voire,
> Et si la trueve l'en *escrite* (v. 5558-64).

Cette merveille, c'est

> Que mieus vaut assés et profite
> Fortune perverse et contraire
> Que la mole et la debonnaire,
> Et se ce te semble doutable,
> C'est bien par argument prouvable (v. 5565-69).

Le livre où elle est écrite, c'est la Consolation philosophique de Boèce. C'est aussi là que Jean trouvera les arguments à l'aide desquels il soutiendra son paradoxe, et les idées fondamentales du sermon qu'il vient d'annoncer et qui ne durera pas moins de deux mille vers. Ces proportions, rapprochées des deux ou trois pages de Boèce que Jean de Meun a mises à profit, donnent la mesure des développements qu'il a tirés soit d'autres ouvrages, soit de son observation personnelle, soit des événements contemporains.

Il doit à Alain de Lille la longue description du palais de Fortune, mais il ne doit à personne les vers énergiques dans lesquels, développant cette idée du « maître », que

>   Nus n'est chetis s'il n'el cuide estre (v. 5766),

il oppose la tranquillité, la joie de vivre du portefaix aux soucis continuels du banquier, qui ne se croit jamais assez riche, du marchand, qui « bée a boivre toute Saine », de l'avocat et du médecin, qui « por deniers sciences vendent » :

>   Tant ont le gaaing dous et sade
>   Que cil vodroit, por un malade
>   Qu'il a, qu'il en eust quarente,
>   Et cil por une cause trente,
>   Voire deus cens, voire deus mile,
>   Tant les art convoitise et guile (v. 5816-21);

du théologien, qui prêche pour acquérir

>   Honors ou graces ou richesses (v. 5824);

du riche, des « entasseors »,

>   Qui sont tuit serf a lor deniers,
>   Qu'il tienent clos en lor greniers (v. 5882-83).

Que l'existence du ribaud, avec son insouciance du lendemain, est préférable à celle de ces gens !

>   Maint ribaut ont les cuers si baus,
>   Portans sas de charbon en Grieve,
>   Que la poine riens ne lor grieve;
>   Qu'il en pacience travaillent,
>   Et balent et tripent et saillent,

> Et vont a Saint Marcel as tripes,
> Ne ne prisent tresor deus pipes;
> Ains despendent en la taverne
> Tout lor gaaing et lor esperne,
> Puis revont porter les fardeaus,
> Par leesce, non pas par deaus,
> Et loiaument lor pain gaaignent,
> Quant embler ne tolir nel daignent;
> Puis revont au tonel et boivent,
> Et vivent si com vivre doivent.
> Tuit cil sont riche en abondance,
> S'il cuident avoir soffisance (v. 5769-5785).

Ce loqueteux, qui peut

> Seur et seul par tout aler,
> Et devant les larrons baler,
> Sans douter eus et lor affaire (v. 6002-6004),

est cent fois plus heureux

> Que li rois o sa robe vaire (v. 6005),

qui n'ose sortir sans être gardé par ses hommes,

> Car sa force ne vaut deus pomes
> Contre la force d'un ribaut
> Qui s'en iroit a cuer si baut.
> Par ses homes! par foi ge ment,
> Ou ge ne dis pas proprement.
> Vraiement sien ne sont il mie,
> Tout ait il sor eus seignorie.
> Seignorie! non, mais servise,
> Qu'il les doit tenir a franchise.
> Ains est lor, car quant il vodront,
> Lor aïdes au roi todront,
> Et li rois tous seus demorra
> Si tost com li pueples vorra,
> Car lor bontés ne lor proesces,
> Lor cor, lor forces, lor sagesces
> Ne sont pas sien, ne riens n'i a :
> Nature bien les li nia (v. 6019-6035).

A ces développements, que lui a fournis l'observation des mœurs contemporaines, Jean de Meun en ajoute d'autres tirés des événements politiques de son époque. Raison vient de rappeler, avec Boèce, pour montrer combien la Fortune est capricieuse, les malheurs de Néron et de Crésus, subitement précipités du faîte des grandeurs; elle ajoute :

> Et se ces prueves riens ne prises,
> D'anciennes istoires prises,
> Tu les as de ton tens noveles
> De batailles fresches et beles,
> De tel beauté, ce dois savoir,
> Comme il puet en bataille avoir (v. 7367-72).

Elle cite l'exemple de Manfred, roi de Sicile, vaincu et tué par Charles d'Anjou ; de Corradin, exécuté malgré son jeune âge et

> Maugré les princes d'Alemaigne (v. 7395);

de Henri, frère du roi d'Espaigne, que Jean de Meun, comme ses contemporains, croit mort, tandis qu'il est seulement prisonnier des Angevins; enfin de l'orgueilleuse Marseille, qui, s'étant révoltée contre le comte de Provence, fut soumise par lui, et vit monter à l'échafaud ses premiers citoyens.

Jean de Meun, bon Français, prend parti dans tous ces événements pour Charles d'Anjou,

> Cui nuis et jours et mains et soirs
> L'ame, le cors et tous ses hoirs
> Gart Dieus et desfende et conseille (v. 7465-67).

C'est grâce à ces allusions qu'on a pu dater le Roman de la Rose.

Un autre emprunt important fait à Boèce est le chapitre où Jean essaye de démontrer que le libre arbitre et la prescience divine ne s'excluent pas. Cette question, si souvent débattue par les philosophes de l'école platonicienne et par les Pères de l'Église, n'était plus susceptible d'arguments nouveaux. Jean trouvait dans la Consolation philosophique tous ceux que le christianisme admet; il ne pouvait donc mieux faire que de les reproduire; il a su les interpréter avec une netteté qu'on est tout surpris de trouver dans une langue peu habituée aux discussions métaphysiques.

Jean, comme nous l'avons vu (1), a traduit littéralement

---

(1) Page 96 et p. 174.

deux fragments d'Alain de Lille, l'un tiré de l'*Anticlaudianus*, l'autre du *De Planctu Naturae*. Mais il doit autre chose à cette dernière composition. C'est à elle qu'il a pris l'idée bizarre d'exposer ses connaissances scientifiques, philosophiques et autres, par la bouche de Nature qui se confesse à son chapelain, ou de Génius qui sermone sa pénitente. J'ai donc considéré le *De Planctu Naturae* comme la source des cinq mille vers pendant lesquels ces deux personnages occupent la scène. Je n'entends pas dire par là que toutes les idées exposées dans cet immense épisode soient d'Alain, tant s'en faut. Les unes sont de lui, les autres ont été inspirées par lui, beaucoup lui sont absolument étrangères, mais le cadre tout entier lui appartient.

J'ai dit déjà comment Jean de Meun s'est comporté à l'égard d'Alain ; je n'insisterai pas davantage sur ce point.

J'ai signalé comme ayant leur source dans un écrit de Guillaume de Saint-Amour un millier de vers environ de Jean de Meun. C'est un des passages les plus justement admirés du Roman de la Rose, celui où Faux-Semblant occupe la scène. Beaucoup des traits dont se compose la physionomie de ce personnage se trouvent, sous forme d'accusations, dans le réquisitoire lancé par le chancelier de l'Université, directement contre les hypocrites, indirectement contre les ordres mendiants ; c'est là que Jean les a trouvés. D'autre part, l'idée même de personnifier l'hypocrisie lui était imposée par le cadre de Guillaume de Lorris. Mais quel admirable parti il a su tirer de ces données premières ! Quelle différence entre le scolastique mémoire de Guillaume de Saint-Amour et les portraits pleins de vie, de chaleur et d'originalité de Faux-Semblant et de sa compagne Abstinence-Contrainte ! « Je perdrais du papier », dit un critique, qui n'a pas toujours été si heureux dans ses appréciations sur notre poème, « je perdrais du papier à faire remarquer la vigueur de toute cette peinture. Tartufe, au cinquième acte, n'est pas plus dur que Faux-Semblant, et sa magnifique langue n'est pas plus forte ni plus précise que l'énergique bégayement de son aïeul (1). » Le mot bégayement est le seul que je n'approuve pas dans ce jugement. Ni Guillaume de Lorris, ni Guillaume de Saint-Amour n'ont rien à réclamer dans le prix de ce tableau, et la gloire de Jean de Meun n'est en rien diminuée par les emprunts qu'il leur a faits ; pas plus que le mérite d'un architecte n'est amoindri par la mise en œuvre, dans ses constructions, de

---

(1) D. Nisard, *Histoire de la littérature française*, I, 128 (1re édit.).

matériaux ayant déjà servi. On dit que le palais Farnèse, le plus beau de Rome, a été construit avec des pierres du Colysée; est-ce que, de ce fait, l'architecte Michel-Ange doit quelque chose de sa gloire à l'architecte du Colysée?

De cet examen des procédés d'imitation de Jean de Meun, tantôt fidèle jusqu'à la copie, tantôt libre jusqu'à l'originalité, il ressort que si j'ai pu lui faire tort en révélant ses emprunts, ce préjudice n'est pourtant pas aussi grand qu'on pourrait le croire d'après le nombre des vers dont j'ai indiqué la source. En fût-il autrement et ne verrait-on dans l'imitateur qu'un homme instruit, un esprit curieux et souple, les parties de son poème absolument personnelles sont encore assez importantes pour nous montrer en lui un penseur et un poète.

TABLE

DES VERS MENTIONNÉS DANS L'ÉTUDE DES SOURCES DE LA SECONDE PARTIE DU ROMAN DE LA ROSE

Vers.	Pages.	Vers.	Pages.
4832 et suiv..	94-95	7515-7570...	104-106
4896-4993...	96, 149, 174	7781-7785...	110
4994-5005...	96, 153	7801-7802...	132
5059-5076...	104	7844-7850...	108
5149-5153...	96, 111	7904-7935...	149
5165 et suiv..	112	8117-8121...	139
5284-5320...	153	8197-8236...	119
5406-5505...	96, 112-114	8215-8222...	162
5558-7643...	95, 185-188	8236-8262...	120, 161
5558-5681...	96, 136	8342-8347...	119
5746-5753...	106	8400-8445...	119
5754-5761...	136	8518-8522...	160
6128-6137...	114-115	8614-8617...	165
6146-6148...	148	8636-8712...	151
6271-6277...	134	8670	165
6324-6393...	118	8736-8737...	121
6395-6397...	127	8898-8904...	134
6470-6474...	118	8920-8936...	104
6583-6610...	131-132	8935-8940...	139
6657-6910...	149	8951-8996...	119
6911-6986...	127-130	9013-9016...	119
6920-6946...	137	9038-9060...	131
6988-7590...	137	9061-9105...	120-121
7091-7106...	133	9106-10492..	120-121, 124
7149-7224...	130-131	9200-9203...	121, 165
7232-7358...	134	9310-9357...	110
7427-7434...	148	9361-9403...	119

TABLE DES VERS MENTIONNÉS.

Vers.	Pages.	Vers.	Pages.
9404-9411...	140, 142	14864-875...	118
9412-9437...	110	14964-969...	118
9438-9445...	140, 142	15104-353...	120-121
9446-9467...	131, 142	15404-485...	150-151, 180-181
9468-9485...	140	16115-130...	115
9486-9495...	131, 142	16153-180...	175
9496-9509...	140	16178-180...	118
9510-9581...	147	16180 240...	154
9692-9705...	109	16241-826...	153
9706-9786...	121	16284	165
9757-9761...	117	16509-524...	117
9891-9915...	131	16599-732...	172
9932	165	16610-685...	121
9933-9936...	133	16827-21637.	149, 150
9937-9940...	132	16911-930...	165-166
9941-9952...	121, 140, 142	16953-17084.	142-145
10063-107...	131	17121-133...	115
10166-170...	141	17262-265...	116-117
10297-304...	118	17267-273...	104
10435-471...	120	17274-280...	119
10514-641...	120	17281-283. .	103
10668-671...	104	17523-553...	117
10930-936...	134	17582-585...	104
11697-12996.	156-160	17628-633...	104
11836.......	165	17641 et suiv.	103
11891-893...	165	17750-769...	136
12268-275...	139	17792-817...	136
12946-13300.	160	17848-864...	136
13607	165	17865-875...	134
13694-797...	120	17976-988...	141
13830-833...	107	17989-995...	148
14049-63....	120	18038-534...	137-138
14066-79....	119	18535-582...	121
14115-213...	120	18722-809...	137-138
14115-151...	117, 141	18815-956...	121
14152-821...	120-121	18959-966...	109
14325-389...	162-164	18969-996...	146-147
14390-415...	176-177	18997-19064.	120
14409-415...	117	19084-87....	104
14559-561...	106	19088-187...	146-147
14576-579...	110	19088-131...	166

Vers.	Pages.	Vers.	Pages.
19132-141...	110	20210-240...	121
19141-181...	166	20277-300...	160
19262-360...	135	20668-682...	121
19360-431...	167-169	20737-759...	135
19239-277...	167	20964-968...	134
19502-509...	110	21047-112...	116-117
19512-521...	118	21113-136...	121
19652-687...	121	21745-773...	121
19828......	165	21802-22210.	121, 181-185
19967-985...	149, 150.	22224-343...	153
19984-985...	109	22325-334...	117
19995-20050.	107	22439-445...	131
20009	109	22446-449...	120
20101-108...	117	22630-641...	117
20109-122...	146		

Cette liste comprend environ 12000 vers. J'aurais pu la grossir beaucoup, soit en y faisant entrer les passages qui, sans être encore traduits ou imités de quelque ouvrage antérieur, ont été cependant amenés par des traductions et des imitations qui précèdent ou qui suivent, et leur sont intimement liés; soit en remontant aux sources indirectes, aux écrits où apparaissent exposées pour la première fois des théories, des croyances, des idées, que Jean de Meun a connues autrement que par ces écrits et qu'il a reproduites dans son poème. J'ai craint de sortir de mon sujet. On trouvera ces indications, sous forme de notes, jointes à l'édition que je prépare du Roman de la Rose.

LEXIQUE

DES MOTS QUI, PAR LEUR ORTHOGRAPHE OU PARCE QU'ILS NE SONT PLUS EN USAGE, POURRAIENT ARRÊTER LE LECTEUR

Abelir, plaire.
Abevrer, abreuver.
Acesmé, orné.
Acointe, fréquentée.
Acointier, fréquenter, faire l'amour.
Acoler, embrasser.
Ades, toujours.
Adeser, toucher.
Adonc, alors.
Adoubé, armé.
Aerdre, adhérer, s'attacher.
Afeta, forma.
Agueille, aiguille.
Aiment, aimant.
Ainçois, avant; mais; au contraire.
Ains, aime (je) (de *amer*).
Ains, *ainz*, comme *ainçois*.
Ainsinc, ainsi.
Aisier, mettre à l'aise.
Alenee, respiration.
Aloe, alouette.
Ambdui, tous deux.
Amiables, aimable.
Anciez, comme *ainçois*.
Angres, ange.
Aparoir, apparaître.
Apensé, instruit, renseigné.
Apert, *apertement*, clair, clairement.
Aprison, renseignement, science.
Araisonner, parler.
Ardure, brûlure.
Ars, arc.
Art (de *ardre*, brûler).
As, aux, avec les.

Assaut, attaque (il).
Assez, beaucoup.
Atrempe, accorde (il).
Aussinc, aussi.
Aut, aille (qu'il).
Avale, fait tomber.
Aveaus, plaisirs.

Bacheler, jeune homme.
Bailli, traité (part. pas.).
Baisselette, jeune fille.
Bale, *balent*, de *baler*, danser.
Barat, tromperie.
Basme, baume.
Baudes, *baus*, *baut*, gaillard, gai.
Bee, baye (il).
Blandices, caresses.
Bojon, flèche.
Borgnoiant, louchant.
Brunette, sorte d'étoffe fine.
Bube, *bubette*, petit bouton.
Buisine, trompette.
Bureaus, bure.

Cameline, sorte de sauce.
Car, chair.
Cartaine, sorte de sauce.
Celer, cacher.
Celi, celui-là.
Cerchier, chercher.
Chaillo, cailloux.
Chartre, prison.
Chastier, enseigner.
Chetis, malheureux.

Chief, tête.
Chou, ce.
Cier, ciere, cher, chère.
Cil, celui, celui-ci, celui-là; ceux, ceux-ci, ceux-là.
Cine, cygne.
Cis, celui, celui-ci, celui-là.
Clamer, appeler.
Cointe, élégante, ornée.
Colon, pigeon.
Compassé, créé.
Compere, paye (elle).
Confort, consolation.
Conforter, consoler.
Conpas, arbalétriers d'une charpente.
Controvaille, invention.
Controver, inventer.
Cosme, chevelure.
Covertement, furtivement.
Cuidai, cuide, cuident, cuideras, cuit, de *cuidier*, croire.

Dalés, à côté.
Danses, danches.
Dansiaus, jeune homme.
Dansies, danchées.
Deaus, chagrin.
Debaille, découvre (il).
Decevables, faciles à tromper.
Decevant, trompeur.
Decorant, dégouttant.
Deduit, réjouissance, plaisir, divertissement.
Deffermer, ouvrir.
Defolot, foulait aux pieds.
Defors, dehors.
Delieement, délicatement.
Delit, plaisir.
Delitable, amusant.
Deliter, jouir.
Dementer (se), se plaindre.
Depart, partage (il).
Deporter (se), se récréer.
Desconforter (se), se désespérer.
Descors, sorte de chanson.
Despendre, dépenser.
Despire, mépriser; *despite* (part. pas.).
Desploier, expliquer.
Desrener (se), s'agiter en parlant.
Desroie (se), quitte son rang.

Destorbier, trouble, empêchement.
Devin, théologien.
Devise, partage.
Devissé, fixé.
Dité, petit poème, traité.
Diverse, changeante.
Divinité, théologie.
Doinst, doint, donne (qu'il).
Dolant, affligé.
Droiturele, juste.
Dueil, (j')ai du chagrin.
Duel, chagrin.

El, elle; en le.
Ele, aile; elle.
Embatre, etendre.
Embler, voler.
Empirer, endommager.
Emprendre, entreprendre.
En, on.
Encourtiner, envelopper.
Enfuient, enfouissent.
Engignier, tromper.
Engin, esprit, artifice.
Engouler, enfoncer dans la bouche.
Enhaie, detestee.
Enorter, exciter.
Enquerre, demander.
Ensinc, ainsi.
Entaillé, sculpté.
Ente, arbre greffé.
Entracoler (s'), s'embrasser.
Entraveüre, entraits d'une charpente.
Entremetre, se mêler.
Entresait, tout de suite.
Envoise (s'), s'amuse.
Ert, était, sera.
Esbanoiant, divertissant.
Eschar, avare.
Esjoir (s'), se réjouir.
Esmovant, excitant.
Espanie, épanouie.
Esperiz, gaz.
Espernie, épargne.
Espirer, animer.
Espringuer, danser.
Esquiés, échecs (jeu d').
Essilier, exiler.
Essoine, excuse.
Estable, constant.

Estaces, attaches, liens.
Estiveaux, bottes.
Estives, chalumeaux.
Estovra, faudra (il).
Ex, yeux.

Faudra, faudroit, de *faloir*, manquer.
Fel, félon.
Ferm, fermes.
Ferrai, de *ferir*, frapper.
Fers, ferme.
Fetis, élégant.
Fez, charge.
Fiert, de *ferir*, frapper.
Finer, cesser.
Fit, foi.
Flairer, exhaler un parfum.
Flatis, jetés.
Flerant, odorant.
Foist (lat. *fugisset*).
Font, subj. pr. de *fondre*.
Forment, fortement.
Fors, excepté.
F(r)este, faîte.
Frioit, était friant.
Fui, fus (je).
Fust, bois.

Gaaing, gain.
Gai, geai.
Garingal, racine aromatique.
Gars, valet, goujat.
Gart, prends garde, vois.
Gengler, bavarder.
Gimbregien, gingembre.
Glai, iris.
Gloute, gloutonne.
Gonfanon, étendard.
Gors, gorgées.
Graindre, plus grand.
Gravele, gravier.
Greignor, plus grand.
Grice, Grèce.
Grieve, pèse.
Grocier, grogner.
Guerredon, récompense.
Guete, veilleur de nuit.
Guigner, farder.
Guile, tromperie.
Guimple, cornette.

Hahatie, combat.
Henap, coupe.
Herberger, héberger.
Heste, précipitation.
Huese, botte.

Iave, eau.
Iere, étais, était ; *iert*, était, sera.
Illuec, là.
Issi, ainsi.
Issi, istras, sortit, sortiras.

Ja, désormais, déjà.
Jame, pierre précieuse.
Jangler, comme *gengler*.
Jauce, jaune (?).
Jointes, articulations.
Joliveté, gaieté.
Jugierres, connaisseur.

Keuvre, carquois.

Lai, laïque.
Laiens, là dedans.
Larder, griller.
Las, lacets.
Lé, large.
Lecherie, gourmandise.
Leesse, joie.
Legerie, gaieté.
Lés, lais ; à côté.
Leu, lieu.
Lez, à côté.
Lierres, voleur.
Liés, joyeux.
Lo, conseille (je).
Lobe, tromperie.
Loier, récompense.
Loist, il est permis.
Los, gloire, louanges.
Loussignot, rossignol.

Maillette, marque.
Mains, moins ; maint ; matin.
Maisnie, maisonnée.
Malparlier, médisant.
Mavestié, méchanceté.
Membrer, souvenir.
Menaie, puissance.
Mendre, menor, moindre.
Merveilles, merveilleusement.

Més, plus, jamais, mais.
Meschief, malheur, mésaventure.
Meshaing, maladie.
Mesnie, comme *maisnie*.
Mesprison, chose blâmable.
Mestier, besoin.
Mie, pas, point.
Mignote, gentille.
Misericorde, grand couteau.
Moie, mienne.
Mokeïs, moquerie.
Mons, monde.
Mont, monde ; beaucoup ; monte, vaut (il).
Mors, mœurs.
Moult, *mout*, beaucoup.
Muable, changeant.
Mucier, cacher.
Muer, changer.
Muser, regarder.
Musse, comme *muce*, de *mucier*.

Navrer, blesser.
Neis, même.
Nerté, noirceur.
Nes, ne les ; même.
Nest, naît (il).
Net, propre.
Netelé, joli.
Nice, niche ; niceté ; nicement, simple, bête ; simplicité ; simplement.
Noient, rien.
Noif, neige.
Noise, bruit.
Nus, nul.

O, avec.
Occire, *occiere*, tuer.
Oi, eus (je) ; entends (je).
Oiseuse, oisiveté.
Onques, jamais.
Ores, alors.
Oriol, lauriot.
Os, osé.
Ou, dans le.
Outredouté, très redouté.

Paleron, pieux.
Papegais, *papegaus*, perroquet.
Par (particule augmentative) ; partenaire.

Parant, éclatant, voyant.
Parte, part.
Partent, partie, de *partir*, diviser.
Past, passe (qu'il).
Pcis (*sor son*), malgré soi.
Pendant, penchant.
Penoncel, fanon.
Per, pareil.
Pere, paire.
Pere, *perent*, *perra*, de *paroir*, paraître.
Peressis, persil.
Pestre, rassasier, repaître.
Peûs, repu.
Pieça, *piecha*, depuis longtemps.
Piere, pire.
Pioler, barioler.
Piz, poitrine.
Plenté, quantité.
Poi, peu.
Point, pointe, de *poindre*, piquer.
Pointe, peinte.
Poison, potion.
Porchacent, poursuivent, cherchent à procurer.
Postis, *postiz*, seuil, porte de derrière.
Prengniés, imprégniez (vous).
Prime, d'abord.

Quanque, tout ce que.
Quantes, combien.
Quer, car.
Querre, chercher.
Queus, quel.
Quieres, (tu) cherches.

Rafaitier (en lat. *futtuere*).
Rafaitieres (substantif du verbe précédent).
Rafiert, convient.
Ragier, folâtrer.
Rai, rayons.
Raison, discours.
Ramponieres, railleur.
Ramposnes, railleries.
Ravions, *ravoit*, de *ravoir*, avoir de nouveau.
Recenser, raconter.
Recors, rappelles (tu).
Redout, doute (je).

Refut, refurent, fut, furent (+*rursus*).
Remanant, reste.
Remanoir, rester.
Remembrer, rappeler, raconter.
Renvoiserie, gaieté.
Repairier, revenir, rentrer.
Repoingne, cache (qu'il).
Reposte, cachée.
Repus, caché.
Rest, est (+ *rursus*).
Restut, convint de nouveau.
Retors, refuge.
Retraire, retrere, raconter, parler.
Rogne, roigne, gale.
Rorent, eurent (+ *rursus*).

Sade, agréable, charmant, doux.
Saiete, flèche.
Saillir, sauter.
Salijes (?), solives (?).
Sara, saura.
Sas, sacs.
Seel, sceau.
Seignorie, princier, supérieur ; domination.
Semondre, inviter, avertir, admonester.
Seran, peigne à chanvre.
Serie, claire.
Seror, sœur.
Serre, serrure.
Set, seue, de *savoir.*
Seulent, ont coutume.
Si, ses ; alors.
Signier, faire des signes.
Sirons, cirons.
Soef, doucement, suavement.
Soi, sus (je).
Solaus, soleil.
Solers, souliers.
Soloient, soloit, avaient, avait coutume.
Son, sommet.
Sorde, sourde.
Sore, sur.
Soutillier (se), s'ingénier.

Suet, a coutume.

Tables, sorte de trictrac.
Talent, désir.
Tant (a), alors.
Tantost, aussitôt.
Taunt (a), comme *tant* (a).
Temples, tempes.
Tençant, disputant.
Tenser, défendre, garantir.
Terdre, essuyer.
Teus, tels.
Todront, tolent, tolt, de *tolir,* enlever, ravir.
Toouiller, barbouiller.
Trait, de *traire,* tirer.
Tré, poutres, traverses.
Treil, comme *trait.*
Trés, tout à fait.
Trestuit, tous.
Tret, comme *trait.*
Triper, danser.
Trives, trèves.
Truisse, trouve (qu'il).
Tuit, tous.

U, ou.
Us, usage.

Vaire, vraie ; de couleurs variées.
Vant, de vanter.
Velt, veut.
Venche, venge.
Vergondeus, honteux.
Verté, vérité.
Vet, va (il).
Vezié, rusé.
Viande, nourriture.
Vieler, jouer de la viole.
Vire, trait d'arbalète.
Viste, leste.
Voil, veux (je).
Voir, voire, vrai.
Voise, aille (qu'il).
Vorrés, vorroit, vosisse, vueil, vuelt, de *voloir,* vouloir.

TABLE DES MATIÈRES

Liste des ouvrages plusieurs fois cités dans ce volume i

Avant-Propos. v

PREMIÈRE PARTIE.

CHAPITRE PREMIER.

Le Roman de la Rose est un Art d'amour. — Il a été précédé de nombreux ouvrages sur le même sujet. — Cette littérature a dû naître avec le douzième siècle. — C'est l'époque où la femme prend rang dans la société du nord de la France. — La position faite à la femme par le régime féodal était favorable à la galanterie — La civilisation du Midi exerce une influence sur celle du Nord. — Un changement dans la littérature française répond au changement des mœurs. — Le Roman de la Rose est l'éclosion de cette nouvelle littérature 1

CHAPITRE II.

Poésie érotique antérieure au Roman de la Rose. — Le Concile de Remiremont. L'*Altercatio Phyllidis et Florae*. — Versions françaises de ce débat. — Fableau du Dieu d'Amours. — Ce poème doit beaucoup aux débats. — Fableau de Vénus, la déesse d'Amours. — Traductions et imitations de l'Art d'aimer d'Ovide. — Traductions de Chrestien de Troyes, d'Élie, de Jacques d'Amiens ; la Clef d'Amours. — Le *Pamphilus*. — Les romans de la Table Ronde. — Le livre d'André le Chapelain. — L'amour courtois tenait la même place dans la société que dans la littérature. 6

CHAPITRE III.

Influences particulières qui ont agi sur le Roman de la Rose. — Sa méthode d'exposition est celle du *Pamphilus*. — Son cadre est celui du Dieu d'Amours. 26

CHAPITRE IV.

Modifications faites par Guillaume de Lorris au cadre du Dieu d'Amours. — Guillaume devait donner à son héroïne un nom. — Au moyen âge on aimait les noms qui flattent l'oreille et l'imagination, en particulier les noms de fleurs. — La comparaison d'une jeune fille à une rose était un lieu commun. — De cette comparaison à l'allégorie de la rose, la transition se voit dans différents poèmes. — La première étape était marquée par le Dit de la Rose. — La deuxième, par le *Carmen de Rosa*. L'allégorie était d'ailleurs d'un emploi très fréquent avant le Roman de la Rose. — Ne pas confondre l'allégorie avec la métaphore prolongée, ni avec la personnification. — Usage de l'allégorie avant le treizième siècle. . . . 36

CHAPITRE V.

Le songe qui sert de cadre au Roman de la Rose favorisait l'emploi de l'allégorie. — Pourquoi Guillaume s'est-il servi de ce cadre ? — Emploi du songe au moyen âge. — Guillaume change la signification du songe qu'il a emprunté au Dieu d'Amours en le présentant comme une révélation de l'avenir. — Ce genre de songe doit être allégorique. . . . 55

CHAPITRE VI.

L'allégorie de la rose nécessitait l'emploi des personnifications. — Celles-ci étaient d'un usage général dans la poésie antérieure au Roman de la Rose. 60

CHAPITRE VII.

Ouvrages dont Guillaume de Lorris s'est aidé pour remplir son cadre. — Macrobe. — Ovide. — Le fableau du Dieu d'Amours. — Le *Pamphilus*. — L'*Altercatio Phyllidis et Florae*. — La Clef d'Amours. — Huon de Meri. — Chrestien de Troyes. — Poèmes perdus. 69

CHAPITRE VIII.

Conclusion de la première partie. 91

SECONDE PARTIE.

CHAPITRE PREMIER.

La seconde partie du Roman de la Rose est moins un Art d'amour qu'un recueil de dissertations sur différents sujets. — Jean de Meun abandonne le plan de Guillaume. — Comment lui est venue l'idée de modifier l'esprit et l'économie du poème. — Comment ses nombreuses digressions se succèdent. — Quelle société représente l'esprit nouveau du roman. — A quelles tendances répond son caractère encyclopédique. — La conception nouvelle du sujet oblige Jean de Meun à puiser à des sources nombreuses. — Difficultés de retrouver ces sources. 93

CHAPITRE II.

Sources de la seconde partie du Roman de la Rose · Écriture sainte (p. 103-104). — Homère (p. 104-106). — Pythagore (p. 106-107). — Platon et Chalcidius (p. 107-109). — Aristote (p. 109-110). — Théophraste (p. 110). — Ptolémée (p. 110-111). — Cicéron (p. 111-115). — Salluste (p. 115-116). — Virgile (p. 116-117). — Horace (p. 117-118). — Tite-Live (p. 118-119). — Ovide (p. 119-127). — Lucain (p. 127). — Suétone (p. 127-131). — Juvénal (p. 131). — Solin (p. 131-132). — Caton (p. 132-133). — Saint Augustin (p. 133). — Claudien (p. 133). — Mythographes (p. 134-135). — Macrobe (p. 135-136). — Boèce (p. 136-138). — Justinien (p. 139). — Valérius (p. 140-142). — Geber et Roger Bacon (p. 142-146). — Abou-Maschar (p. 146). — Alhazen (p. 146-147). — Abailart et Héloïse (p. 147). — Jean de Salisbury (p. 147-148). — Alain de Lille (p. 148-150). — Guillaume le Clerc (p. 150-151) — Raoul de Houdan (p. 151). — Huon de Meri (p. 151-153). — André le Chapelain (p. 153). — Guillaume de Saint-Amour (p. 153-160). — Clef d'Amours (p. 161-165). — Trouvères (p. 165). — Légende du Phénix (p. 165-166). — Légende de dame Abonde (p. 166-169). 103

CHAPITRE III.

Conclusion de la seconde partie : Jean de Meun ne savait pas le grec. — Il était très familier avec la langue et la littérature latines. — Il comprenait la poésie latine mieux que ses contemporains. — Il imite à s'y méprendre le style d'Ovide. — Il fait parade de sa connaissance de l'antiquité. — Tout en cherchant à citer les auteurs anciens, il emprunte aux modernes sans les nommer. — Ses procédés à l'égard des auteurs qu'il met à contribution : exemples tirés des ouvrages dont il s'est le plus servi. — Il se borne rarement au rôle de simple traducteur. — Il imite, abrège ou paraphrase le plus souvent. — Enfin, il a des parties originales. 170

TABLE DES VERS MENTIONNÉS DANS L'ÉTUDE DES SOURCES DE LA SECONDE PARTIE DU ROMAN DE LA ROSE. 191

LEXIQUE DES MOTS QUI, PAR LEUR ORTHOGRAPHE OU PARCE QU'ILS NE SONT PLUS EN USAGE, POURRAIENT ARRÊTER LE LECTEUR. 195

VU ET LU,

En Sorbonne, le 1er juillet 1890,

Par le Doyen de la Faculté des lettres de Paris,

A. HIMLY.

VU ET PERMIS D'IMPRIMER :

Le Vice-Recteur de l'Académie de Paris,

GRÉARD.

www.ingramcontent.com/pod-product-compliance
Lightning Source LLC
Chambersburg PA
CBHW071942160426
43198CB00011B/1506